# 幕末維新まさかの深層

明治維新一五〇年は日本を救ったのか

加来耕三
Kaku Kouzo

さくら舎

# はじめに――なぜ今、明治維新に学ばなければならないのか

平成三十年（二〇一八）は、「明治」と改元されてから、ちょうど百五十年の節目の年となる。かつての昭和四十三年（一九六八）、明治維新百周年がおとずれた時、筆者は小学校四年生だった。当時、日本人は国をあげて万歳三唱をするかのごとく、自分たちの祖先（多くは曾祖父母の時代）の幕末から明治にかけての活躍ぶりを、嬉々として振り返ったものだ。

世界中の多くの国々が、欧米列強の魔手にかかり、植民地化されていく中にあって、わが国は幾多の外交上の困難を乗り越え、アジアにおける唯一の独立国として、その尊厳を守ることに成功した（タイは地政学上、風土のおかげで存続）。日清・日露の両戦役にも勝利することができた、と国民は誇らしく思ったものだ。

ところが、今度の百五十周年は心が弾《はず》まない。躍動感が湧いてないのだ。日本人は素直に、過去を喜んでいないことに気がつく。大いなる鬱屈《うっくつ》、挫折、虚無といったものが、国全体に漂っている。なぜ、こうなったのか。過去は、現在を映す鏡でもある。

考えてみれば、幕末動乱の時代を懸命にくぐり抜け、明治日本の事実上の宰相となった大久保利通は、日本の進むべき方向として「富国強兵」「殖産興業」を打ち出した。日本人はひたすら百五十年、

このスローガンに沿って走ってきたのだが、さて、これでよかったのだろうか、との反省が、いま顕著となってきたことは明らかであろう。

明治維新を仮に、〝第一の開国〟と称するならば、このとき幕藩体制（封建制）が終わり、近代国家が誕生した。なるほど武士による支配、士農工商の身分制度は撤廃され、四民平等の世の中が出現した。が、同時に、新たに官僚制度がスタートしてしまう。

身分に関係なく、全国の秀才を集めて中央官僚と成し、日本を牽引《けんいん》させる――「有司専制《ゆうしせんせい》」とも悪口をいわれたこのシステムは、その一部であった陸軍・海軍の官僚が暴走し、そのことに日本人は疑問を抱かず、〝第二の開国〟ともいうべきアジア・太平洋戦争の敗戦を迎えた。軍部による日本支配は消滅したものの、官僚支配のシステムは残った。敗戦のどん底から立ち上がり、高度経済成長を達成した頃までは、むしろ、このキャッチアップ型のシステムが、きわめて時代に適応して有効なものだ、との認識すら抱いていた。日本を世界屈指＝「ジャパン・アズ・ナンバーワン」に導いた、とも。

明治維新百周年は、まさにこのまっただ中に祝われたものであった。

だが、この官僚システムを模範とし、「日本型」とまで呼ばれるようになる年功序列・終身雇用――秀才を選りすぐり、組織の中で年月をかけて逸材を育て、全体の成長をうながし、合意《コンセンサス》を重視しながら、トップ・幹部を育成するというモデルは、急速なＩＴの進化やグローバル化、社会全体の構造が激変する中で、いつしか役に立たなくなってしまった。

ここ直近二十年の、日本の平均経済成長率は、ＧＤＰ上位五ヵ国の中で最下位であり、かつて「失われた十年」といわれたものが、いつのまにか二十年へと広がり、気がつけば三十年に到達しようとしている。

とりわけ、国境なき時代、「人工知能」という、かつての〝第一の開国〟を牽引《けんいん》した「産業革命」の成果を、軽々と超えるであろう未知なる分野の登場は、きわめて脅威的ですらある。

いわば、二十一世紀型の昨今＝幕末の中にあって、われわれ日本人は〝第三の開国〟を断行しなければ、迷走するこの国を変えられないのではないか、と思われてならない。では、具体的にどうすればいいのか。筆者《わたし》はまずは、スタート時点〝第一の開国〟＝明治維新にこそ、学ぶべきだと考えた。

幸いこの五十年、幕末・明治の歴史研究は大いに進み、従来の通史・通説が誤りであったことが、多々論じられるようになった。その最新の研究成果――うそのような本当の話――を踏まえて、では、なぜ、このときに有効な手を打てなかったのか、もしも打っていたならばどうなっていたか。自分はこうするべきだったと思う、といった私説を、まずは持っていただければと思う。

歴史学は答えをもとめる学問ではなく、プロセスを幾重にも考えるところにこそ価値がある。

序章はその小手調べとして――といっても、おそらく多くの方々はご存知ない、あるいは誤解されていると思う事柄を、読者諸氏に立ち止まって考えていただくべく、設問を並べてみた。

第一章は嘉永六年（一八五三）六月のペリー来航を中心に、本格化した幕末の知られざる外交の史実を中心に、人物と話題《トピック》を集めている。第二章は、日本にとって重大であったロシア外交を中心に、また、なぜ、アヘン戦争からペリー来航までの十三年間を、わが国は活せなかったかを考えた。

第三章では、表に出にくい経済問題、幕末のとりわけ薩摩藩の商社活動について、知られざる事柄を検証している。第四章は、維新の瀬戸際から「明治」にかけての、知られざる真実に焦点をあて、もう一つあった維新の別な可能性にまで言及した。

一刻も早く、明治維新のトリビアを得たい方は、目次の小見出しをみて、関心をもたれた項目から拾い読みしていただいてもよい。全体を一読いただければ、現在日本の抱えている問題解決の方法も、おのずから見えてくると思う。われわれ日本人は、この度の〝第三の開国〟こそ、勝たねばならない。

読者諸氏にとっては本書が、よりよい生活をおくるための一助となれば、著者にとってそれに過ぎたる喜びはない。なお、ロングランでご好評いただいている『誰が、なぜ？　加来耕三のまさかの日本史』を本書は意識している。姉妹編として、お読みいただければとも願っている。

本書執筆にあたりましては、株式会社さくら舎の代表・古屋信吾氏はもとより、『謀略！　大坂城なぜ、難攻不落の巨城が敗れたのか』につづいて、編集をご担当いただいた戸塚健二氏にお世話になりました。心から、お礼を申し上げます。

平成二十九年（二〇一七）十一月吉日　東京練馬の羽沢にて

加来耕三《かくこうぞう》

目次◆幕末維新　まさかの深層

はじめに――なぜ今、明治維新に学ばなければならないのか　1

## 序章　意外な明治維新の出発点

〝攘夷〟の総本山・水戸斉昭は、実は開国論者だった?!　14
なぜ、大国の清は島国のイギリスに敗れたのか　16
幕末日本にもアヘンは持ち込まれていた　19
女王陛下がアヘン戦争に賛成していた　22
明治維新最大の恩人は林則徐　25
〝死の商人〟ジャーディン・マセソン商会　27
「商社」「経済」は和製単語　30
徳川家康が幕府を瓦解させた?!　32
幕府崩壊を家康は予想していた?!　35
贅沢に敗れた家康の無念　37
〝金遣い経済〟と徳川幕府の実力　39

想定外の事態　42
日本人に蔓延した〝恐露病〟のきっかけ　44
ピョートル大帝とロシア毛皮シンジケート　47
スパンベルグこそ、日本最初の〝黒船〟だった!!　50
江戸時代、日本は鎖国をしていなかった?!　53
江戸時代の鎖国の実態とは?!　54
日本人のロシア観　57

# 第一章　終始劣勢だったペリー外交

憂鬱《メランコリー》を抱えて日本へ来たペリー　62
暗中模索のペリーの心中　64
〝蒸気海軍の父〟は二者択一を迫った?!　67
ペリーが持ち込んだ秘密兵器　69
琉球で予行演習《リハーサル》したペリー　72
ペリーは完全勝利を予測していた!!　75
素早かった幕府の対応　78
条約草案の落とし穴　82
ペリーの巻き返し策は、接待攻勢だった?!　85
日本主導で終わった交渉の教訓　88

ペリー艦隊の琉球婦女暴行及び殺人事件　90
ペリー来航後の琉球　93
欧米列強を理解していた幕末最高の頭脳　94
〝ペリー・ショック〟に学んだ、松陰の弟弟子・坂本龍馬　98
日本海軍の父・佐久間象山と弟子の龍馬　102
幕末日本に一番影響を与えた人物はナポレオン?!　105
佐久間象山は己れをナポレオンに擬していた?!　109
佐久間象山の一人息子・恪二郎の不覚の人生　112

## 第二章　空白の十三年

分析されていた「ロシア人の日本観」　118
ロシア外交と川路聖謨の登場　120
結果として、優しくなったロシア外交　123
クリミア戦争により残された日露間領土問題　126
川路聖謨とプチャーチンの晩年　129
水野忠邦の使命感と内憂外患　131
天保の改革の真意と失因　134
〝妖怪〟鳥居耀蔵　137
〝妖怪〟の大弾圧　140

水野忠邦の失脚　142
〝妖怪〟の目撃した明治維新　145
幕末を駆け抜けた江川太郎左衛門　147
〝パン祖〟が意味したもの　150
ジョン万次郎の帰国　153
ペリーとの交渉役は江川太郎左衛門とジョン万次郎だった?!　156
阿部正弘の〝別館の桜花〟　160
日本人が覚えていない、海軍の恩人ファビュス中佐　163
日本人が手にした最初の黒船　166

## 第三章　内憂外患の深層

龍馬は海舟を斬りにいっていない!!　172
咸臨丸渡米の真相　175
海舟の「一大共有の海局」から生まれた龍馬の私設海軍構想　179
安政の大獄、最初の被害者と大老最大の失策　183
討幕など不可能であった、薩摩藩の天文学的な負債　186
幕末薩摩の恩人・調所笑左衛門の登場　189
再建は非合法な手段しかなかった　192
名君島津斉彬の遅すぎる登場　196

「二つ頭《ぴんた》」をもつ藩主　199
異国船をペリー来航前に、撃退していた薩摩　201
斉彬の仏艦購入と牧志朝忠　204
「資性方正厳格」の久光と〝久光四天王〟　208
薩摩藩最高の宰相・小松帯刀　210
将軍・慶喜に豚を所望される帯刀　214
藩立サツマ商社の立役者・石河確太郎とアメリカ南北戦争　216
藩立サツマ商社の主力と紅茶物語　219
悲劇の人・本間郡兵衛と小松帯刀の最期　222
長州藩も財政破綻の危機にあった　225

## 第四章　明治維新、もう一つの可能性

最強の英国外交官、パークスとアーネスト・サトウ　230
パクス・ブリタニカ期のオールコックとパークス外交の凄み　233
日本最初のガイドブックとサトウのその後　236
坂本龍馬の目指したもの　239
土佐海援隊、発足の真相　243
お龍《りょう》はハダカで龍馬を救ってはいなかった?!　247
小栗忠順の凄味　250

訪米で名声を博す 253
〝土蔵つき売家〟に託した小栗の矜持 256
「日曜」「課長」「部長」、洋式簿記の登場 260
孤軍奮闘する小栗の最期 263
西郷隆盛と遅れてやってきた英傑・前田正名 267
地方産業の振興こそが、もう一つの近代日本の可能性だった 270

# 幕末維新　まさかの深層

## ――明治維新一五〇年は日本を救ったのか

# 序章　意外な明治維新の出発点

## 〝攘夷〟の総本山・水戸斉昭は、実は開国論者だった⁈

本格的な幕末といえば、ペリーが〝黒船〟四隻を率いて、浦賀へ突然やって来たところからはじまる、と思い込んでいる人がいまだに少なくない。が、史実は違う。

ペリー来航の十三年前、明治維新から数えれば二十八年前、すべては始まっていたのである。日本の天保十一年（一八四〇）であるこの年の六月、隣国清《しん》ではアヘン戦争が勃発した。

ここ最近五十年の歴史学は、それ以前の百年を超えるほどの発見・発掘、調査・分析の進化を遂げており、明治維新百周年の頃にあやまって定着してしまったものを、いくつも覆し、訂正してきた。

その大きな誤解の一つに、攘夷と開国という従来から語られてきた二極の対立は、そもそもなかったというのがある。より詳しくいえば、日本の政府である幕府にあって、責任ある幕閣の老中・若年寄、奉行職。あるいは諸藩の大名・筆頭家老のしかるべき人物の中で、〝攘夷〟（外国人を敵視して国内から追い払うこと）を心底からできる、と信じて主張した人間はいなかった、というのである。

「そんなことはない、水戸の〝烈公《れっこう》〟（徳川斉昭《なりあき》）がいるじゃないか」

という歴史通がいるかもしれない。〝水戸黄門〟こと徳川光圀《みつくに》がはじめ、江戸時代を通じて水戸藩で編纂された「大日本史」は、なるほど十八世紀になると、日本の対外的危機意識の深化とともに、実践的政治論の色彩を強め、展開した。儒学・国学・神道を融合し、「尊王攘夷論」を世に広めたのは、確かに水戸学である。

その水戸学の中心にあったのが、九代藩主の徳川斉昭であり、彼の諡号《しごう》が烈公――。〝攘夷〟の総本山の主《あるじ》であるから、表向きは〝攘夷〟を唱えていたのは当然のこと。だが、当の本人

は本心では、無謀であることを認識しており、

「私は立場上、攘夷といっているが、若い世代は開国を考えるべきだ」

と、周囲には本音をもらしていた。

次の一文は、ペリー退去の嘉永六年（一八五三）七月、「海防参与」に任ぜられた斉昭が建白した、

「海防愚存」と題するものである。念のため、引用しておきたい。


太平打続《うちつづき》候《そうらえ》得ば、当世之《の》態にては、戦《いくさ》は難く和は易く候得ば、〈中略〉和を主と遊ばし、万々一戦に相成候節は、当時の有様にては、如何とも被遊候様無之《あそばされそうろうようこれなく》候得ば〈中略〉此度は御打払之《の》思召《おぼしめし》にて、御号令被遊度《あそばされたく》、臍之下《さいか》に和之《の》事有之《これあり》候ては、又自然と他之洩聞《もれきこ》へ候故、拙策御用に相成候事にも候はば、和之《の》一事は封して〈後略〉。（『水戸藩史料』）

攘夷など、本気で唱えられるわけがなかったのである、なにしろアヘン戦争におけるイギリスの圧勝を、日本の為政者《いせいしゃ》はいやというほど学び、骨身にしみて欧米列強の、腕力の強さを思い知らされていたのであるから。「勝てない」——その相手に、気概だけで本心から立ち向かおうとしたのは、純粋に〝尊王攘夷〟を信奉する下級武士、郷士、庄屋層。そうでなければ、何ももたない人々といってよい。のちに〝志士〟と呼ばれた若者たちか、世間から隔離されていて〝外〟をみたことのない公家、主義主張などもとからなく、とにかく混乱を日々の糧《かて》とした三流の志士《テロリスト》だけであったといってよい。

それほど、アヘン戦争の顚末《てんまつ》が凄まじいことを、ときの日本人は見せつけられていたのである。江戸期の徳川幕府が、師の国とも仰いできた中国——ときの清王朝は、それまで〝眠れる獅子〟と呼ばれてきた。近代文明、とくに十八世紀後半に産業革命がイギリスに興り、機械の発明と利用によって資本主義がヨーロッパに確立しても、そもそも両国の底力は隔絶していた。

清国は三億五千万人の人口をもち、軍隊（陸軍）は八十八万人。対するイギリスは人口一千万人で、ヨーロッパから遠く離れた清国での戦争に、動員した兵力はのべにして二万人にすぎなかった。ちなみに清の国土は、イギリスの数十倍に及んでいる。

## なぜ、大国の清は島国のイギリスに敗れたのか

いかに産業革命の成果である蒸気船、近代的兵器をもってしても、スケールの桁《けた》が違いすぎた。人的消耗は強いられたとしても、最終的には清国がイギリスに勝利してしかるべきであったろう。にもかかわらず、なぜ、約二年という短い戦いで、あっけなく清国は敗れ、屈辱的な南京条約となったのか。香港を割譲し、広州・厦門《アモイ》・福州・寧波《ニンポー》・上海を開港せねばならなかったのか。

清国では人口が急激に増え、耕す土地が減り、食糧難によって農民が流民化しているのに、官僚・軍隊の腐敗が止《や》まなかった。各地で民衆の反乱が起きたが、その背景には満州族（支配者）と漢民族（被支配者）の確執もあった、と通史は語ってきた。だから……？

それに比べてイギリスは、産業革命の成功によって工業国家となり、十九世紀初頭、すでに鉄鋼の年間生産量百三十九万トン、石炭の年間生産量三千万トンに達し、国力はフランス、ベルギー、プロ

シアの三ヵ国を併せたものの、三倍にも相当していた。だから……？

労働生産力の三分の二が、工業に携わっているのもイギリスの特徴であれば、この国は一八一五年六月のワーテルローの戦いで、宿敵フランスを大敗させ、すでに世界一の軍事大国となっていた。

一八三〇年代にはすでに、五百隻の大小軍船を有し、世界中どこでも近代的海戦を行える準備が整っていた。だから……？　＝これらはことごとく、現象にすぎない。

〝パックス・ブリタニカ〟だったから、清国は勝てなかった、それを知った日本は、ただ怖気づいていただけだった、というのは史実の認識を逸脱した解釈であった。

――それにしても、と思う。

イギリスという帝国の惨《むご》さはどうであろうか。このヨーロッパの強国は、二つの植物でまったくの他国である清国を、暴力によって半植民地と化したのであるから。

一つ目の植物は、お茶であった。イギリスは清国から茶・磁器・生糸などを大量に買い入れ、ウールや綿紡績製品を売る、という貿易を行っていたのだが、産業革命で産み出された加工製品がさっぱり売れない。それもそのはずで、清国は農業立国であり、日本の江戸時代と同じく自給自足の自然経済の中にいた。しかも広い国内では生活必需品はまかなえたし、庶民には嗜好性そのものが薄かった。

ところが、茶を喫する習慣を身につけたイギリス人たちは、一方的に中国のお茶に魅了されてしまう。一七一八年には、輸出品の茶が生糸、絹織物を抜いて首位となった。

輸出入の決済は、国際通貨の銀貨でなされたが、輸出総額銀貨千六百万枚に対して、輸入は銀貨九千六百万枚。そのうち、全輸出額は買い入れたお茶の六分の一に相当するまでとなった。明らかな、貿易赤字である。

しかも清国は「三跪九叩頭《さんききゅうこうとう》」（三度跪《ひざまず》き、九度叩頭《こうとう》する）の礼を尽くして、朝貢（みつぎものをもってくる）という形式の外交スタイルをとっており、自由貿易をそもそも認めていなかった。

茶のもたらす貿易赤字を、おぎなう輸出品が求められた。このままでは、イギリスは貿易赤字の中で沈んでしまう。ここで登場したのがアヘン（罌粟《けし》の実からつくられる麻薬・精製するとモルヒネ、さらに精度をあげるとヘロイン）であった。

一七五七年にインドからフランスを追い払って、自らの植民地としたイギリスは、東南アジア、トルコから広がってインドに展開されていたアヘンの栽培、販売の経営権を独占することとなる。

アヘン収入は、インド政府＝実質はイギリス東インド会社にとって、土地税収とともに重大な財政収入の柱となり、一八二七年から翌二八年には、ベンガル州のアヘン専売益金は百八十四万五百三ポンド、実に総歳入の十二パーセントに達するまでとなった。

それより前、一七八一年に広東の茶買いつけ資金を捻出するため、困り果てた東インド会社は同年、ベンガルの総督ヘイスティングスに決断させ、アヘンを積んだ武装船二隻を、アントン（現・中華人民共和国の江蘇《こうそ》省南通《なんつう》市）に派遣し、ここでアヘンを売買した。

その年の、広東における東インド会社特別委員会は、その結果を次のように総括している。

「アヘンの中国への輸入は、厳重な刑罰によって禁止されており、押収されたアヘンは破棄されているので、最大限慎重に対応措置をとる必要がある」

確かに、この年から清国のアヘンに対する取り締まりは厳しくなっていた。

「阿芙蓉《あふよう》」と中国で呼ばれたアヘンは、医薬品として極少量輸入はされていたが、清国政府はこれを麻薬として売買を許していたわけではない。度重なる禁止令を発していた。雍正《ようせい》年間（一七二三〜三五）には、とりわけ厳格な禁止令が発せられ、取り締まりは強化されたのだが、目前の利益に目が眩《くら》んだ売人や運び屋、賄賂によって見て見ぬふりをする役人（とくに税関）により、アヘンの密輸入は勢いを増していく。

## 幕末日本にもアヘンは持ち込まれていた

人体に影響があり、やがては吸引者を廃人とするアヘン――良心の呵責《かしゃく》もあったろう。イギリスはしばらくの間、ギャングのシンジケートのように、暗く深く潜行してアヘンを扱っていた。

ところが一八三〇年以降になると、アヘンの秘密生産が軌道に乗ったこともあり、インド国内におけるアヘン供給量が激増してしまう。需要が追いつかない。そのため、インド国内のアヘン価格は下落する。このままでは、〝パックス・ブリタニカ〟のご威光が地に落ちてしまう。価格を維持して、さらなる増産体制に対応するためには、何がなんでも新しい販路を開拓しなければならなかった。

一八三二年、アヘンを満載した船が浙江《せっこう》、江蘇《こうそ》・山東《さんとう》から満州、蓋州《がいしゅう》まで赴き、大々的にアヘンを売りさばいた。われわれ日本人は、この船「シルフ号」の持ち主を決して忘れるべきではあるまい。ジャーディン・マセソン商会――やがて日本へもやってくる、〝死の商人〟の代表格の商社であった。

そしてこの商社を隠れ蓑にした真の黒幕は、大英帝国そのものであったといえる。

アヘンを清国で商いしながら、彼らはいう。

「もし、取り締まりが厳しくなったら、アジアの別の国、島にいって新しい販路を開かねばならない」

と。清国がアヘン戦争に敗れ、大量のアヘンを正々堂々と国内に持ち込むことができなければ、イギリスは間違いなく、アヘンの害を隣国日本へもたらしたであろう。わが国は、清国が犠牲となったおかげで、アヘンの毒害から救われていたのだ、ということを忘れてはなるまい。

その証左に、のちに交わされる日米修好通商条約の第四条には、「阿片之輸入厳禁たり」といいながら、「若《も》し亜墨利加商船三斤以上を持渡らハ、其過量の品は日本役人、是を取上べし」とつづく。三斤は一・八キログラムである。

このあとイギリスの特使エルギン伯爵が、第二次アヘン戦争の最中に日本へやって来る。「日英修好通商条約」を結ぶためだが、ここでも「三斤」は認められていた。しかもそれ以上に持ち込んだ場合は、一斤ごとに十五ドルの過料を取るとなっている。つまり、アヘンは持ち込まれたのだ。

筆者は幕末の戦乱、戊辰戦争、明治初年の内乱において、アヘンから精製される麻酔薬モルヒネとして、戦傷の手術に使用されたことを考えている。アメリカの南北戦争では、戦傷者の痛み止めの特効薬として、モルヒネを溶かしたウィスキーやバーボンが大量に出まわり、アルコール依存症やモルヒネ中毒患者を多数出したと聞く。明治日本での実態は、どの程度のものであったのだろうか。

十八世紀初頭、イギリスが清国へ運び込んだアヘンは、年間二百箱（一箱百斤《きん》＝約六十キログラム）であったものが、一八二一年には六千箱、一八二四年には七千八百箱、アヘン戦争の直前の一八三八年にいたっては、なんと年間三万五千五百箱にまでアヘンは増えていた。

四十年の間に、四十二・七万箱のアヘンが清国内に運び込まれた、というデータもあった。一八三五年の統計では、アヘン吸引者は二百万人を超えている。この間、アヘンを手に入れるために、清国から流出した銀は年間平均五百万両を超え、これは実に国家収入の一割に相当した。

銀の流出は、それだけに止《とど》まらなかった。銀そのものの高騰をも招き、銅銭の暴落につながってしまう。もともと銀一両＝銅銭一千文であったものが、銀一両＝千六百〜二千文となり、二倍となった銅銭には、今度は粗悪な私鋳銭が激増し、信用失墜は空前の銀貨騰貴をもたらした。

なぜ、このようなことが起きたのか――自国の人間が、自国の人間を売る、殺すに等しい行為をしたのか、実はここにこそ、明治維新に向かっていく幕末日本の気づき、恐怖によるスタート、幕明けの本質があった。

すべては、封建制そのものに問題があったのである。

フェーダリズムの訳語として定着した封建制＝地方分割的な政治体制は、ヨーロッパの中世であっても、近世に入っていた清国・日本であっても例外なく、分割された地方＝国であった。江戸時代、首都に暮らす人々は江戸人であり、現在の鹿児島県――かつての薩摩藩領に住む人々は薩摩人であり、同じように長州人・土佐人・肥前佐賀人などがいた。だが、日本人はどこにもいなかったのである。

――清国も、同じであった。

アヘンが人体に害をもたらすことを知っていて売っている人間は、その毒を同郷人に売買したりはしていない。

隣りの省に行けば、そこは別の国である、というのが当時一般の認識であり、アヘンの広がりは、この州境越え、封建制が助長した、といえなくもなかった。

商域も一族も、ことごとくが清ならば州、日本ならば幕藩によって分断されていた。

したがって、欧米列強に一つの州や一つの藩が狙われた時、近隣の人々はそれを助けようとはせず、その意識すら育っていないために傍観し、あたら侵略支配を許してしまうことになったのである。

ときの清国政府は、増えすぎたアヘン吸引者をどうするか、アヘン密輸入者にどう対処するかを迫られた。信じられないが、アヘンそのものを認めてはどうか、という「弛禁《しきん》論」とアヘンの悪弊を根絶するためには、アヘンとその吸飲道具を隠し持つ者は死罪とし、アヘンを吸引した者の子孫は科挙（国家試験）を受験させない、とする「厳禁論」が論争され、ついには後者が勝利した。

## 女王陛下がアヘン戦争に賛成していた

清の道光《どうこう》十八年（一八三八）の末、湖広《ここう》総督・林則徐《りんそくじょ》（一七八五～一八五〇）・字《あざな》を少穆《しょうぼく》、福建出身）が欽差《きんさ》大臣（国境を防御・点検する役職）に任命された。このとき、五十四歳。

則徐は湖東水師《すいし》（海軍）を率いて、翌年三月に広州へ着くなり、駐在しているイギリス人にアヘンの無条件引き渡し、二度と清国にアヘンを持ち込まぬとの誓約書を提出するように、と通告を発した。

彼は外国人商館を包囲、貿易の一時中止を求め、二万二百八十三箱（重量約二十八万キログラム）のアヘンを押収し、これを六月三日から二十五日にかけて、広東の虎門《こもん》の海辺で焼却した。これを後世、「虎門鎖煙《しょうえん》」と呼ぶことになる。

林則徐は約二千五百平方メートルの池を二つ、池の底には石の板を敷き詰め、アヘンの土への浸透を防ぎ、次に塩水をアヘンに投入し、半日つけて石灰を投入して沸騰させ、アヘンが完全に溶けた後、引き潮に合わせて一滴残らず海へ放った。

ちなみに、彼が没収したアヘンすべてを始末した翌日＝六月二十六日は、一九八七年十二月に開催された第四十二回国連大会において、「国際禁毒《きんどく》日」に定められた。

筆者は、林則徐のやったことをきわめて適切、当たり前のことだと思う。ところが、イギリスの対中商務総督チャールズ・エリオットは、これをイギリス人の国益を損ねた行為と受け取り、林則徐の水師（水軍）と小競り合いを展開。その報告が、北京の道光帝のもとに伝えられると、「七戦全勝」と誇張されていたことから、ならばいけると踏んだ皇帝は、全世界に対して全面鎖国の宣言を発した。

この清国の仕打ちに対して、どう対処するか。一八四〇年四月、イギリス議会は三日にわたって大論戦を展開した末、同月七日、ヴィクトリア女王の臨席、否、その強い意志のもとで、イギリスの清国への軍事行動は二七一対二六三の僅差で可決、採択される。

このとき、野党であった保守党の下院議員ウィリアム・グラッドストンは、

「こんな恥さらしな戦争はない」

と憤慨して、次のような演説を行った。

「中国（清）にはアヘン貿易をやめさせる権利がある。それなのに中国の正当な権利を踏みにじって、わが国の外務大臣は不正な貿易を援助した。これほど不正な恥さらしな戦争は、かつて聞いたことがない。大英帝国の国旗ユニオン・ジャックは、かつて正義の味方・圧制の敵であり、民族の権利、公正な商業のために戦ってきたのに、いまやあの醜悪なアヘン貿易を保護するために掲げられることに

なった。国旗の名誉はけがされた。もはやわれわれは、ユニオン・ジャックの翻るのを見ても、血わき肉おどるような感激は覚えないであろう」

清国との戦争を決議したイギリスは、六月に兵船十六隻、武装蒸気船四隻、運輸船二十八隻、大砲五百四十門、兵二万人をもって東方遠征軍を編成した。

司令官はジョージ・エリオット（病気のために途中帰国）、副司令官には前出のチャールズ・エリオットが選ばれ、一八四〇年六月二十一日、マカオ近海に到着したイギリス遠征軍は、七月五日、浙《せっ》江省《こうしょう》舟山《しゅうざん》の要地・定海《ていかい》を落とす。八月、天津の大沽口《たいここう》に迫った（天津より東南六十キロ）。天津から首都の北京までは、百五十キロの距離である。イギリスの快進撃に慌てた道光帝（五十八歳）は、アヘン解禁派の大臣・直隷《ちょくれい》（河北）総督の琦善《きせん》（一七九〇〜一八五四）を欽差大臣兼両広総督に抜擢。祖国の英雄であるはずの林則徐は、ここで免職となる。彼は翌年六月、新疆《しんきょう》イリに左遷される（一八五〇年十一月没。享年六十六）。

十一月、広州に着任した琦善は、進攻中のイギリス軍と交渉に入ったものの、一方的に十四ヵ条を突きつけられて激怒、根拠のない強気な感情論で戦争続行を指示。道光帝もこれに乗って、

「談判は中止、イギリス人を懲らしめよ！」

と言明。ところが、イギリス軍は虎門要塞の砲台をあっさりと落とし、改めてエリオットは「穿鼻《せんび》草約《そうやく》」を突きつける有様。琦善は銀元六百万（一銀元は銀〇・七両弱）の賠償金ほかを求める、この草約を一転して、独断で認めてしまう。節操がまったくない。泰平の国の高官らしい、というべきか。

結果、エリオットは一八四一年一月二十六日に香港を占領し、自ら行政長官を名乗る（この日から、

一九九七年六月三十日の大陸返還まで、百五十六年間、この地にはイギリスの国旗がはためいた）。

**明治維新最大の恩人は林則徐**

当然のごとく、北京の道光帝は草案を認めず、一月二十七日に改めてイギリスに宣戦を布告する。この皇帝のチグハグなところは、

「勝手に香港を割譲《かつじょう》しよって――」

と琦善を捕まえ投獄したものの、この獅子心中の虫を、執行猶予つきの死刑を求刑し、止《とど》めを刺さなかったところにも如実であった。

一方、何処までも悪辣なのがイギリスである。四月末にエリオットを召還したのだが、その理由が行為の反省によるものではなく、「穿鼻草約」ではイギリスの国益が少なすぎる、というものだった。

道光帝は戦況に一喜一憂し、十月十八日には北京の紫禁《しきん》城で新たに二度目の宣戦布告を発する。が、封建制の弊害はすでに述べた通り。戦いの途中、広州近隣の民衆が「平英団《へいえいだん》」を自分たちの手で旗上げしたような一幕（中国史上、民衆が外敵の侵略に抵抗した初の自発的運動）は、例外的なものでしかなかった。結局、民衆が自分たちの手で国を守るという、大きな形に結集されることはなく、

一八四二年八月、清国は南京条約の調印にいたった。

一、香港をイギリスに割譲する。

二、軍費・アヘン賠償金、行商の債務金として二千百万ドルを支払う。

以下、六ヵ条が全権大臣・耆英《きえい》によって結ばれる。

さらに翌年十月には、清国はイギリスに「虎門《こもん》条約」を一方的に押しつけられた。領事裁判権、片務的最恵国待遇、通商港の借地権。さらには、輸出入の税金を一律五パーセントまで下げた、空前の低税率もこのおり定められてしまう。清国は、イギリスの半植民地国家となった。

加えて、この英国のやり口をアメリカやフランスはしっかりと見ていた。見逃さなかった。が、それは清国を助けようとするものではない。その逆であった。一八四四年にイギリスと同じ最恵国の待遇を要求。七月に「望厦《ワンホア》条約」（清米通商協定）、九月に「黄埔《こうほ》条約」（清仏通商協定）を無理やり結ばせている。ちなみに、前者の写しをやがてペリーが、条約案の参考として日本へ持参する。

このあと清国は太平天国の乱（一八五一〜一八六四）に、その最中に勃発したアロー号事件（第二次アヘン戦争）などもあり、天津条約を始め欧米列強からの無理難題を浴びせられ、一八六〇年十月の英仏連合軍の北京入城、それによる北京条約締結への道を辿るのだが、それらはペリーが日本へやってくる嘉永六年（一八五三）以降のことであり、日本の為政者が直接、勉強し、教訓としたのがアヘン戦争であったことのみ、ここでは述べておきたい。

なお、不運・不遇の人たる林則徐であったが、この人物は幕末日本のために、実にありがたい遺産を残してくれた。学者でもあった彼は、イギリス人マレーの『世界地理大全』を訳し、『四洲志《ししゅうし》』という書物にまとめていた。道光二十一年（一八四一）六月、林則徐は新疆のイリへ左遷されたことはすでに述べたが、この時、自らの『四洲志』を親友の魏源《ぎげん》に託している。なぜ、清国がイギリスに敗れたのか。徹底して研究して、その答えを後世に伝えてほしい、と林則徐は懇願した。

魏源はこの親友の信託にこたえるべく、新たな資料も加え、調査分析して二百巻からなる『海国図《かいこくず》志《し》』を後世に残した。完成したのは、日本の天保十三年（一八四二）十月のことであった。ところが封建制に眠る清国の人々は、この魏源の心血を注いだ著作に無関心で、まったく学んだ形跡がなかった。同様に、朝鮮半島の李朝朝鮮も師と仰いできた清国の惨状を、直視できなかったのかもしれない。

『海国図志』は読まれることなく、魏源は一八五七年にこの世を去った（享年六十四）。

だが、必死に魏源の研究の、その破片までも読みあさった一群の人々がいた。日本の為政者たちである。彼らは魏源の作品の結論、封建制の打破、中央集権国家の必要性を学んだのであった。

## 〝死の商人〟ジャーディン・マセソン商会

余談ながら、アヘン戦争の引き金を引いたに等しい、〝死の商人〟について述べておきたい。

ジャーディン・マセソン商会が日本へやって来たのは、ペリーによって日米和親条約を締結したのち、来日した駐日米国大使タウンゼント・ハリスの恫喝《どうかつ》外交によって、日米修好通商条約が締結させられたことによる。

「――これが、いけなかったのだ」

といえるのは、後世の人間の感覚というもの。

幕末の――今も同じかもしれない――人のいい日本人、とりわけ幕府開明派と呼ばれた官僚の川路《かわじ》聖謨《としあきら》などは、

「われわれはこうした条約文の作成に不慣れなので、よろしく草案を作っていただきたい」

まるで、狼に乳飲み子を手渡すようなことをいい、とんでもない通商条約を受け入れることとなる。

治外法権と並んで関税自主権を奪われ、さらに商品輸入に五パーセントから三十五パーセントの従価税（課税品の価格を基にした税）をとる取り決めを結ばされてしまう。

ところが、先のアヘン戦争と同様、この従価税は欧米列強すべての「安政五ヵ国（イギリス・フランス・アメリカ・オランダ・ロシア）条約」となり、何処かの国との条約が改められると、他の四ヵ国もそれに準ずる最恵国待遇を約束させられることとなる。

日本は手足を縛られたに等しい状況となり、慶応二年（一八六六）五月になると、今度は商品輸入税が、一律五パーセントの従量税（課税品の重量を基にした税）に変更されてしまった。無知な幕府官僚は、ことの重大さを皆目、認識していなかったのである。

すべての日本人が、その狡猾剽悍《こうかつひょうかん》さを実感したのはいつのことであったろうか。

欧米列強は産業革命を経て、圧倒的な競争力をもつ輸出商品を、大量に日本へ送り込んだ。一方の日本はいまだ、手工業のレベル。太刀打ちするどころか、一波くらって壊滅的打撃を被ってしまう。

まさに、居留地で行われた貿易は欧米列強の尖兵《せんぺい》であり、福沢諭吉をして、

「貿易は我《わが》富有《ある》を減ずるものと云《い》はざるを得《え》ず」

ということになっていた。

不平等条約による輸入の急増は、貿易不均衡を著しく生じ、外債の累積と金の流出を加速。わが国のかぼそい、主要輸出品目の生糸や茶、銅、蠟《ろう》などを直撃した。加えて、実際上の取引業務、外国為替、海運などの窓口は、ことごとく列強が握っていたに等しかった。

貿易の実務に手も足も出ない日本に対して、理不尽な不良外国商人が介在、商品取引は常に先方の

自由気ままに振り回され、その割《わり》を食うのはいつも日本の商人ばかりであった。

――日本は婉曲に、しかし着実に、欧米列強の植民地への道を歩んでいたのである。

その具体例こそが、ジャーディン・マセソン商会であった。当時の心ある日本人は、怖気《おぞけ》をふるいつつ安政六年（一八五九）六月に開港した横浜に、翌年二月、その居留地へ一番乗りをして、英国領事館に隣接した、今日のシルクセンターの立っているところに、自らの商館を建て、

「英一番館」

を称した、彼らの看板を見上げたことであろう。

幕末、日本中に武器弾薬、軍艦を売り、莫大な利益を上げた長崎のグラバー商会も、元を糺《ただ》せばこの会社の日本代理販売店の一つであった。ちなみに、貿易商トマス・グラバーは、安政六年九月に長崎にやって来た。

だが、大半の日本人はそれ以前に、ジャーディン・マセソン商会が何をしたか、いかに卑劣な行為に荷担したかを知らなかった。否、今日にいたっても、洋酒の日本輸入元程度の認識ではあるまいか（現在は世界最大級の国際複合企業《コングロマリット》として、投資・金融・不動産・建設など幅広く事業を展開）。

――この商会は、二人の人物の共同出資ではじめられた。

一人はウィリアム・ジャーディンといい、イギリス東インド会社出身の医師であり、もう一人が、ジェームス・マセソンでエディンバラ大学出身の商人。二人は「一番安全で最も紳士的な投機」として、ベンガル（現・インド東北部）産のアヘンの委託販売に従事。一八三〇年代には毎年六千箱のアヘンを売りさばき、年間十万香港ドルを超える利益を得ていた。

このことは、すでにふれている。そもそもこの商会のスタートは、貿易船シルク号にイギリス本土では禁止されていたアヘンを満載して、清国へ「密輸」したことであり、彼らはアヘン戦争を仕掛ける原因をつくった〝一味〟であった。

ところが、幕末の極東貿易に従事したイギリス商人にとって、アヘンで得た暴利を貪《むさぼ》り、巨額の富を得て、一八三九年一月に引退、帰国したジャーディン――その後、悠々自適の英国紳士として生きた――は理想の生き方、モデルとされるようになる。

## 「商社」「経済」は和製単語

ジャーディン・マセソン商会は、アヘンの毒を中国人に押し売りし、それを阻まれるや武力でアヘン戦争を引き起こした、その当事者の一員にほかならなかった。ときのイギリス外務大臣パーマーストンを陰で操り、政府のアジア政策に決定的な役割を担っていた、と断言してもよい。

清国政府に没収され、焼却された二万箱のアヘンに対して、堂々と賠償要求を突きつけ、港を封鎖し、香港・上海などの沿岸五港の開港を要求したのも、ジャーディンの演出であった（このとき、パートナーのマセソンは清国に滞在）。これが、〝死の商人〟の正体であった。

ついでながら、今日、広く使われている「商社」は、中国にもとからある漢語ではない。和製漢語である。福沢諭吉は「商人会社」と、『西洋事情』の中で訳していた。

わが国で最初の物理学者『気海観瀾《きかいかんらん》』を著した蘭学者・青地林宗《あおちりんそう》（一七七五～一八三三）が、世界の地理書『輿地誌略《よちしりゃく》』（七巻）を翻訳したおり、「会社」とともに創ったものが「商社」であった。

林宗は松山藩十五万石の侍医の家に生まれ、漢方から蘭方、蘭学へ転出。のちには幕府天文台訳局訳官となっている。「会社」＝オランダ語の「compagnie」から訳した単語だろう、と思われがちであるが、どうやら違うようだ。

確かに、戯作者・式亭三馬《しきていさんば》の代表作『浮世床』の初編巻之中には、

「ソリヤ御《ご》覧《ろう》じろ。じゃがたらのこんぱんやは――」

とあり、ここでいう「こんぱんや」はポルトガル語の「companhia」のことで、オランダ語の「compagnie」ともども、諸国通商の組織＝会社のことで、江戸時代を通じて長崎の通詞に使われた言葉である。

だが、この「こんぱんや」には「結社」「社中」「組合」といった意味合いもあり、林宗の「商社」はオランダ語の「maatschappij」＝「会社」に、「handel」＝「取引」をくっつけた、「handel maatschappij」を訳したものであった。このあたり、いかにも日本人独特のセンスを感じる。

また、和製単語の黎明期では、名詞はかならずしも固定されておらず、蘭学者の桂川国興《くにおき》（甫周《ほしゅう》とも）は編纂した『和蘭《オランダ》字彙《じい》』で、「companie」「maatschappij」を「舫《もやい》商売」と訳していた。

ここでいう「舫《もやい》」は、舫船《もやいぶね》――船と船とを舫綱《もやいづな》でつなぎ合わせた船のことで、複数の人間が一つの目的のもと、一緒に仕事をするという意味合いになる。

ついでながら、「経済」という和製漢語を創った神田《かんだ》孝平《たかひら》は、知恵をめぐらせて「財主会社」と訳していた。この神田も、勉学一筋の人であった。文政十三年（一八三〇）九月に、美濃国不破郡岩手村（現・岐阜県不破郡垂井《たるい》町）に生まれている。十七歳のおり伊奈遠江守に仕え、塩谷《しおのや》宕陰《とういん》、安積《あさか》艮《ごん》

斎《さい》に漢学を学んだが、ペリー来航により蘭学へ転向。杉田成卿《すぎたせいけい》の門に入り、伊東玄朴《いとうげんぼく》、手塚律蔵《てづかりつぞう》の門にも学んだ。

幕府の蕃書調所《ばんしょしらべしょ》（のち開成所）の教授方に出役し、明治政府では兵庫県令、元老院議官、文部少輔《しょうゆう》など官職を歴任。貴族院議員にも勅選され、六十九歳で没する前日に、「男爵」を授けられている。

漢学の素養が豊かであったことから、創語を生み出せたのであろうか。彼の功績は西洋の経済・法律・政治の学を、日本人にいち早く紹介したところにあった。

ただ、その神田をもってしても、幕末維新期の日本が被っていた貿易不均衡の、被害の大きさに関する認識は低かった。日本は保護貿易でなければ、自由貿易ではやっていけない、との認識が皆無であったのだ。また、自らが唱える外国交易論が、その実は農工よりも商業の利を優先させる、産業資本確立以前の、重商主義的立場にたっているとの自覚もなかった。

しかしそれを責めるのは、酷というものであったかもしれない。日本はそもそも、「経済」の何たるかを皆目、知らなかったのであるから。

## 徳川家康が幕府を瓦解させた?!

――少し、角度を変えてみたい。

いまだに多くの人々が錯覚していることの一つに、ペリーが来航したから、幕末維新は動き出し、明治維新にいたった、と思い込んでいる向きがある。が、これも実は史実とは違っていた。

歴史学の世界には、すべての問題点はスタート時点に、すでに内在している、との考え方がある。

最初をみれば、最後がわかる、というもの。すなわち徳川幕府の末路＝大政奉還、王政復古の大号令、あるいは鳥羽・伏見の戦いも、徳川家康の創業時を丹念にみれば、おのずと予測がつくというのである。

どういうことか。豊臣秀吉の死から約二年後に行われた、〝天下分け目〟の関ヶ原の戦いで、天下の覇権を握った家康は、すでに自領となっていた江戸に、新たな政権を樹立した。

平安時代末期に源頼朝が、武家の世の組織体として初めて使用し、次代の室町足利氏も真似《まね》た前例を踏襲して、「幕府」を開いたのである。事実上の政府であるにもかかわらず、武者《むしゃ》の棟梁たちはいずれも、何と謙虚な単語を選んだものか。

この単語は中国の古典から採用したもので、もとは前漢の武帝に仕えた武将・衛青《えいせい》（紀元前一〇六年没）が、はるかに沙漠を越えて匈奴《きょうど》を討ったおり、その司令部を「幕府」と称したことに由来していた。すなわち、〝幕〟とは天幕のことである。

その後、将軍が異国へ遠征し、かの地で軍政を敷くことを「幕府」を開くと称するようになった。この場合の幕府は、皇帝の命令が遠すぎて届かないため、将軍が代行した臨時の地方政権のようなものである。その臨時の戦営を、日本にあって朝廷の権威の届かぬところ――と規定し、「幕府」と称したのは、頼朝の許へ、あとから合流した朝廷の官吏・大江広元《おおえのひろもと》あたりの入れ知恵であったかと思われる。

――家康は、それも真似た。

この天下人はとにかく、もの学びの好きな人物であった。

その死後、「神君」と称され、東照大権現と呼ばれたことは一般に知られているが、この発想には秀吉の前例があり、このおよそ天下人らしからぬ天下人――小心者で律義を看板に乱世を生き抜いて来た家康は、死後においても、先輩の織田信長や秀吉の発想を臆面もなく真似た。彼には独創性というものがなく、常に見本、前例を必要としたのである。

政治に関しては、自らが慈しんできた故国・三河（現・愛知県東部）の気質《かたぎ》を手本とした。

律義で正直でまじめ、義理堅いといった鎌倉の頃の、中世武士の色彩を濃く残し、労を惜しまず、懸命に生命《いのち》懸《が》けで働くなどの長所と、半面では閉鎖的で陰湿な、決して冒険を好まないといった短所を、三河武士はもっていた。徳川家康という人物がここから出たことは、日本史において屈指の重大事といってよい。

なぜならば、この家康の三河気質が徳川幕藩体制の骨格を創り、ついには幕府を自壊の運命へと導いたからだ。最大の長所は最大の短所につながった、というべきか。

家康はその死に臨んで、一つの遺言を残した。

「徳川の治世は、三河の頃のままを踏襲するように――」

三河松平郷の土豪から、ついに天下にその規模を広げた徳川家にあって、三河（松平）時代の家政は、番頭・手代を「老中」「若年寄」と呼んで行っていたが、家康はこの機構をそのまま、日本の国政レベルに引き上げよ、といったわけだ。少なくとも、周囲がそのように受け取ったことは間違いない。

### 幕府崩壊を家康は予想していた⁈

当然のことながら、中核をなす三河出身の譜代大名や旗本・御家人にも、質実剛健な「三河気質」の永遠なることを、家康は期待した。

そして、その根本に家康は、三河の自給自足＝〝米遣いの経済〟を据えた。経済史では、「石高制」と呼ばれるもので、この政治原理は徳川将軍家や大名をはじめ、その家来である武士階級の身分を、各々の知行地からあがる米――農民から年貢として徴収する、土地の米の標準収穫量によって表示し、評価するもの――で、その量の多い少ないによって、身分の上下を決める制度となった。

加賀藩前田家は百二万五千余石、赤穂藩浅野家五万三千石といったような、米の取れる量を示す表高＝石（さらには俵・扶持《ふち》）を基準に、人々の身分を定めたわけだ。

この農業＝米遣いの経済は、自給自足を前提としていた。これは家康の生き抜いた戦国乱世においては、きわめて当たり前のことであったといえる。農民は合戦に脅え、ほとんど他国へ往来することはなく、戦国の武士も自領から合戦以外に離れることは少なかった。

ところが皮肉なことに、家康によって天下が統一され、乱世が遠のくと、山城を拠点としていた武士の生活は平城へ移り、大名たちも城下町を形成して、いつしか武士は完全な消費者となってしまう。

また一方では、街道や海路は整備され、人々の往来は全国的に活発化した。

晩年の家康は内心、移り変わる時代、泰平の世の行く末を危惧していたように思われる。

たとえば旗本――家康の天下取りに貢献した戦国最強をうたわれた彼らも、家康の地位が上がるにしたがって、軟弱となっていった。現に、慶長二十年（一六一五）五月の大坂夏の陣では、大坂城＝

豊臣方の真田信繁（俗称・幸村）に家康の本陣を突かれたとき、世代代わりしていた周辺の旗本たちは、主君の旗が倒れたのを家康の討死にと思い込み、脱兎のごとく三里（約十二キロ）先まで逃げて、世の人々に冷笑されている。

　家康の身分が上がるほどに、皮肉なことだが徳川家臣団は戦場に出る機会そのものが減り、逆に権威、見た目、貫禄を問われるようになった。まさに、張子の虎である。

　その困惑する家康の、食に関する興味深い挿話が、『駿河土産』に載っていた。

　将軍職を息子の秀忠に譲り、表向きは駿府城に引退しながら、一方で「大御所」として君臨していた家康が、城内に仕える奥女中たちから苦情を受ける。

「浅漬けの香の物が、塩辛くて食べられませぬ」

　担当は賄い方の浄慶坊《じょうけいぼう》であり、最初のうちは直接、本人に注意したが無視され、陰口をたたいても埒《らち》があかず、どうにも我慢できなくなって、奥女中たちは家康のもとへ直訴に及んだ。

「――もう少し、塩を控えてほしいのです」

　家康は奥女中たちの不服を聞き、自らも香の物を食してみたが、なるほど塩辛い。

「なんとかならぬか――」

　と、浄慶坊を召してもちかけた。するとこの賄い方は、思わぬ行動に出る。

「ご免――」

　といいながら、家康のそばへにじり寄り、声をひそめていうのである。

「大御所さま、拙僧はわざと塩辛く漬けているのでございます。と申しますのは、今のように辛く漬けても、漬け物に要する大根の数量はかなりのものでございます。もし、お女中方のいうように、塩加減すれば、ますます香の物は食され、大根も大量に必要となりますが、それでよろしいのですか」

吝嗇《りんしょく》で鳴る家康は、なるほど、と膝《ひざ》をたたいてニッコリ笑う。

「よくわかった。わしは女中らの不満を聞かなかったことにする。今後とも、よろしくたのむ」

戦国時代にあっては、腹いっぱい食べられる、お腹を満たしてくれればそれで事足りた食事に、いつしか人々は〝美味《おい》しさ〟という、これまでになかった価値を求めるようになった。建前であった自給自足の制度は、いつしか全国的に流通しはじめた物資によって、崩れてしまったのである。

## 贅沢に敗れた家康の無念

「このままでは、三河の気風が失われる」

その家康が晩年、躍起となって吝嗇《りんしょく》＝質実剛健を説いた。

とくに、具体的に用いたのが麦飯の普及であった。形の上で家督を嗣子・秀忠に譲り、駿河（現・静岡県）に隠居した家康は、鷹狩りのおり、あえて麦飯や焼き飯に焼味噌を持参している。デモンストレーションであった。効果は上々で、家康の麦飯は有名になっている。

あるときのこと。鷹狩りに出かけた家康が、ときおり囲碁の相手を命じる瀧善左衛門《たきぜんざえもん》という商人の、家の前を通りかかった。供に連れていこうか、と立ち寄ると、おりしも瀧家は食事の真《ま》っ最中《さいちゅう》。家康はどうやら、このときの食膳そのものを目にしたようだ。彼は善左衛門を供に誘わず黙って去り、翌日、囲碁の相手に彼がまかり出ると、いつになく不機嫌に、

「その方の家の相続は、覚束《おぼつか》ないのォ」

と不意にいう。そして家康は、

「白米の飯を食べるような心得では、先が思いやられるわ」

といった。善左衛門はそれを聞いて、これはしまった、と思い、とっさに、

「昨日のあれは、白米ではなく、豆腐滓《かす》をかけた麦飯でございます」

といったところ、家康の機嫌が直ったという。

家康は押し寄せる美味で内容豊富な料理と、いつも孤独に一人で戦いつづけていたのである。

「いつもいつも美味なものばかり食していたのでは、美味なものではなくなる。半日の食事はできるだけ軽味のものがよく、美味なものは月に二、三度でよい」（『神祖御文』より）

だが、家康がいかに声を嗄《か》らして贅沢は敵だ、と叫んでも、時勢には勝ちようがなかった。

家康本人によって乱世は終息し、泰平の世が出現した。物資の往来は整備されていく街道、海路を伝って活発化し、質量において人々の生活を、いやがうえにも向上させずにはおかなかった。

いずれにせよ、米を経済の中心にもってきたことの無謀さが、やがて歴代将軍のうえに覆い被さってくることとなる。考えてみるとよい。米は年々、収穫高が上下する。豊作の年もあれば、不作の年もあるからだ。多少の情状酌量はあったが、定められた石高はそれに応じて上下してはくれない。

八代将軍・徳川吉宗は定免法《じょうめんほう》で、この情状もとっぱらって税収を固定させてしまった。

ここで収穫相応の生活をすればよかったが、武士は元来、財政・算術に弱いもの。流通しはじめた物資を入手するため、当初、知行地から取れたお米の半分を換金していたのが、やがてそれでは足り

なくなり、来年とれるであろうお米を当てにして、商人から金を借りるようになってしまった。が、この安易な借金は、不作がつづけば返済は不可能となり、それどころか借財は利息が利息を生んだ。

しかも、豊作となれば米の値段は下がり、不作となれば高騰する。世の中の農業生産高が全体としてあがり、領内で食べる以外のもの＝余剰の農作物は、全国の流通に乗り、銭と取り換えられる仕組みが徐々にできた。世間の実態は、〝金遣いの経済〟に移行していたにもかかわらず、幕府は家康の〝米遣いの経済〟そのまま――。

さらに、参勤交代が三百諸侯の上に重くのしかかっていた。

国許は自給自足でしのげても、国許と江戸を往復するように定められた参勤交代（原則、毎年四月に一年ごとの参勤）は、そうはいかない。道中、江戸での滞在費は、〝金遣い経済〟＝通貨をもちいての支出を強いられることとなる。

## 〝金遣い経済〟と徳川幕府の実力

しかも家康は、自らの体制の基軸に〝常時戦場〟――士農工商の身分制度とともに、武士団の生き方も戦国時代そのままの、臨戦編成を基本に定めてしまった。

平時の閑職である留守居役が、役料五千石もとるのは、戦時の城郭司令官を想定してのものであり、平時に重要な働きをする、官吏の手当てはきわめて少なかった。町奉行の役料は七百俵である（町奉行職につくのは、家禄三千石以下の旗本。家禄に役料を加える）。幕末の前半、大活躍する伊豆韮山の代官・江川太郎左衛門が最初に拝領したのが、家禄百俵十人扶持であった。

ちなみにこの「俵」は、直接の知行地を持たずに切米《きりまい》で家禄を支給される形態をいった。現米を、幕府の米蔵から受け取るのである。こちらは春・夏・冬の三期にわけて支給された。

また、百石取りの場合、一俵は四斗詰めの米俵であり、一石あたりの年貢は実収四斗であった（ただし、四公六民の場合）。一石は目方に直すと、百四十キロ。四斗俵は一俵、五十六キロである。仮に現在の標準米十キロを五千円とすれば、一俵はその五・六倍となるので、二万八千円。百俵だから百倍して二百八十万円が、彼の年収となる。月給に直せば、二十三万三千余円となる。これには無論、ボーナスはついていない。

加えての、「十人扶持」とある。一人扶持は一日玄米（精白していない米）五合の割で支給されるから、十人扶持で五升の支給となる（升は斗の十分の一、合の十倍、約一・八リットル）。月に置けば、三十日として三十倍、十五斗となる（一斗は一八・〇三九リットル）。大雑把《おおざっぱ》に、一斗が十四キロだとすれば、二百十キロとなり、先のごとく十キロの標準米が五千円だとすれば、十万五千円となった。

すなわち、これが一ヵ月の勤務手当となる。「役料」といい、これは代官の属僚の手当や役所の諸入費にあてられた。こちらは三期には分けず、毎月末に支給された。

蛇足ながら、武士を辱める言葉に、

「おい、そこの三《さん》ピン――」

というのがあった。

ここでいう〝三ピン〟は、「三両一人扶持」の略語。江戸時代を通じて、最低の武士の俸給がこれであったことに由来している。一人扶持は、年間二百五十五キロ。米十キロを五千円とすれば、十二万七千五百円。これを本給の年三両（十四万円から十五万円）を加えて算出すると、年額で約二十七万円。一ヵ月で約二万二、三千円にしかならない。

彼ら「三両一人扶持」は三度の食事は主家持ちとはいえ、これではとても生活してはいけまい。内職に励んだであろうが、ときにならず者に侮辱されても、「なにをーッ、無礼者」とやり返す気力は湧かなかったに相違ない。しかも、刀は抜けば、わが身の生命《いのち》もなかったのだから……。

――話を、幕府へ戻そう。

家康の求めた〝常時戦場〟＝臨戦体制は、各大名を個別に独立させ、各々の領地を治外法権の扱いにしたため、今風にいえば〝国税〟の徴収を忘れるという、とんでもない弊害も生んでいた。

幕府は各大名家から、国税に相当するものを受け取っていなかったのである。各々の大名領であがるお米の収穫は、地方税として大名が徴収し、各々の大名家で支出した。

今からふり返れば、考えられない経済の未熟さであったといえよう。そもそも、幕府の石高はいくらあったのだろうか。大まかに分けて、幕府体制下では、朝廷に捧げる「御料所」（二万石、幕末になって四万石）と、公領たる幕府直轄領＝天領、それに「御三家領」と「大名領」に区別された。

いずれも、その領内からとれる米で、各々の格式、身分が決められたわけだ。文久元年（一八六一）というから、明治維新の七年前、この年の幕府勘定所の記録に拠れば、次のごとくであった。

幕府領……四百十四万三千五百五十九石

御三家領……百七十二万七千九百十八石

大名領…………二千九十万七百五十二石

これをみれば明らかなように、俗にいう〝徳川八百万石の実力〟というのは、いささかオーバーで、実際はその半分程度の収入であったことが知れる。

## 想定外の事態

これに対して、文化十四年（一八一七）の、幕府の予算をみてみると、二百六十二万五千九百九十八石となっていた。これは主として、幕府の行政費と人件費の総額とみてよい。

ちなみに、この年の全国生産高は二千九百六十五万七千二百三十石であった。つまり、日本全国のお米の、十分の一が幕府の経費にあてられていた、ということになろうか。

さて、幕府直轄領＝天領の約四百万石の収入は、徳川家のいわば台所経費――旗本・御家人たちへの支払いと、幕府運営の経費にまわされていた。ここで問題なのが、「海防」（広くいえば国防）であった。

家康は四面海に囲まれた日本が、異国に侵略されるという発想そのものをもっていなかった。

なるほど海賊の類が海流に乗って、やってくるかもしれない。たとえば、日本海沿岸に現れたなら、そこに領地を持つ大名が、これを退治してしかるべきであった。そのためにも地方税を、幕府は大名たちに認めていたといってよい。事実上の治外法権は、その藩境の守りも、各々の大名家が担当することを義務づけていた。

ところが家康の遺言した〝米遣いの経済〟は、幕府諸大名の区別なく、ことごとくを幕末までに財政破綻に追い込んでしまった。なんとかしなければ、と八代将軍吉宗なども、後世にいう「享保の改革」を断行したのだが、どうしても〝米遣いの経済〟を〝金遣いの経済〟に転換することだけはできなかった。なぜか。痛みをともなう改革において、人間だれしも既得権を放棄することができない。反対者が楯としたのが、東照神君のご遺言であった。

幕府創業者の家康に逆らえる、歴代将軍は存在しない。結局、明治維新を迎えるまで、〝米遣いの経済〟は変更されることはなかった。

もともと国税を徴収せず、国家予算の出納すらまともに組んでいなかった幕府である（国政の収支を計画するようになったのは、九代将軍家重《いえしげ》の治世が初めてで、次の十代家治《いえはる》のもと、田沼意次《おきつぐ》の改革でようやく具体化された）。

財政面からも、幕藩体制＝封建制は改めざるを得ないところまで、幕末日本は追い詰められていたのである。

さらには、幕末に近づくにつれて、〝黒船〟が日本近海に出没するようになった。幕府は文政八年（一八二五）二月に「異国船打払令《いこくせんうちはらいれい》」（無二念打ち払い令とも）を公布するが、財政破綻をきたしている諸侯は、とても〝海防〟にまわせる金などもっていなかった。かといって、参勤交代をやめるわけにもいかない。

そこへ、アヘン戦争が勃発した。欧米列強の武力に敵うはずもない、と思い知った幕府は慌てて、天保十三年（一八四二）七月に、「異国船打払令」を撤回し、「薪水給与令《しんすいきゅうよれい》」を発したのだが、〝海防〟の危機はそれでも迫って来る。

幕府は自腹を切って、大名領をも含む〝海防〟にあたることとなった。が、金がないのは幕府も同じである。無理に無理をかさねたのが、これからみていく〝幕末〟であったのだ。

もし、ペリーの艦隊が浦賀に来なくとも、幕府は遅かれ早かれ財政上、にっちもさっちもいかなくなって、国政の仕組みを中央集権化に転換するしかなかった。これが真実である。

内憂外患でいえば、財政破綻の内憂に加え、外患――日本をとりまく環境、欧米列強の動きが活発化していた。アヘン戦争に学び、戦々恐々としながら、〝海防〟の具体的処置を財政上、何一つとれない幕府にとって、実はイギリスより地政学上、恐ろしい存在があった。ロシアである。

北の海を隔てただけの隣国でありながら、ロシアはわが国と〝蜜月〟とよべるような、幸福な関係をもったことが、ついぞなかった。日本の対露関係史は、その大半が〝恐怖〟一色であったといってよい。

## 日本人に蔓延した〝恐露病〟のきっかけ

ロシア帝国――この大国が、明確な形で日本に姿を現わしたのは、ニコライ・ペテロヴィッチ・レザノフの率いる、第二次遣日使節が長崎に到着した、文化元年（一八〇四）のことであった。アヘン戦争の三十六年前、日本では十一代将軍・徳川家斉の治世下にあたった。

このあと、嘉永六年（一八五三）七月十八日、第三次の遣日使節として、海軍中将エッフィミー・ヴァシリエヴィッチ・プチャーチンが、軍艦四隻を率いて来日するのだが、すでに日本人の対露感情――多分に憎しみと恐怖に彩られていた〝恐露病〟は、このとき、できあがっていたといってよい。

「ロシア人は信用できない」

今日なお、日本人の多くが潜在的に抱いているロシアへの、不信と警戒心は、歴史的にはさほど遠い過去からのものではなかった。では、いつから反露先入観は生まれたのか。プチャーチンの来航する約八十年前――正確には明和八年（一七七一）の夏、偶然、日本をかすめるようにやってきた、一人のハンガリー人によって、口火が切られたことは存外に知られていない。

このとんでもなくお騒がせな男＝モーリッツ・アウグスト・フォン・ベニョフスキー（一七四六～八六）は、長崎のオランダ商館長フェイトに、次のような内容の手紙を唐突に送りつけた。

「私は有力な情報を得ましたので、この手紙によって光輝ある貴国オランダに対する敬意から、それをお知らせするものであります。すなわち今年、カムチャッカからガリョット船二隻、フレガット船一隻が、ロシア人の命令によって日本沿岸を巡航し、明年以降、松前および北緯四十一度三十八分以南の近隣の島すべてに、攻撃を加える計画について、準備万端を整えたようです。また、この目的に対してカムチャッカ近くのクリル（千島）諸島には、一大要塞が建設され、すでに弾薬、大砲および倉庫等も整備されております」

この物騒な手紙を送ったベニョフスキーは、ロシア人ではなかった。ハンガリー人であり、ポーランドの軍隊に入ってロシア軍と戦った戦歴を持っていた。そのあと捕虜となって、カムチャッカに流罪となったところ、反乱を起こして脱走した前歴をも追加する必要がある。

ロシア船「聖ピョートル号」を奪い、ロシア人約九十名とともに、ヨーロッパへ逃亡する途次、千島列島沿いに南下して、偶然に日本の四国沖にいたった。おそらく、ロシアに対する深い怨恨《えんこん》が、つい右のような虚言《デタラメ》を吐かせることにつながったのだろう。

ベニョフスキーは、逃亡中の欠乏した食糧・薪水《しんすい》を入手するため、土佐の沖にやってきて、阿波の日和佐《ひわさ》の付近にも停泊。その後、奄美大島へと航路をとった。

この間、彼の一行は日本人と接触している。土佐の漁民たちは、ウォッカやワインをご馳走になったと記録にあり、多分、日本人がロシア人を見たのは、この時が最初ではなかったろうか。

ベニョフスキーの手紙は、親切なオランダ商館長から幕府に届けられた。フォン・ベニョフスキーという名前は、のちに日本式に訛《なま》って、「はんべんごろ」と呼ばれ、われわれ日本人の心の奥深くへ記憶されることとなる。

——つまり、ロシアは日本人に意識された当初から〝侵略者〟であったわけだ。

幕府はこの時点で、この虚報に軽挙妄動してはいない。動きたくとも財政逼迫が許さなかった。

「ロシアが対日交易を望んでいて、それを知ったオランダが、対日交易の優勢を保持したいがための、種々の雑説をいいふらしているのではないか」

仙台藩医・工藤兵助《くどうへいすけ》が述べた見解に、幕府は賛同し、北辺貿易の可能性を検討すべく、蝦夷地《えぞ》(現・北海道)への調査を実施したくらいであった。ちなみに、このときの幕府の首席老中は〝賄賂政治〟で後世、非難を浴びることになる田沼意次《たぬまおきつぐ》であった。

冷静沈着を装う幕府に対して、むしろ動転したのは在野の警世家(世間に警告を発する人)たちであった。この図式はのちの幕末も、否、日本においてはいつの時代も変わらない。彼らは「はんべんごろ事件」を、天地が晦冥《かいめい》したかと思われるほどに恐懼《きょうく》して受け取り、日本はこのままではロシアに侵略され、滅びる――『海国兵談』の林子平《はやししへい》に代表されるごとく、「赤蝦夷」「ヲロシア」への警告を、日本全国に矢継ぎ早に発し、恐怖心を植えつけばらまいた。

まさに幕末の〝尊王攘夷〟と同じ、下から湧きあがる民族的感情《ナショナリティー》であった。

これより以前の時点において、一方のロシアは日本に多大の関心を寄せていた。発端は十三世紀末にベネツィアの商人マルコ・ポーロによって喧伝《けんでん》された、『東方見聞録《とうほうけんぶんろく》』であった。

中世のスペイン（イスパニア）、ポルトガルの二国が、争って世界一周の大航海を行ったのも、もとはといえば、この無責任な見聞録にある黄金の島〝ジパング〟の発見が目的であったのだが、ロシアとてその願望は同じであった。

## ピョートル大帝とロシア毛皮シンジケート

とくに、日本の元禄期から八代将軍吉宗《よしむね》の時代に相当する、ロシアの偉大な統治者ピョートル大帝は、〝ジパング〟に並々ならぬ関心を示していた。この大帝は、ロシアの後進性――野蛮国というべきか――を改革すべく、西欧の文物を洪水のごとく注ぎ込み、一代でもってロシアをことごとく近代化路線に乗せたことで知られている。極端ないい方が許されるならば、古代から中世へ、そして日本の近世を飛ばして、ロシアは近代国家を創ろうとしたのだ。

のちに日露戦争で、日本の強敵として相まみえるロシア陸海軍の基礎を築き、およそ〝ロシア的〟といわれる旧習尊重主義、迷信、その他のあらゆる不条理をぶち壊したのは、ピョートル大帝であったといってよい。換言すれば、ロシアはこの大帝の統治時代に、非ヨーロッパ陣営からヨーロッパ陣営へと乗りかえた、ともいえる。弱者から強者へ、被支配者から支配者へ。

このピョートル大帝が、「皇帝《ツァーリ》」というとてつもなく大きな専制力にものをいわせ、直々に指揮した一つが〝ジパング〟探究であった。決して生半可なものではなかった。大帝は日本人がロシア語の単語ひとつ知らない頃、早々と日本語の読み書きをロシア人に命じていた。彼の〝日本熱〟は、時を同じくしてロシアに漂流した、日本人デンベエの存在によって加速される。

日本の元禄十五年というから、赤穂浪士の吉良邸討ち入りと同じ西暦一七〇二年、この年の正月八日、モスクワでピョートル大帝に拝謁《はいえつ》したデンベエは、問われるままに日本の国情について語った。

日本には鉄砲もあれば火薬もあり、信仰は神や仏、そして阿弥陀《あみだ》、八幡《はちまん》、観音尊崇《かんのんそんすう》などいくつもあること。日中貿易が行われていて、中国からは米・鉄・船材・象牙・魚骨などがもたらされ、日本からは木綿・絹織物・金・銀が売り渡されていることなどが、彼の口から語られている。

しかも、金銀貨幣は大判、小判があって、都と江戸の二ヵ所で鋳造されていること。仏像や殿堂も金・銀・銅などで造られ、食器類にも銀製、銅製があることなどにも言及した。

「やはり、ジパングはあったのだ」

デンベエはほかにも、日本人の生活ぶりなども細かに語ったというが、ピョートル大帝はおそらく、日本に豊富にあるという金・銀のみに関心を示し、それ以外のことは上《うわ》の空で聞いていたに違いない。

「急ぎ、ジパングへ使者を――」

大帝は日本との交易を強く望み、すぐさま日本への進路を探索させている。

併せて、日本の軍備状況、日本人の各種の商品需要状況などを明らかにするよう指示した。

日本人が、蝦夷にロシアが攻め込んでくる、と戦慄《せんりつ》する七十年も前に、一方のロシアは日本との交易を求めて、まだ見ぬ日本を探索し、南下策を着実にすすめていたのである。

今ひとつ、ロシアには切実に、日本との交易を希望する要因があった。ピョートル大帝を除くロシア人にとっては、むしろこちらのほうが本命であったかもしれない。すなわち、食料と水であった。

この頃、ロシアという帝国（出発は、モスクワ公国）は、一個の巨大な毛皮シンジケートと化していた。毛皮の輸出だけが、確かな国家財源であった。その宝庫であるシベリアは、いわばロシアの生命線にひとしかったといえる。ピョートル大帝が大掛かりな変革を断行できたのも、つまるところその財源に毛皮あればこそであった。

ロシア人の毛皮商人とその先兵であるコサック（農奴から解放された自由民の屯田兵）が、黒貂《くろてん》やアーミン（貂の一種）、ミンク（いたち）、ラッコ（シー・オッター）などを追って、シベリアを東へ東へとすすみ、ついに沿海州に達し、さらにカムチャッカ半島に到達した。

この間、中国大陸に伸張したロシアの勢力は、日本の元禄二年にあたる一六八九年の「ネルチンスク条約」によって、清国に南下を阻まれたこともあり、そのエネルギーを吸収して、ますます東進する勢いは強まった。

彼らは行く先々で未開や半開の先住民族を脅して服属《シエルスチ》させ、毛皮税《ヤサク》を私掠し、基地《オストローグ》を設営しつつ前進した。その踏み込んだ土地は結果として、なしくずしの史上空前ともいえるロシア領を形成することとなる。

ロシアの毛皮シンジケートはとどまることを知らず、カムチャッカからベーリング海のアレウト

（アリューシャン）列島、北米のアラスカからついには太平洋にまで進出。アメリカ新大陸の西海岸カリフォルニア、次いで南太平洋（サンドウィッチ諸島＝ハワイ）へと植民地的基地を設営していく。

## スパンベルグこそ、日本最初の〝黒船〟だった!!

このシンジケートの中核的役割を担ったのが、オランダやイギリスの東インド会社、あるいは後年の日本の南満州鉄道と同質の国策合社、「魯米会社《ろべい》」（ロシイスコ・アメリカンスカヤ・コンパニヤ）であった。設立は西暦一七九九年であったが、一七八一年にはすでにイルクーツク商人のシンジケートが結束し、「シェレホフ・ゴリコフ商会」を発足、これが発展して「合同アメリカ会社」（一七九七年設立）が生まれ、そして「魯米会社」へと統合されていった。

しかし、領土が伸張するに従って、食料や飲料水などの物資補給が困難となったのも事実で、いわば切羽詰まった思いで彼らは、いつのまにか隣国となってしまった日本との、通商を求めたというわけである。このおり興味深かったのは、ロシア人の日本人への接し方であった。

ロシア側は、日本を大国の清と同様の文明国と認め、毛皮欲しさに力ずくで相手を屈伏させてきた、これまでの民族たちとは異なった、上品な扱いをしようとした。このあたり、非ヨーロッパ陣容からヨーロッパ側に乗り換えたばかりの、新参者らしい一種の戸惑いが感じられておもしろい。

――その当惑のあらわれは、イルクーツクの日本語学校に如実であった。

ロシアには先のデンベエのほかにも、漂流してくる日本人が少なくなかったようだ。彼らの多くは日本近海で十一月から二月頃にかけて吹く、冬季特有の北西季節風によって、遠く太平洋上に吹き流され、やがて、海流に乗って北へ漂着した船乗り、商船の乗組員、漁業従事者であった。

ロシアでは彼ら日本人漂流者、あるいは現地で妻を娶り儲けたその子供たちを集めて、一七三六年、ロシア科学アカデミーに付設して、サンクトペテルブルグに日本語の通訳を養成するための、日本語学校を開校した。日本では元文元年にあたり、八代将軍吉宗の治世であった。

この日本語学校では、世界最初の露日辞典が開校二年後に編纂され、日露会話のテキストなども編まれている。一七五三年、日本語学校はロシアの東方経略の基地イルクーツクに移転し、断続的にではあったが一八一六年に閉鎖されるまで存続している。

そして、一七三九年六月十六日（ロシア暦・日本では元文四年五月二十二日）、ロシア人――正しくはデンマーク生まれの、ロシア海軍軍人のマルチン・ペトロヴィチ・スパンベルグ大尉――は、ついに日本本土を望見するところまで、近づくことに成功した。

このおり、スパンベルグが率いた三隻は、仙台湾などにその姿を見せ、途中ではぐれた別の一隻（したがって合計は四隻）は、安房国長狭《ながさ》郡天津村（現・千葉県鴨川市）にまで到達し、海岸で住民たちと接触している。

――日本人が最初に接した〝黒船〟は、どうやらこの四隻であったようだ。

スパンベルグは帰国すると直《ただ》ちに、日本との交渉のために通訳を乗船させ、再び日本へ向かったものの、濃霧によって前途を阻まれ、望みを果たすことができなかった。

だが、日本とロシアの出会いは、確実に近づいていたのである。

一方、一万石格の蝦夷松前《まつまえ》藩（藩主は松前矩広《のりひろ》）は、元禄十四年（一七〇一）に根室のキイタップ

（現・厚岸郡浜中町《あっけしぐんはまなかちょう》）にアイヌとの交易場所を設けると、宝暦四年（一七五四）には国後《くなしり》にも開設。

このころになると、ロシア人とアイヌの衝突が、松前藩にも伝えられるようになる。一七七八年、イルクーツクの商人ディミトリー・ヤコレヴィッチ・シャバリン率いる遠征隊が、根室キイタップに渡来。日本語学校出身の通訳を介して、ついに松前藩士と言葉を交わしている。

「コンニチハ、ハジメマシテ」

彼らロシア人は、当然のことのように交易を申し入れたが、応接した松前藩士は口からでまかせに、

「そのことは明年、択捉島《えとろふ》にて返答を申す」

と約するにとどまった。

翌一七七九年、シャバリンは七隻の船を率いて択捉島に出向いたものの、松前藩の役人は現われず、再び根室キイタップに押しかけたシャバリンが、松前藩の役人の違約を責めると、別な役人は、

「異国との交易は、長崎以外では許されていない。したがって以後は、ここへ渡来せぬように……」

といい、そういいながらも、交易は駄目だが穀物や酒の必要があれば、ウルップ（得撫島）のアイヌから届けさせればよい、とも言葉を足したという。

換言すれば、ロシアに恐れをなした松前藩の役人たちが、アイヌを通じての間接交易――ほとんど密貿易だが――を提案して、機嫌をとろうとしたわけである。

無論、この臆病な松前藩の役人たちは、ロシアを逆なでするような、ご公儀＝幕府への報告をする勇気もなかったであろう。が、このいいかげんな処置が、のちのち松前藩にとって、取り返しのつかないこととなる。

## 江戸時代、日本は鎖国をしていなかった?!

寛政三年（一七九一）、幕府は「海防司令」なるものを発し、異国船の取り締まりを強化すると共に、翌四年には航海・操帆の訓練や大筒の稽古などを諸藩に許可した。

この年、ロシアの第一次遣日使節・陸軍中尉アダム・ラックスマンが根室に現われている。彼はイルクーツクの実力者キリル・ラックスマンの息子であったが、日本人漂流者・大黒屋光太夫《だいこくやこうだゆう》ほか二名を日本へ送り届けるとともに、かねてからの懸案であった貿易の道を開くべく、日本側と交渉することを目的として、来日したのだった。

同行した光太夫は、宝暦元年（一七五一）に伊勢国白子《しろこ》（現・三重県鈴鹿市）に生まれ、天明二年（一七八二）十二月、千石積「神昌丸」の船長となり、江戸へ出帆したものの、大時化《しけ》に襲われ、太平洋を漂流。アリューシャン列島の小島に漂着してのち、イルクーツクに到着した。三回に及ぶ帰国請願書を握りつぶされ、ようやく帰国することができた。

このおりラックスマンは、根室に入港すると上陸して越年し、さらに箱館にすすんで陸路を松前に至った。幕府の代表である目付の石川将監《いしかわしょうげん》、村上大学《むらかみだいがく》は、ラックスマンの持参したイルクーツクの、シベリア総督ピーリの書簡を受け取ることを拒否し、問題は長崎でのみ交渉し得ると述べ、長崎入港の許可証を与えるにとどめた。

——ここで一つだけ、明らかにしておかねばならないことがある。

日本人がロシアに対して繰り返した、「長崎にて——」の根本である〝鎖国〟について、であるが、実は日本は鎖国などしていなかった。

慶長八年（一六〇三）に徳川幕府が創設されて以来というもの、慶応三年（一八六七）十月の大政奉還に至るまで、確かに寛永元年（一六二四）のスペイン船の来航禁止や、同十年の朱印状に加えて老中の奉書のないものは、海外への渡航は禁止。同十六年のポルトガル船の来航禁止、同十八年の平戸のオランダ商館を長崎の出島へ移すなどの処置はとられた。が、しかし、オランダのほかすべてのヨーロッパ諸国と交流を断ち、西欧文明を排除するというような国是は、ついぞ確立していなかった。

併せて幕府は、明国との正式な国交回復を働きかけたがうまくいかず、ついにはこれを断念したものの、中国（明、ついで清）からの民間船の交易は、継続している。

つまり、長崎にはオランダ商館もあれば、中国の民間船を受け入れる施設も存在した。

なお、豊臣秀吉の文禄・慶長の役で中断したとはいうものの、日本と朝鮮の関係修復は、関ヶ原の戦いののち、慶長十四年（一六〇九）に対馬藩主・宗義智《よしとし》によって「己酉約定《きゆうやくじょう》」（一六〇九年の干支に拠る）十二ヵ条が結ばれ、日朝間の通交貿易の枠組がつくられ、その功により朝鮮貿易は江戸時代、対馬藩が独占するところとなっていた。

〝鎖国〟といいながら、釜山に「倭館《わかん》」をもち、藩士や商人約四百五十人が居留していた。

ここでは、日常的な外交・貿易折衝が行われている。約十万坪の区域に各種の使節がおかれたが、周囲を石垣が巡らしてあったこと、「倭館」外への自由な外出が禁じられていたことを思うと、長崎の出島と同じようなもの、と考えればよさそうである。

## 江戸時代の鎖国の実態とは⁈

前期は、日本の丁銀（秤量《しょうりょう》銀貨）を輸出し、中国産生糸、絹織物・朝鮮人参の輸入が活発であり、後期は幕府が銀の輸出抑制策をとったことから、貿易は私から官公へと移り、銅を輸出して煎海鼠《いりこ》・牛皮の輸入が行われた。

ちなみに、明治維新となって、新政府は朝鮮貿易の再開を望んだが、李朝朝鮮に拒否され、ここから征韓論が起きることとなる。

〝政府〟はいつの時代、いかなる国においても、国民（そこに住まう人々）の要望を聞き入れることができなければ、瓦解《がかい》するもの。一般の生活レベルが向上した江戸時代、幕府が二六五年もったのは、必要物資を供給することができたからであった。

さらに長崎・対馬に加えて三つ目として、薩摩藩の支配下にあった琉球王国とも交易は行われていた。「琉球館」が鶴丸城の東に置かれ、琉球の首里王府の出先機関となっていた。琉球国王は将軍が代わるごとに、それを祝う慶賀使《けいがし》、琉球国王が新たに即位したのを感謝する謝恩使《しゃおんし》を含め、出しつづけていた。

幕末となり、安政五年（一八五八）、文久二年（一八六二）と慶賀使が計画されたが、日本側の国内混乱を理由に中止され、明治五年（一八七二）に維新慶賀使が東京に派遣されている。

今一つ、目を北に転じれば、前述した如く、蝦夷（現・北海道）では松前藩が独占的にアイヌとの交易を行うべく、「商場《あきないば》」（場所《ばしょ》とも）を開催していた。

幕府が締め出したかったのはキリシタンであり、これを禁教とし、一方では外国貿易による利益や海外情報は大いに欲しており、そのため洋書の輸入などは禁止したことが一度もなかった。

そもそも、オランダ以外の西欧諸国とは通交をしないという原則を、はじめて幕府が〝公〟に示したのはほかでもない、ロシア第二次遣日使節ニコライ・ペテロヴィッチ・レザノフが文化元年（一八〇四）九月、長崎に来航したときが最初であった。

さらに述べれば、「鎖国」なる言葉の出現したのは、レザノフの来日する三年前のこと。享和元年（一八〇一）、長崎のもとオランダ通詞・志筑忠雄《しづきただお》が翻訳した、エンゲルベルト・ケンペル（ドイツの医師）の『日本誌《にほんし》』――その一章分を抄訳した『鎖国論』と題する書が、世に出たのが起こりであった。

ケンペルは自らをオランダ人と偽り、五代将軍・徳川綱吉の前で自作の恋の歌とダンスを披露した愉快な人物であり、植物学者としても著名。彼の著書で日本人は礼儀正しい、富士山は美しいということが、世界に発信されたのである。問題の『鎖国論』はその一章分を抜きとった論文であった。

ちなみに学生時代、原題を訳した筆者は、次のようにタイトルを表示した。

「現代のように、日本帝国が国を鎖《とざ》して、国民を一切、外国貿易に関係させないことの可否についての研究」――なんともいえない迷訳であるが、志筑はこの長ったらしい章タイトルを縮めるため、「国を鎖して」の部分に注目し、『鎖国論』と題したのだが、問題はその評価であった。

考えてみるとよい、幕藩体制が微動だにしなかった時代に世に出された『鎖国論』が、幕府の政策を否定するものであったはずがなかった。そのようなものは世に出ないし、出まわれば即座に禁書処分となったであろう。時代はまだ、アヘン戦争の約四十年前のことだ。

結論からいえば、同書には次のような箇所があった。

「日本の安全と平和を維持するためには、鎖でつないだような体制は賢明である」

まだ、イギリスによる産業革命（諸説あるが十八世紀後半＝一説に一七七〇年〜一八三〇年にかけて）は、世界を変える、とまでは実感できるレベルに達していなかった時代であった。

ただ時を同じくしてやってきた、レザノフにとっては、「鎖国」という言葉はいまいましく、日本人を呪いたくなる言葉であったろう。彼はロシア元老第一局長の要職にあり、すでにみた「魯米会社」の設立にも貢献、利益代表者ともなっていた人物である。

そのレザノフは、皇帝アレクサンドル一世（ピョートル三世の孫）が署名した国書を、長崎奉行に提出し、日本側の要請にしたがい、銃器や火薬の引き渡しにも応じていた。

にもかかわらず幕府側は、遅れて目付・遠山金四郎《とおやまきんしろう》景晋《かげくに》（左衛門尉《さえもんのじょう》景元《かげもと》の父）を「宣諭使《せんゆし》」（応接役）に派遣したものの、ロシア側の申し入れを門前払いで却下してしまう。

「我国ノ禁」

という、それまでになかった、鎖国が国是なので、との論法をもって――。

漂着者五名（うち一名は長崎で自殺）を引き渡し、レザノフは一年二ヵ月の航海、六ヵ月の滞在でなんらなすこともなく帰国の途についた。

## 日本人のロシア観

ペトロパブロフスク（現・ペトロパブロフスク・カムチャツキー）に戻った彼は、海軍士官のニコライ・アレクサンドロヴィチ・フヴァストフとガウリィル・イヴァノヴィチ・ダヴィドフに命じて、樺太《サハリン》と千島《クリル》諸島の日本基地を、一斉に攻撃する暴挙に出た。余程、日本の応対が腹に据えかねていたのであろう。あるいは、ヨーロッパ流の本性をいよいよ出した、と見るべきか。

文化三年（一八〇六）九月、樺太の久春古丹《くしゅんこたん》にあった松前藩会所が攻撃され、番人は連行されてしまう。また、翌年六月には、択捉島がロシアに蹂躙《じゅうりん》されるところとなった。無責任に乱暴を指示したレザノフはその後、憤慨と失意に病気が重なって、ペテルブルグに向かう途中、一八〇七年三月一日、クラスノヤルスク（現・ロシア連邦中部）にてこの世を去っている。四十三歳であった。

乱暴のかぎりをつくしたロシア人は、捕虜にした日本人を解放するにあたり、松前奉行宛に書簡を送る。内容は「交易を願い出たが日本側に拒絶されたので、こちらの手並みの程を見せてやったのだ」と述べたもので、それにつづいて、「なろうことなら、末代まで心安くしたい」などという、虫のよいことまで並べたてていた。

この〝文化魯冠《ろこう》〟に、幕府の対応は珍しく素早かった。それだけにショックが大きかったのであろう。松前藩に対して、東蝦夷に次いで西蝦夷地を幕府直轄地とすべく、「上地《あげち》」を命じるとともに、樺太探検を実施させると、他方で「魯船打払令《うちはらいれい》」を発令した。

また、同じ頃、千島南部およびオホーツク沿岸の調査に従事していた、ロシア海軍の少佐ヴァシリー・ミハイロヴィチ・ゴロウニンを、先の報復として捕縛《ほばく》している。

日本は一致団結して、ロシアへの敵愾心《てきがいしん》を燃やしていた。アヘン戦争の約四十年前である。まだ、〝攘夷〟に何の疑い、懸念も持っていなかった。来るなら来い、という強気が垣間見える。

その後、高田屋嘉兵衛《たかたやかへえ》らの仲介で、多少は両国間の対立感情は和らいだとはいえ、北辺のロシア人と日本人との紛争は、その後も止むことなく、相変わらず繰り返されている。

ちなみに、右の高田屋嘉兵衛は、明和六年（一七六九）正月、淡路国津名《つな》郡都志本村《つしほんむら》（現・兵庫県洲本市五色町都志《ごしきちょう》）に生まれ、樽廻船の船子から船頭となり、やがて独立。幕府の蝦夷政策に食い込み、択捉―国後の航路開発に成功して、蝦夷地交易に卓越した地位を占めた。

が、一方で、レザノフの通商要求を拒絶した日露紛争にも、巻き込まれることになる。

所詮《しょせん》は国境を定める以外に、両国の正常な国交は成り立ち得ない、と双方共に気がついてはいたのだが、事はすんなりとは運ばなかった。なにぶんにも、国境画定は両国にとって未曾有《みぞう》の交渉であったからだ。二つの国は互いに向き合ったまま、無為に歳月を過ごしてしまう。

文政八年（一八二五）年二月、ひきもきらず日本の近海に現われる〝黒船〟に対して、業を煮やした幕府は、ついに異国船打払令（別称・無二《むに》打払令）を発す。

天保八年（一八三七）七月十日、アメリカ商船モリソン号が大隅半島の南端・佐多沖（現・鹿児島県肝属《きもつき》郡南大隅町）に出現。のち対岸の薩摩藩半島南端の山川児ヶ水《ちょがみず》沖（現・鹿児島県指宿市）に停泊して、日本人漂流民を引き渡そうとするが、

「漂流民はオランダに頼んで、帰国できるようにせよ」

と受け取りを拒否、薩摩藩はモリソン号を砲撃して、無理やり立ち去らせている。

これはアヘン戦争の、三年前のことであった。

# 第一章　終始劣勢だったペリー外交

## 憂鬱《メランコリー》を抱えて日本へ来たペリー

アメリカ合衆国の東インド艦隊司令官マシュー・カルブレイス・ペリーが、やってきた。

彼が日本を目指し、汽走軍艦ミシシッピーを香港に投錨《とうびょう》させたのは、一八五三年四月七日（和暦では嘉永六年二月二十九日）のことであった。ペリーはこのあと、指揮下の十二隻からなる艦隊の集結をまって、おもむろに日本へ向かう手筈《てはず》を整えていた。彼の階級は「海軍代将」（少将と大佐の間）である。

ちなみに、十二隻からなる艦隊は、無論、アジアからインドにまたがる海域において、欧米列強中、最大にして最強の威容を誇るものであったといってよい。それが突然、目の前に現れたなら、日本人はさぞかし度肝を抜かれたに違いない。

なにしろこの頃の日本人は、紀伊国屋文左衛門のミカン船伝説に出てくる、「千石船《せんごくぶね》」しか見たことがない。千石といえば、米を千石載せる船だが、西欧のトン数に直すと百トンにしかならない。ところがペリーの艦隊には、二千四百五十トンの軍艦が幾つもあった。日本の千石船の約二十五倍である。

目の前にそれが連なって並んだなら、さぞかし日本人は慌てふためいたはずである。

ところが、〝楽勝〟気分で出航を目前にしていたはずの、艦隊司令官ペリーはいっこうに冴《さ》えない表情をしていた。持病のリューマチを、懸念してのことともとも思えない。

もともと、健康状態を気に病《や》んで顔色を失するほど、ペリーという男はやわではなかった。

「やつは厳しくて、不愉快なやつだ。利己的で横暴で、他人の利益などは考えようともしない」

ペリーの部下で、マセドニアン艦長でもあったアボット大佐は、口をきわめて誹謗《ひぼう》している。この年、ペリーは五十九歳。威風堂々とした体軀《たいく》、強固な意志を思わせる眉に、大きく褐色に輝く瞳。鼻すじは太く通っていて、口はつねに真一文字に固く結ばれていた。剽悍《ひょうかん》な風貌である。

その彼をガラにもなく憂鬱《ゆううつ》にさせていたのは、これから果たさねばならない大役への不安――政治的緊張によるものであった。

大役とは、いうまでもない。国を閉ざして三百年近くにもなる「非キリスト教国唯一の文明国」で、「最古の歴史を誇る」日本に、「最も若い国」アメリカの代表として、開国への「扉を開ける」ことであった。そのために、ペリーはあらゆる手立てを講じ、情報を収集してきた。

が、航海の準備期間がわずかに八ヵ月しかなく、その短い期間に、艦隊の編成から乗組員の人選、教育・訓練までも実施しなければならなかった。そのため彼の準備は、断片的にならざるを得ない。

まず、日本近海に出漁の経験をもつ捕鯨船長を訪ね、海流や沿岸の地形などについて教わり、貿易業者・学者・宣教師ら階層の異なる人々から、必要な知識を仕入れた。次には、航海のための海図や日本に関する書籍類も、ニューヨークとロンドンを中心に、手当たり次第に買い込んでいる。

ちなみに、日本に言及した書物としては、一七一九年にダニエル・デフォーの発表した『ロビンソン・クルーソー』と、ジョナサン・スウィフトが一七二六年に著した『ガリバー旅行記』があったが、これらは日本を正しく知る文献とはいいがたかった。

なにしろ前者では、アフリカ、インド、中国を冒険したロビンソン・クルーソーが、次なる日本へ向かおうとしたものの、

「日本人は嘘つきで、残酷な国民だ」

と忠告されて、訪問を断念したと記されているのみ。

後者のガリバーは、物語の中で前後四回の航海に出ているが、一回目の小人の国と二回目の巨人の国、四回目の馬の姿をした理性的動物の国の話に比べて、三回目の航海はあまり知られていない。ガリバーはなんと、日本に来ていたのである。

三回目の航海において、オランダ人になりすました彼は、一八〇九年五月、ザモスキ（横須賀の観音崎か？）という日本の東南の港に着いている。ガリバーはそこから江戸に行き、「皇帝」（将軍）にお目通りを願い出、ぜひ、長崎まで送り届けて欲しい、と依頼。かつ、「踏み絵」は勘弁してほしい、と嘆願する。

即ち、当時のヨーロッパでは、日本は鎖国とキリシタン禁教を強要する、〝残酷〟な国とみられていたことが知れるが、ペリーの参考にはならなかっただろう。彼は書物収集に大金を投じていた。多くはオランダ経由で入手したものだが、それらの購入代金は、三万ドルという膨大な金額にのぼっている。現在の日本円に換算すると、いかほどになったであろうか。

## 暗中模索のペリーの心中

それこそペリー来航後の、嘉永七年（一八五四）に、幕府とペリーの交渉によって、一ドルは天保一分銀三枚と兌換《だかん》できることが定められた。一分銀四枚は、金一両である。一両を当時の物価から割り出して、かりに八万円と算出すると、銀三枚は六万円となる。つまり、この頃、すでに一ドルが六万円という、驚嘆すべき円安レートであったことになる。幕末も維新に近づくと、さらに相場は急騰、目をおおいたくなるような超インフレとなるのだが……。

もし、当時の日本人が、ペリーと同様の書籍を揃えようとすれば、十八億円が必要であったことになる。

高額であった日本関連資料のなかでも、来日経験者シーボルトの著した大作『ニッポン』（五百三ドルで購入）を、ペリーは東洋への航海中、幾度となく繰り返し熟読していたという。さらには、かつて二回（一八四六、一八四九年）、アメリカ艦隊が日本に赴いたおりのデータを取り寄せ、詳細な検討も行っていた。

だが、そのいずれもが、ペリーのいまだ見ぬ日本を正確に語ってはくれなかった。否、彼はこれまでの長い海軍生活の中で、日本のみならず、アジアに渡航する機会をもっていない。

日本国にいたる航海図は、そもそも両国を結びつけた捕鯨船――アメリカは鯨をとりに来て、しばしば遭難し、その救助と食料、水などを日本に求めた――が持っていたが、日本の首都を識る詳細な図面などはなかったし、日本の国情もいまひとつ明確ではなかった。

第一、一番大切な交渉に臨む言語に難があった。なにしろこの度の艦隊には、日本語が理解できるアメリカ人は、ひとりとして乗船していなかったのだから。どの程度、話し合うことが可能なのか、戦争におよぶ事態にはならないであろうか。そして、相手方の戦闘能力はどの位のものか――すべてが、未知のままであった。

日本におけるオランダのように、アメリカに情報を提供してくれる、好意ある第三国も存在しなかった。いわばペリーは、暗中模索の状態で、アジアの拠点・香港に乗り込んできたことになる。

目下のところペリーが頼れるのは、率いる艦隊の武力＝艦載砲のみであったが、「広範なる自由裁量権」を付与され、十二隻からなる堂々の艦隊を編成しつつ、彼には、「開戦権」は与えられていなかった。相手側から、いきなり発砲されて撤退する場合の、「自衛の発砲の容認」を除いては——。

そこへ旗艦に予定していた新鋭艦サスケハナを、中国駐在公使マーシャルの要請にもとづき、上海へ振り向けねばならなくなる（なんとかのち、旗艦とするが）。しかも港内に繋留《けいりゅう》中の艦船は、ミシシッピー、プリマスの汽走軍艦二隻に、帆走艦のサラトガ、サプライトだけで、後発の艦船は未着であった。十二隻の大艦隊のはずが四隻しかない。ペリーの心中は、さぞかし泣きたいばかりであったろう。

ダメ押しもあった。すでにこのとき、ペリーを東インド艦隊司令官に任命し、このたびの重大な任務を命じた政府は、瓦解《がかい》していたのである。アメリカ本国で行われた大統領選挙で、与党・共和党が敗れ、民主党のフランクリン・ピアースが当選。新政府の外交方針は、一変する。前大統領フィルモアの政策は、ことごとく否定されてしまっていた。

このフィルモアは、第十二代大統領テイラーの副大統領から、テイラーの急死にともない、第十三代大統領となったため、選挙に勝って大統領となった人物ではなかった。そのため、政府は入れ替わり、新政府からはペリーに対して、目下、進行中の外交政策を中止する旨を伝える訓令が発せられたのだが、この伝達は、ペリーが中国を離れて日本へ向け、出航した後に上海へもたらされることとなる。

## 〝蒸気海軍の父〟は二者択一を迫った?!

他方、迎え撃つのは日本の幕府である。

通説によれば、泰平の中を安眠の夢をむさぼっていたという。幕府は、ペリー来航を日本開闢《かいびゃく》以来のショックと受け止めた、といわれてきたが、これはとんでもない話である。明らかな誤解といってよい。

幕府はオランダを介して、アメリカの最新の情報を収集し、すでに分析を終えていた。

すべては、アヘン戦争の研究がスタートであり、列強の対アジア政策＝植民地政策は、ほとんど解明している。のみならず、驚くべきことにペリーが香港に到着する以前において、前任司令官オーリックスの更迭《こうてつ》、ペリーの司令官内定の情報を、幕閣はオランダの植民地バタビア（現・インドネシア共和国ジャカルタ）経由で、察知していた。

ペリーが、いまだ見ぬニッポンの研究に苦心惨憺《くしんさんたん》しているとき、幕府は列強におけるアメリカの位置をほぼ正確につかみ、列強間の相互牽制の可能なことまで見極めていたのである。

一八五三年七月二日（和暦になおせば、嘉永六年五月二十六日）、ペリーは途中で寄港した、琉球の那覇《なは》を出帆。ところが、当初に編成予定されていた大艦隊は、あのまま四隻の編成でしかなかった。

六日後、ペリーは日本の伊豆沖に到着、正午頃には相模湾沖に差しかかる。

幕府は浦賀奉行の支配与力・香山栄左衛門《かやまえいざえもん》、同・中島三郎助《なかじまさぶろうすけ》、オランダ通辞の堀達之助《ほりたつのすけ》を、旗艦サスケハナに派遣。これに先立ってペリーは、日記に次のように記していた。

「一文明国が他の文明国にとる、然《しか》るべき儀礼を要求しよう。許可を得るような懇願は、決してせず、権利として主張しよう」

ほとんど、自暴自棄ととれなくもない。この切羽詰《せっぱつ》まった段階で、ペリーの胸に去来したものはなんであったろうか。敬虔なクエーカー教徒であったペリーは、神に祈ったかもしれない。

あまり知られていないことだが、ペリーの家は四代前のエドワード・ペリーが、新天地アメリカへ移住して以来、代々、クエーカー教の洗礼を受けていた。独立戦争（一七七五〜八三）に十四、五歳で参加した、ペリーの父クリストファー・レイモンド・ペリーも同様であった。

クリストファーは成人して船乗りになり、その影響からペリーも、その兄オリバー・ハザードも、ともに海軍軍人となっている。十四歳と九ヵ月で海軍士官候補生となったペリーは、米英戦争に初陣し、地中海に海賊と戦い、西インド艦隊にも参加。順調に昇進して、一八三七年に海軍大佐となった。

当時のアメリカは、イギリス、フランスに比べて海軍力は劣勢をきわめていた。

ペリーはこの挽回《ばんかい》策に、「遠洋航海に耐え得る蒸気艦」の建造を力説、後年、その先見性は人々をしてペリーを、〝蒸気海軍の父〟と呼ばせることとなる。

一八四六年、メキシコに宣戦布告したアメリカは、ペリーに出撃命令を発し、メキシコ湾の制海権奪取を命じた。このときペリーの採《と》った戦法は、あるだけの艦船を湾岸沿いに浮かべ、

「無条件降伏か、それとも徹底抗戦か」

その二者択一を、迫るものであった。

ちなみに、この戦争＝米墨《べいぼく》戦争（一八四六〜四八）は結果として勝利したアメリカがメキシコからカリフォルニアを割譲させ、太平洋を挟んで、日本の隣国になったことをも意味していた。

日本への使節の途次、中国の清朝と琉球を見たペリーは、日本人もこれまで自分が相手としてきた地中海の海賊やインド人、メキシコ人と大差あるまい、と類推した。ペリーも欧米列強の一員であり、ヨーロッパ至上主義の信奉者であったといっていい（アメリカはイギリスから独立したが）。

未開人（野蛮人）、もしくは半開人は、何事によらず力ずくでその筋の最高責任者を、鼻先へひきずり出すことが重要だ、と彼は考えていた。

## ペリーが持ち込んだ秘密兵器

嘉永六年（一八五三）六月三日、ペリーが〝黒船〟四隻を率いてやって来たことにより、日本の幕末はいよいよ本格的な幕開けを迎える。

通説によれば、天下六十余州はひっくり返るような喧噪《けんそう》の中、攘夷《じょうい》論は沸騰し、〝志士〟と称する壮士たちが天下に横行するきっかけとなった、といわれているが、それらは皆、ペリーにつづいて来日したハリスの登場後のことであった。ペリーと渡りあった日本側の応接掛は、きわめて冷静沈着、むしろ交渉をリードしていたのだが、その詳細をみる前に、ぜひにも読者諸氏にお尋ねしたいことがある。

アヘン戦争に封建制の危うさを学びながら、それでも十三年間、活発に前向きな改革をやってこなかった幕府が、なぜ、ペリーの黒船が来日した途端、血相をかえ、幕府はドラスチックな改革を矢継早に行うようになったのであろうか。ペリーの恫喝《どうかつ》外交の核心は、そもそも具体的になんであったのだろう。

ちなみに、幕府はオランダからもたらされる国際情勢のレポート＝オランダ風説書により、ペリーがやって来ることも、その陣容も具体的に知っていた。アメリカで学んだジョン万次郎の帰国で、この国の最新情報も摑んでいる。〝黒船〟がコールタールを塗っていて黒かったから、怖かったのであろうか。

蛇足ながら、ペリーがやって来る以前、弘化三年（一八四六）にも、ときのアメリカ合衆国東インド艦隊司令官ビッドルが、〝黒船〟二隻を率いて同じ浦賀に来日したが、この時、日本は別段、上を下への大騒動とはならなかった。なぜ、ペリーのときにかぎって、驚天動地《きょうてんどうち》したのであろうか。

二隻ではなく、四隻で来たから、腰を抜かさんばかりに日本人は驚いたというのか。

日時を追って細かくみていくと、ペリーが持参したフィルモア大統領――正確には、すでに前大統領であったが――の開国要求の国書を、幕府は受け取り拒否の姿勢を示した。

押し問答がつづいて、ようやく一応、国書は受領して、返答は改めて来年にするということで一件は落着しており、〝黒船〟が帰国する六月十二日までは、幕末の風雲を巻き起こすほどの、ショック、パニックを日本側は受けていない。

言い換えれば、ビッドルの来日と同様、日本は混乱はしていても、国際情報をアメリカより詳しく入手していた幕閣は、パニックにはなっていなかったのである。

――引き金をひいたのは、このあとの、ペリーの行動であった。

それが幕末の日本人を、奈落の底につきおとすことになったのである。

江戸湾にペリーは侵入し、デモンストレーションを行うとともに、江戸湾の奥深く、品川付近まで

〝黒船〟を遊弋《ゆうよく》させた。誤解してはいけない。幕府や諸藩の心ある侍は、その江戸城に近づいた距離に、度肝を抜かれたのではなかった。彼らはペリーの〝黒船〟に搭載されていた、最新兵器「ペグザン砲」の威力を知っており、そのことに強い衝撃を受けたのである。

フランスの陸軍士官で、大砲将校のアンリ・ペグザンによって開発された、世界初の炸裂弾《さくれつだん》を発射できるように設計した艦砲を、ペリーの黒船は搭載していたのだ。この艦砲は着弾するとともに、すさまじい爆裂能力を発揮した。

幕末日本ではこのあと、ボンベ・カノン砲、柘榴弾《ざくろだん》などと呼称することになる。

この「ペグザン砲」は、すでにヨーロッパの陸戦においては使用されていた。

だが、当時の技術では、発射の時点で自爆する恐れが払拭《ふっしょく》できず、陸上での戦いならば被害は限られた範囲ですむものの、艦上ではそうはいかない。したがって「ペグザン砲」は、艦上砲としてはまだ一般には採用されていなかった。

ところがペリーは、その恐るべき炸裂弾を発射できる装置を、自らの軍艦に搭載していたのである。それが、品川付近まで侵入してきた。ペクザン砲、同性能のパロット砲やダールグレン砲（アメリカ製）は、射程距離が三キロから、三・五キロあった。

しかも、弾玉は螺旋状で火薬をつめることができ、破壊力はそれまでのものとは比較にならない。日本の大砲は、平均四百メートル（よく飛んでも八百メートル）で、しかも弾玉は破裂しなかった。

「江戸城の本丸を直接、狙えるではないか――」

幕閣の要人たちは、品川沖の黒船を見て、その威力を恐れたのである。

炸裂弾が爆発し、すさまじい破壊力を発生するのに加えて、その火力の威勢は江戸城も、江戸八百八町をも一瞬にして破壊し、火の海にする力を持っていた。

ペリーの応接掛にあたった浦賀奉行所の与力・香山栄左衛門《かやまえいざえもん》は、ペリーに艦上で招待されたおり、甲板に出て大砲を一瞥《いちべつ》し、

「ペーザン（Paixhan）型である」

と正しく認識していたことが、『ペルリ提督日本遠征記』にも記されていた。

最新の兵器の知識まで、もっていたがゆえに日本人の有識者はパニックになったのである。

## 琉球で予行演習《リハーサル》したペリー

ペリーの砲艦外交は一面、ビッドル提督の対日交渉の失敗を受けたものともいえた。

日本の天保八年にあたる一八三七年、日本の漂流民送還を名目に、通商交渉のため江戸湾に渡来した米船モリソン号は、異国船打払令により砲撃を受けて退散。アメリカはその後、弘化三年（一八四六）閏《うるう》五月に、ときの東インド艦隊司令官ビッドル代将を日本に正式派遣し、通商条約締結を求めた。

しかし、大統領ポークの親書を携えて浦賀に到着したビッドルは、交渉を拒絶されたのみか、日本の下級武士に突き飛ばされるという侮辱まで受けていた。結局、交渉はうまくいかなかった。

「今度はそうはいかぬ――」

日本への遠征軍は〝黒船四隻〟（うち蒸気軍艦は二隻）とはいえ、乗組員は千九百八十五名、大小の砲は百二十八門ある。

ペリーは万一、日本との交渉に失敗した場合は、琉球または小笠原の占領を事前に企図していた。とくに琉球は、日本の薩摩藩の苛酷な支配下にあり、アメリカが彼らを保護して、文明の恩恵を与えてやれば、喜んでアメリカの植民地になるだろう、と彼は考えていた。

そのためもありペリーは、日本にむかう前、琉球で日本の予行演習《リハーサル》を試みる。

一八五三年五月二十六日（和暦で嘉永六年四月十九日）、ペリーの艦隊は那覇に到着した。那覇は交易の港を有する琉球王国の経済活動の中心地であり、ここに十日滞在したペリーは、王国の政治の中心・首里に土足であがりこむように、二百名余の海兵隊を率いて、上陸＝強行訪問を実現した。彼は、ここで恫喝《どうかつ》につぐ恫喝外交を展開する。これこそが、日本への予行演習であった。

琉球側は日本と同様のぶらかし政策をとりつつ、通常の王府組織には存在しない架空《ダミー》の「総理官」（国王につぐ「摂政《せっせい》」の代わり）、「布政官」（「摂政」の下部の「三司官」の代わり）などのポストを急造して、柔軟な受け身の応対を取る。その後、ペリーは小笠原群島の調査も行い、七月二日には艦隊を江戸へ向け、那覇を出発した。

このおり琉球には、駐留兵を残している。友好的な感情をはぐくみたい、との意図であったというが、これがとんでもない、婦女暴行及び殺人事件を誘発することとなる（詳しくは後述）。

ペリーは琉球での手応えをもとに、「ニッポンでは閣僚以下の者とは会わない」と決め、それ以外の応接には艦長ビューキャナン、参謀アダムス、副官コンティらをあてた。そして、「国書は長崎で受領したい」とこれまで通りのことを繰り返す幕府に対しては、その言を一蹴し、高飛車に、

「もし、国書が然《しか》るべき高官によって受領されるのでなければ、十分な武力をもって捧呈《ほうてい》する」

と、〝伝家の宝刀〟を予告した。

日本側はこのペリーの腕力にものをいわせた蛮行、その態度に驚き、目を見開き、首をかしげながらも、四日間の猶予を願い出る。が、ペリーに、

「江戸までは、汽船で一時間程度であろう」

と凄まれると、挙句は三日後の返答を確約させられる始末。

幕府の応答待ちの間、ペリーは湾内の測量を開始し、一方では沿岸を望遠鏡でうかがい、海図の作成に着手。また艦隊では臨戦態勢をとって、ニッポンを威圧しつづけた。

一旦、威圧外交をはじめたからには、徹底しなければならない。これも、ペリーというよりは、欧米列強の常套手段であった。三日後、幕府は久里浜《くりはま》に応接所を設置し、

「一応、国書は当地で受け取るも、回答は長崎で、オランダ人もしくは中国人を介して行いたい」

と告げる。ペリーはこれをも拒絶すると、数日内の浦賀《うらが》近辺での回答受領を主張し、

「万一、回答なき場合は、侮辱されたものと見做《みな》し、その責任は負えぬであろう」

と、洋刀の柄に手をかけて凄んでみせた。

恫喝すること――これは、ペリーの体験から導き出された方法であるとともに、ヨーロッパの分派である新興国家アメリカに持ち込まれ、植えつけられ、今日まで伝えられてきた方法論でもあった。

西暦一八一五年、ペリーの上官ディケーター《デクタ》提督は、十隻もの艦隊をアルジェに差し向け、その威力を見せつけることで、アルジェの太守を降参させている。

してみると、アメリカのこのやり口というのは、西部開拓期のインディアン（ネイティブアメリカ

ン）に示したやり方より、はるか遠い昔、ローマ帝国が世界に示した露骨なやり方以来、まったく進歩していないことになる。彼らのもつ厄介さは、降伏しなければ本気で皆殺しをしかねない蛮性にあった。

欧米列強はそもそも、同じキリスト教を信仰する隣人以外には、対等につき合うつもりがないのかもしれない。南米におけるインディオもチャイナも日本人《ジャパニーズ》も、彼らにとっては同じく改宗させるべき対象＝支配すべきものでしかなかったのだろう。アメリカ人ペリーが日本に到着以来、少しずつ元気を取り戻したのも、この原理、原則にたちかえったからにほかならなかった。

## ペリーは完全勝利を予測していた!!

「船中の形勢、人気《じんき》の様子、非常の体《てい》を備え」、「異人一同、殺気を面《おもて》に顕《あらわ》す」などと、交渉に当たった香山は、のちに記している。幕府はペリーの剣幕に、またもや譲歩した。

ペリーは威圧する一方で、不足している日本に関するデータを補足すべく、返答をもち帰った香山らと宴席をともにしたが、ここでその礼儀の正しさ、おくゆかしさ、優れた教養と精神修養によって身につけた威厳、果ては落ち着いた態度など、アメリカでは見出せない価値を発見して、彼は首をひねる。

この点は、戦国期に日本を訪れた宣教師と変わらない。ペリーが日本人を他の民族とは違うのではないか、とはじめて認識したのはこの時であったようだ。

ペリーは日本の地に第一歩をしるすにあたっても、細心の注意を怠らなかった。四隻の軍艦に可能な限りの威容を持たすべく、久里浜海岸に向けて艦を一列横隊に遊弋《ゆうよく》させ、最大限の軍事的演出を試みた。

日本側からの砲撃も予想して、陸との間合を二キロ以上あけて停泊、航行した。ペリー艦隊のサスケハナ号に搭載されたダールグレン砲、パロット砲（ともに米製）、あるいはミシシッピー号に搭載されていたペグザン砲（仏製）は、いずれものちのミサイルと同じ流線型で、炸裂しながら飛ぶ弾玉は、螺旋《らせん》を描きながら三キロから三・五キロの距離を飛んだ。

上陸するにあたっても、まず、水兵を上陸させて整列させると、ペリーの〝第一歩〟に合わせて、軍楽隊がアメリカ国歌を吹奏しはじめる。先頭に海兵隊、次いで軍楽隊と水兵。なおも選《え》りすぐりの水兵二名に、国旗と軍艦旗を掲揚させ、ペリー自身は屈強な黒人に両脇を護衛させて、胸を張り、大股に、悠揚《ゆうよう》迫らぬ態度で歩をすすめた。すべては演出であった、といってよい。

余談ながら、このおりの日本代表たちは、なによりも、珍しい黒人の姿に心を奪われたようだ。戦国時代、織田信長が黒人奴隷を宣教師から譲り受け、〝ヤスケ〟と名付けて連れまわしたことを思うと、世界に目と耳と口を鎖《とざ》した日本のマイナス面が思われてならない。

国書の受け渡しには、さほど時間はかからなかった。ペリーは日本側の回答延期を了承したうえで、来年の四月か五月には再び来訪したい、このたびの軍艦四隻はアメリカ艦隊の、ごく一部にすぎない、などと語った。あくまで威厳をつくろうべく、日本側との折衝に細心の気遣いを示したようだ。

会見終了後、ペリーは進路を北へ向けて、全艦を発進させる。

いうまでもなく、測量を行いつつ、江戸湾深く侵入しようとしたのであった。明らかに、来春の渡航と、そのおりの談判をにらんでの威嚇であったといってよい。

この傍若無人のふるまいに、幕府は香山らを差し向けて、厳しい抗議を行っている。ペリーは珍品を提供することで、香山らを懐柔しようとしたが、香山はこのとき羽織とともに、腰に帯びていた太刀をアメリカ士官に渡し、

「これらの品々は我らにとってもはや不要なれば、お受け取りいただきたい。必要なのは、この小刀のみでござれば……」

といい放つや、切腹して果てようとした。

ペリーは驚き、その直後に江戸湾を退出し、香山らを艦から降ろすと琉球へ向かっている。

わずかに八日の滞在ではあったが、ペリーはニッポンを実地に学習することで、香港での憂鬱も晴れたようであった。彼は本国へ向けて誇らしげに、第一回の交渉成功を報じた。

帰路においても、琉球に寄ると、行きと同様、生鮮食料品の入手、貯炭所の借入、休憩所の継続使用を求め、それを拒絶しようとした琉球政府に対しては、

「明正午までに要求を容れねば、首府の首里を占領する」

と脅した。琉球政府は、すべての要求を容れている。

香港へ戻ったペリーは、そこでアメリカの政変をはじめて知った。つづいて、ロシア艦隊を率いるプチャーチンの訪問を受ける。プチャーチンはペリーに、日本の開国を促すための共同作戦を提案した。が、ペリーはこれを断固、拒否している。すでにロシアとトルコが戦端を開き、英・仏両国もロシアと戦争するとの報がもたらされていたからだ（ロシアに関しては、第二章参照）。

また、イギリスが小笠原諸島の領有を主張し、ペリーの施設（貯炭所）に対し、苦情を呈する一幕もあった。ペリーはすでに学んでいた日本の歴史をひもとき、小笠原の主権は日本にあると反駁《はんばく》、イギリスを沈黙させている。同じころアメリカ本国では、ペリーの外交を中止する旨、書簡が送られている（中国到着は、日米和親条約の締結後）。

本国政府の空気が、消極的になりつつあるとみたペリーは、予定を繰り上げると一八五四年一月十四日――独自の判断で、すぐさま艦隊を江戸へ向け、香港から発進させた。

今度の第二回日本遠征は、十隻からなる艦隊である。ペリーは今度こそ、完全勝利を確信していた。ところが、彼を待ち受けていたのは、予想外に手強いニッポンの官僚たちの反撃であった。

## 素早かった幕府の対応

「将軍家慶《いえよし》の死去にともない、国書の回答を延期したい」

二度目の日本来航をひかえ、那覇に停泊中（一月二十日～二十四日）のペリー艦隊に、幕府からの公文書がオランダ東インド総督を介して伝えられた。

無論、ペリーにとっては、素直に聞ける話ではない。延期を認めることは、アメリカ政府の外交政策の転換＝消極化からみて、条約自体の見直しにもなりかねなかった。彼は一言のもとに、これを拒絶。一八五四年一月二十三日（和暦でいう嘉永六年十二月二十五日）付をもって、幕府へ予定通りの来航を通告した。

前回とは異なり、ペリーの表情には余裕があった。日本の国情も、大概《たいがい》は摑《つか》めていた。清国や他の半開国、未開国と同様に、〝恫喝《どうかつ》外交〟を仕掛ければ、容易に屈服させ得る、との確信があった。まして前回の四隻とは違って、十隻もの艦隊を率いている。その演出効果は、いうまでもあるまい。

「テーブルにさえ着かせれば、当方の勝ち――」

ペリーは交渉をスムーズにすすめる工夫として、自身の役職を拡大した肩書きまで準備していた。

漢文訳のサインは、

「亜美理駕《アメリカ》合衆国特命欽差大臣専到日本国兼管本国師船現泊日本海提督彼理《ペリー》」

となっている。

二月十三日（和暦では嘉永七年正月十六日）午後三時、ペリーは前回の測量で、〝アメリカ停泊地〟と勝手に命名した横浜沖の、大艦隊の停泊予定地点に錨《いかり》を下ろした。

ところがその直前、指揮下の輸送船マケドニアが鎌倉沖で座礁《ざしょう》、日本の漁民による救助が行われるといったハプニングがあった。以前の不安な面持《おもも》ちのペリーであれば、不吉な前兆と受け取ったかもしれないが、この度の彼は一向に気にもとめなかった。

幕府側はペリーを、あえて増長させていた形跡すらうかがえる。この時点で幕府は、すべての手筈《てはず》を整えて、この提督を待っていたのであった。すでに前回にもたらされた、アメリカ合衆国大統領の国書と書簡（いずれも漢文とオランダ文）は解析され、受理してから約半月後には、和訳での回覧を公にしている。

漢文の和訳にあたったのは、幕府の学問所・昌平黌《しょうへいこう》の林大学頭僴斎《はやしだいがくのかみかんさい》（第十代）であった。僴斎の漢文は当時、中国人以上といわれ、老中の諮問に対しても、世界情勢が一変したのだから、大船建造禁止の令を解くべきだ、と主張。彼は偏《かたよ》りのない、国際情勢に対する判断力をもっていた。

さらに、幕府にとって幸いしたのは、ジョン（中浜）万次郎という切り札をもっていたことである。なにぶんにも、列強のなかでも情報上、最後に日本に登場したアメリカについて、幕府は、『オランダ風説書』以上の情報に乏しかった。が、〝ジョン万〟に援《たす》けられたことで、この憂《うれ》いは去る。

彼は十五歳のおり、土佐沖の漁に出、太平洋を漂流中、アメリカの捕鯨船に助けられて、そのままアメリカへ渡った。親切な船長ホイットフィールドのおかげで、中高の教育を受け、延べ十一年をアメリカで過ごした。日本へ帰ったのは、ペリーが来航するほぼ二年前。大胆にも自身で船を乗り継いで帰国を図《はか》り、琉球から薩摩を経て、長崎からそして郷里の土佐へ、ついで江戸へ送還されたのであった。ペリーの、二度目の来航が目前に迫っていた。

「アメリカとはどのような国か、来航の真の狙いは……」

切迫する情況下、幕閣から意見を求められた万次郎は、およそ次のような内容を語っている。

アメリカの地理と歴史に関しては、土地が広く物産も多い。人口も増えつづけているとして、大船に乗っての漁業と、海外諸国との交易が繁盛している国であり、つまりは、

「富饒《ふじょう》の国でした」

と述べている。

イギリスの植民地でありながら独立国となり、共和制の政治を三十四州におよぼしているとも。

「しかし、体格はよいが、相撲はからっきしで、私ですら二、三人のアメリカ人を投げとばしてやりました」

という意味のことを、彼は誇らしげに語っている。

アメリカには国王がいなくて、国中の人民が〝入札〟（選挙）によって大統領を選び、在職四年で交代する。ただし、事情によっては八年間の在職も可能だと告げた。

また、アメリカは日本と和親の約を結び、同時に通商も意図しているが、その真の狙いとするところまでは不明だと述べ、さらには江戸が、北京、ロンドンとともに、世界で第一等の繁盛の地であること、日本という国は異国船が近寄ると大砲を撃つ、と評判となっていることなどを告げた。

また万次郎は、アメリカ人は大洋を航行するのは恐れないが、浅瀬や暗礁といったものを最も恐れるので、測量は欠かせないことも指摘している。

日本はすぐさま大船建造禁止の令が解除され、幕府はオランダへ汽走軍艦（蒸気船）を発注。打てる手はすべて打ったうえで、幕閣は厳選に厳選をかさね、ペリー再航に際しての、日本側の応接掛《おうせつかかり》を決定した。

「立派な容姿、寛仁《かんじん》の様子と丁重《ていちょう》な態度で、いささか沈鬱《ちんうつ》な表情」

とペリー側が批評した、林大学頭が応接掛の首席となった。

もっとも、このおりの大学頭は、四ヵ月ばかり以前に逝去した僩斎《かんさい》の叔父——諱を燿《あきら》、号を復斎《ふくさい》と称した人物である。寛政十二年（一八〇〇）の生まれで、ときに五十四歳。とかく通説では、軟弱外交の張本人のごとくに扱われているが、史実はこれまた大きく異なっていた。

林復斎をサポートしたのが、町奉行・井戸《いど》対馬守《つしまのかみ》覚弘《さとひろ》と浦賀奉行・伊沢《いざわ》美作守《みまさかのかみ》政義《まさよし》、目付・鵜殿民《うどのみん》部少輔長鋭《ぶのしょうすけながとし》（号して鳩翁《きゅうおう》）、復斎直属の部下で儒役の松崎《まつざき》満太郎《まんたろう》らであった。

彼らは当時、幕臣のなかでは最も信頼するに足る、学才ある人物として、老中筆頭・阿部《あべ》伊勢守正《まさ》弘《ひろ》に厳選された人々であった。これらの人々だけは、ペリーの祝砲――将軍への二十一発、応接掛への十七発――にも、顔色ひとつ変えることはなかったといわれている。

## 条約草案の落とし穴

幕府側は繰り返し、将軍の死去にともなう混乱のため、即答はできない、五年は待ってほしい、そのかわり来《きた》る正月からは長崎への寄港を認める、との返書を手渡したが、ペリーはこれを無視。

「乗組員一名が発病したので、夏島に葬りたい」

と、唐突な提案を突きつけた。応接掛は、外国人を恐れ嫌う国民世論を慮《おもんぱか》って「浦賀灯明台下」を主張、ペリーは遠すぎるとこれまた拒絶した。

「では、この横浜の地に埋葬するよう手配しましょう」

復斎は間髪を入れず、断を下した。ペリーは意表をつかれて驚いたという。

琉球同様、〝ぶらかし〟を得意とするニッポン外交にしては、スピーディーな対応であったからだ。

ペリーはいささか慌て気味で、交渉のペースを自ら摑《つか》むべく、一挙に威嚇外交を開始した。

日本の鎖国政策を人道に反する、と激しく非難。アメリカがいかに強大国であるかを強調し、

「――もし貴国において、これまでの政策を見直さなければ、多数の人命にもかかわることなので、敵国と見做《みな》すよりほかはない。敵となれば戦争に訴え雌雄を決せねばならないが、当方にはその準備も十分にできている」

こうしたペリーの猛々しさ、恫喝に、復斎は沈黙などしてはいなかった。

「時機によっては、当方も戦争を辞さぬ」

彼はそういいつつ、しかし、という。

わが国が人命を尊重し、善政をしいているにもかかわらず、〝非道の政治〟と決めつけられては迷惑千万である。貴国が人命を重んじるのであれば、双方共に、積年の恨みがあるわけではない。強いて戦争に訴えるまでもないと思われるが、どうか、と見事に切り返し、ペリーを沈黙させている。アメリカ人の彼には、儒教に培《つちか》われた教養人復斎がまぶしかったに違いない。以後の交渉においても、ペリーは温厚で、しかも筋を通す復斎の言に、押されることがしばしばであった。

筆者は、この復斎に日本を含む東洋の思潮――非ヨーロッパ主義の、ひとつの具現化した姿を見る思いがした。合理主義を追求しない思潮には、逆に心の豊かさがあった。

のちに幕末をリードする佐久間象山が唱えた、

「東洋の道徳、西洋の芸術（技術）」

この道徳＝心、決して変えてはいけない日本人の根本――あるいはペリーは、精神的な敗北を復斎に感じとっていたかもしれない。

昼食を間にして、いよいよペリーから条約草案が提示された。漢文である。併せてペリーは「望厦《ワンホア》条約」の漢文の写しも手渡している。あのアヘン戦争の結果を踏まえた、アメリカの漁夫の利によるものであった。

条約草案の冒頭に記された日付は、三月一日。すなわち、一週間前の日付であった。ペリーは差し出すタイミングを、計っていたのだろう。

　復斎は条約草案を一瞥《いちべつ》しただけであったが、その実、彼の明晰な頭脳はフル回転していた。アメリカの条約草案と望厦条約との比較、解析が、一字一句もらさずに行われている。幕府の応接掛は、漢学の総本山・林復斎以下、漢学素養《そよう》のエリート官僚たちである。さして時間もかけずに、彼らは検討を終えた。

“Treaty of Peace, Amity and Commerce”

　アメリカが平和・友好・通商の三点を柱とする条約の締結を、希望していることが知れた。

　ここで復斎の慧眼《けいがん》は、望厦条約が全文三十四条からなっているのに、アメリカの条約草案が二十四条と少ないのに着目する。もとよりこれは、ペリーが日米間においては不要と判断し、削除したものであったが、復斎はなぜ、日米間では不要とされ、削除されたかを熟考した。

　――そしてついに、ペリーの思惑、ひいてはアメリカの矛盾を発見する。

「望厦条約」において「五港」とあるのが、草案では「其港」となっている。この「其」は何を指すのか。応接掛の人たちは瞬時に、平和・友好・通商のニュアンスの相違に思い至った。

　元来、「望厦条約」は、イギリスが清国との間に締結した一八四二年（日本の文久二年）の南京条約と、その翌年の追加条約に対する、アメリカの最恵国待遇を主張して結ばれたものであった。

「日本国はアメリカ国と、戦争をしていない。したがって、和平を求めるというのはおかしい」

　戦争の帰結としての平和（Peace＝和平）と、平時における友好（Amity＝親睦）は異なるものである。「其港」もまた同断。つまり、戦争もしなかったたし、終戦協定も締結していないのに、開港について論議が行える筈がないではないか、という論法だ。

## ペリーの巻き返し策は、接待攻勢だった⁈

「――アメリカ側の提示した草案は、そもそも前提条件に欠けている」

幕府の代表者たちは、見事に反論の根拠を得て、ペリーを追いつめた。

この期におよんでの、ペリーらしからぬ不覚は、彼が外交や法律の専門家を日本に同行していなかったところにあった。艦隊指揮がスムーズに行えるように、との判断から、ペリーは政府高官や著名人の同乗を拒み、艦隊には合衆国海軍軍人を除くと、中国語（漢文）の通訳と宣教師ウィリアムス、中国人秘書・羅森《らしん》ぐらいしか、文官と称せる者は乗船していなかった。「望厦条約」が著名な法律家カシングの作成によるものであったことを思えば、明らかに手抜かりであったといえよう。

ペリーは、日本側が独自の草案作成に着手していたのを知らなかったようだ。相変わらずの強硬な姿勢を保持しつつ、アメリカの先進的な科学技術や発明品を贈呈することで、合衆国の国力を誇示しようとした。三月十五日、幕府は条約案をまとめあげると、アメリカの条約草案の矛盾を衝くことなく、条約草案そのものを許容し難い、と一蹴する策に出た。

「欠乏せる物資の供与、漂流民の救助、以上の二項よりほかは応じられない」

と、一方的ともいえる意向を伝えた。

ペリーはここに至ってはじめて、したたかな日本の官僚の本性を見た。この回答に承服できるはずもない。日米の交渉は、デッドロックに陥った。

あせりはじめたのは、ペリーである。彼は示威《じい》行動として、アメリカ水兵を上陸させ、その半面で幕府の応接掛らを艦隊に招待し、接待攻勢で揺さぶりをかける。

三月二十五日、ペリーは汽走軍艦ポーハタンで、幕府の応接掛を招き盛大な宴を催した。

とくに、念入りにと命じられたコック長は、材料を惜しむことなく、腕によりをかけて、山海の珍味を並べ、飲み物もふんだんに提供した。

すると、どうであろう。日頃はつつましいサムライたちが、生まれてこのかた、はじめて口にする料理に、目の色を変え、果ては、争ってむさぼり食ったという。ペリー艦隊の水兵たちによる演劇にも、サムライたちは大声で笑い興じ、日米双方の人々の雰囲気は大いに和《なご》み、盛り上がった。

なかでも、儒役の松崎満太郎などは酩酊《めいてい》のあまり、

「アメリカ人も日本人も皆、心は同じ、ＯＫ？」

とわめきながら、千鳥足よろしく、あろうことかペリーの首に腕を回し、抱きつかんばかりの態――酒臭い息をペリーに吹きかけ、なみいる同伴の士を大いに慌てさせた。ペリーはとみれば、

「条約さえ調印してくれるのであれば、キスぐらいさせてやってもよい」

片目をつぶって、みせたという。

それほど、条約調印は切実であった。そのペリーの残した松崎評は、

「ひょろ長く痩せた身体、黄色く胆汁質《たんじゅうしつ》で不愉快な消化不良らしい顔、それにひどい近視眼のため、さして立派でもない容貌を、さらにゆがめた五十歳くらいの男」

と手厳しい。

もっとも、日本側でもただひとり、泰然自若《たいぜんじじゃく》として、料理のすべてを十分に賞味し、数多《あまた》のワインに舌つづみを打ちながら、それでいて素面《しらふ》のような林復斎のごとき豪傑もいたが。

饗応《きょうおう》の宴も終わり、下艦するサムライたちに、アメリカ側では日本の風習にしたがい、残された料理を持ち帰るように、とすすめたところ、若鶏の丸焼きをそのまま懐紙に包み、懐《ふところ》にねじ込んで持ち帰った者もいた、と記録にある。

一方、ペリー以下、アメリカ合衆国海軍の将兵たちに、ことあるごとに肉体的ハンデ＝体軀の差を見せつけられた幕府の役人たちは、このままではペリーに侮《あなど》られる、と思い、贈呈品の中に予定されていなかった米俵を急遽《きゅうきょ》、加えることとした。儀礼上、贈呈品は艦隊まで届けなければならない。そこで幕府役人は、その運搬に相撲取り五十人を起用した。つまり、米俵（六十キロ）を二俵肩へ、さらに二俵を小脇に抱え、都合、二百四十キロを一人で運ぶ、途方もない力自慢を、アメリカ側に見せつけようと目論《もくろ》んだのである。

生《なま》の力士を目《ま》の当たりにしたアメリカ艦隊の水兵の中には、力比べを挑んだ者もあったが、なにぶんにも力士はプロである。とても、素人の水兵たちの勝てる相手ではなかった。なぜ、それほどの怪力なのか、と尋ねる水兵たちに、力士たちは、

「日本の上等な白米を食べ、上等の米でつくった上等の清酒を呑《の》んでいるからだ」

と答えると、鼻高々に、胸を反《そ》らせたという。

## 日本主導で終わった交渉の教訓

条約締結交渉は、なおも続行されているが、史実は、明白に幕府応接掛の余裕を伝えている。

復斎らはあらかじめ譲歩の限界を、箱（函）館・下関の開港とし、成り行きに応じて、後退を繰り返す策に出た。しかもこの場合、開港は自由貿易を許可するものではなく、あくまでアメリカ人漂流者の救済、物資欠乏によるアメリカ船の、入港の可能な〝場所〟という限定された内容で、〝鎖国〟の中に包容でき、解釈の成り立つ範疇を出ることはなかった。

その証左に、日米和親条約は〝幕末〟の動乱の引き金にはなっていない。

条約の調印は全文十二条からなり、三月三十一日（和暦三月三日）に行われた。

このなかには、アメリカ人は日本の「正直な法度《はっと》には服従する」との条項もあった。また、「居留」などの具体的問題については、条文化を避け、将来における新たな交渉に、「十八ヵ月以降、アメリカの領事または代理人の駐在」を認めたので、今後の課題としてとどめられている。

アメリカの条約草案に対し、日本は戦争の結果である「平和」を無視して、「友好」のみを認め、「通商」を今後の交渉に譲り、今回は見送ることにした。しかも林復斎は、この条約の第三条に、

「アメリカ人および日本人が、いずれの国の海岸に漂着した場合でも救助され、これに要する経費は相殺される」

と定めた。これは、日本人漂流者のほとんどが、廻船や漁船の乗組員であり、当時の厳格な身分制度（士・農・工・商）のなかでは、卑賤《ひせん》に属する者であったが、それを、彼らとて「我国之人」といい切ったところに、復斎がいかに進取の人であったか、その人柄を彷彿《ほうふつ》とさせるものがあった。

いまひとつ——条約文書の交換にあたり、その直前になって復斎は、
「我々は、外国語で書かれたいかなる文書にも、署名することは国法上できない」
とアメリカ側の虚を衝き、ペリーの反論の余地も与えず儀式＝交換式を、己れのペースですすめる離れ業もやってのけていた。

したがって、一般にはあまり知られていないことだが、ここで調印された日米和親条約のうち、日本語による条約文書のみ、応接掛の署名があり、漢文あるいはオランダ語による同文書については、幕府通訳の署名だけしかなかったのである。

日米和親条約は、日本側にとって、決して不利な条約とはいえなかった。これが不平等条約となるのは三年後、日米修好通商条約の批准《ひじゅん》をめぐる紛争の過程であったといってよい。

具体的には、林復斎より四歳年下のタウンゼント・ハリスが、アメリカの政界に向け熱心に運動し、初代日本総領事に任ぜられ、日本へ乗り込んできたことによる。

このニューヨーク州ワシントン郡サンディーヒル生まれの男は、中学卒業後に商業界に入り、数年後には父母と東洋陶器を扱う店を開いたが、おりからの不況で店は倒産した。そこでハリスは、太平洋からインド洋をまたぐ東洋に旅行を敢行。見聞を広げてカリフォルニアに戻ると、東洋貿易に従事する。

そのハリスを商人から外交官へと転じさせたのが、ペリーの第一回日本派遣の報であった。

これだ、とハリスは確信し、自らが日本を目指したのである。彼によってもたらされる日米修好通商において、日本は非ヨーロッパ諸国共通の〝信義〟〝礼節〟といった徳目をもって、アメリカ側に

接しようとした。が、相手であるアメリカは非人間的な考え方しか持ちあわせていなかった。同じテーブルにつこうとはせず、従わねば武力を用いるぞ、という恫喝外交を展開する。このおり、幕府応接掛の一員として復斎は上府用掛(上級の応接役)をつとめたが、ハリスの言動に驚嘆し、呆れ、茫然自失の状態に陥り、まるで異星のものに接しているようなショックを受けてしまう。

その間、気がつけばアメリカ側の強引な腕力に振り回されていた、というわけである(詳しくは後述)。復斎はといえば、安政六年(一八五九)九月に、六十歳でこの世を去っている。

ともあれ、たとえショックのあまりの譲歩であったとしても、対アメリカ交渉のうえでは、譲歩は敗北と同義語でしかない。ヨーロッパやアメリカは、容易なことで対等のテーブルにつくことはない。もし対等の外交を望むなら、情報の収集・解析を徹底して行い、彼らのウィークポイントを適確に摑み、賛同してくれる第三の国を募らねばならない。そうでないかぎり、ニッポン(広くは非ヨーロッパ諸国)はいつまでも、欧米諸国にまとめには扱ってもらえまい。たとえ、日本が経済的先進国であったとしても、彼らには古《いにし》えのローマ帝国が滅ぼした、カルタゴに対してと同様、一片の憐憫《れんびん》の情も持たないのであろうから。

## ペリー艦隊の琉球婦女暴行及び殺人事件

ペリーが日米和親条約(神奈川条約)の締結を終え、琉球王国の那覇に戻ったのは、一八五四年七月一日のことであった。一応の成果をあげたことに満足していた彼の前に、実にゆゆしきアメリカ人水兵の溺死事故の報告書が待っていた。

死亡したのは、ウィリアム・ボード。彼は琉球残留組の一人であった。琉球側の報告によると、ボードが酒に酔って海へ落ち、溺死した自損事故と届けられていた（六月十七日）。

しかし、艦隊で死体を解剖したところ、酒の量もさほどのものがなく、第一、頭に受けた傷が致命傷ということになり、あきらかにこれは殺人事件である、とペリーは見抜いた。

ちなみに、本書執筆の参考にもしている『ペリー提督日本遠征記』（一八五六年から逐次刊行）は、もともとアメリカ議会の予算をつかって刊行された公的報告書であった。したがって、合衆国にとって不名誉なことはすべて削除されていた。同書にボードの一件は出てこない。が、琉球側の記録をみると、ボード以外にも怒りを込めて書き留められたアメリカ軍の不祥事が、あまた存在した。

なるほど艦隊の若い将兵は、長い海上生活でストレスもたまり、陸にあがって翼をのばしたい、との思いはあったであろう。が、その場合、当然、配慮してしかるべき現地でのマナーというものが、彼等には欠けていた。上陸しての解放感からか、歴代国王の眠る崇元寺《そうげんじ》の石垣を越えて、寺内に不法侵入する者。通りすがりの、地元の女性の胸をわしづかみにした者。なかには首里城の城壁をよじ登って、内部を覗こうとした不届き者もいた。

地元の人の牛を、勝手にステーキにして食べた者がいるかと思えば、人さまの家の石垣を飛びこえ、美味しそうにタバコを喫っている姿をみて、その象牙製の煙管《キセル》を掠奪した者。酷いのは、位牌《トートーメー》を奪って「これはいい土産になる」と自慢した水兵であろうか。なかには、ペリーが勝手に行った現地調査のさい、村人を撃って、足に怪我を負わせた者もいた。

当初、島の人々はペリー艦隊の将兵に怯えて、ただ逃げまわっていたが、市場ではなんでもかんでも一ドルコインを投げて、勝手に物品をもっていくアメリカ人があとをたたず、ついには地元の人々も自らの生活を守るために、杖や包丁をふり回して、阻止するようになった（琉球の人々は、薩摩藩に支配された段階で刀剣などの武器をことごとくとりあげられていた。このことが唐手、のちの空手を発達させることにもつながったのだが……）。

このおりのアメリカ兵の軍律の乱れ、ゆるみは、軍隊の今昔東西を問わずに存在した。まして恫喝外交を上がやっていれば、下もそれに準じるというもの。その結果が、ついに殺人事件となったのだが……。

真相は、アメリカ水兵ボードの婦女暴行からはじまっていた。一八五四年六月十二日（和暦五月十七日）、場所は那覇東町（現・沖縄県那覇市東町）の民家で、被害者は五十七歳の思戸《おみと》という婦人であった。

スミス、スコット、ボードの三人の水兵は、この日の午後四時頃、上陸して町をほっつき歩き、人家に押し入っては置かれていた金目のものを盗み、置いてある酒をタダ飲みするというありさま。

スミスとスコットは泥酔して、道端へ寝込んでしまったが、ボードは一人酔いにまかせて、一軒の民家へ押し入った。そこに姪と二人でいた女性（思戸）にナイフを出し、脅しつけながら強姦《レイプ》に及ぶ。

ペリーに厳しく求められた、琉球側の調査報告書で、はじめてアメリカ水兵の強姦が明らかとなった。女性の悲鳴や抵抗、のがれた姪が家外に走り出て、町の人々に助けを求めたのであろう。思いをとげて一息ついていたボードに、周囲の人々が駆けつけてきた。その数と怒りのほどに、驚きあわてたボードは、海辺に逃れたが、酔っていたこともあり、足を滑らせて海へ転落、死亡した――これがペリーへの第一回の調査報告書であった。

## ペリー来航後の琉球

この調査には、ペリーの通訳官ウィリアムズも参加していたが、ペリーは公開の裁判を求め、ここに明らかとなったのが、「かま渡慶次」を主犯とする国吉秀才らほか五名の、ボードへの投石であった。

最初に思戸の悲鳴を聞いて駆けつけたのは、親戚の儀間《ぎま》にやで、彼が彼女を介抱している間に、「かま渡慶次」以下がボードを追いかけ、石を投げて殺害に及んだというのだ。

琉球の法廷は、「かま渡慶次」を八重山へ終身刑、共犯五人を宮古島へ八ヵ年の流罪に処した。ペリーはこの裁判に一切、口を挟むことなく、自らはスミスとスコットの行状を処分した。が、この事件を琉米修好条約の締結に抱き合わせたのは確かで、条約批准をいやがる琉球への強迫材料に、ペリーが使ったことは、随行者の日記等でも明らかであった。

ペリーは七月十一日に条約を締結し、六日後に香港へ向けて那覇をあとにした。

ところが、琉球大学附属図書館には、「かま渡慶次」の流刑証文は現存するが、実は彼は島流しにはなっていなかった。この一件はペリーが去ってのち、もう一つの裁判を経て薩摩藩に報告されていた。

真犯人の主犯はかま渡慶次ではなく、久米村の松永秀才であり、彼はボードの強姦に激怒し、これを追いまわし、つぶてを幾度も投げては致命傷を与えていた。秀才は八重山島へ、十五年の流刑となった。

一方で「かま渡慶次」らは、いずれも事件に関わったものの、つぶては当たっていない、ということで観音寺に九十日間の寺入り（謹慎）処分となっている。

さらに琉球王府は、ペリーに顔をみられたかま渡慶次を病死とし、公開裁判に出た五人は、島にいる流人を適当に身代わりにたてるように、と指示を与えている。ニセ王府の設定といい、彼ら琉球の人々はかぎられた範囲で、実によくやった、と筆者は思う。

蛇足ながら、泊《とまり》外人墓地にはボードの墓がいまも残っている。ここはもとは「唐人墓《とうじん》」であったが、一八一六年に来航したイギリス艦隊の一水夫W・ヘアーズをはじめ、蒸気船の発達と共に欧米人のものも増え、ペリー艦隊は全部で五基をここに残した。このうち四基には戦後、アメリカ軍による墓碑に銅板がはめこまれたが、ただ一つの墓碑には銅板がなかった。いうまでもなく、ボードの墓である。

なお、この裁判も含め、ペリーの琉球来航に懸命の働きをした牧志親雲上朝忠《まきしぺーちんちょうちゅう》については、第三章で詳しく述べたい。

## 欧米列強を理解していた幕末最高の頭脳

ペリー来航の三年前——嘉永三年（一八五〇）の八月初秋（和暦）に、二十一歳の無名の若者が、疼くような好奇心を抱えて、長州の萩から長崎への遊学を試みた。

当時の旅行は、一日平均七里（二十八キロ）が常識であった。

あまりに生き急ぎ過ぎするその若者は、途中、下関で病に伏しながらも平戸を訪れ、京や江戸まで名の聞こえていた葉山佐内《はやまさない》（高行《たかゆき》・鎧軒《がいけん》）を訪ね、熱心に話を聞き、本を借り、読み、筆写した。

佐内は平戸藩六万三千石松浦《まつら》家の重臣であり、先代藩主・松浦曜《てらす》の養育係をつとめ、仕置《しおき》家老（執政）にも任じた人物であった。その彼から借りた本の中に、アヘン戦争を解明した清国の軍事史家・魏源《ぎげん》が著した書物『聖武記《せいぶき》』（清国の軍政記録）――当の清国の人々は、この貴重な書物をまったく顧みず、海を越えた日本の知識者――無名の若者も含め――が、一生懸命に読んだ。

「百幾撒私《ペキサンス》」、「台場電覧」、「炮台慨言」などという単語が並び、彼のメモには、「仏郎西《フランス》の砲将百幾撒私《ペキサンス》がボンベカノン・柘榴《せきりゅう》（ざくろ）カノンを用う」とも記述があった。若者はとくに、このペキサンスに注目し、

「盆黿《ボンベ》葛農《カノン》と蒸気船は、海兵の法を革正《かくせい》する（改めて正しくする）にも、もっとも重要――」

などと、述べられていた。

しかも、彼の端倪《たんげい》すべからざるところは、己れの日記の中で、

「葛農、蒸気船はいづれかたの風にも、また風なきも、みな意に従ひて港内に出入し得るなり。暗礁および浜汀《ひんてい》（波打ち際）砲場をも免避《めんひ》（回避）して、その害を蒙《こうむ》らず。水浅けれども渡行すべく、帆ばしらを建てず、帆を揚げず、近きに至らざれば認め難し。ゆゑに盆黿、葛農を備え、敵に一驚を食はしむべし」

と述べている点にあった。

つまり、彼はペリーが〝黒船〟で実際に試みた戦術を、その三年前に思い描いていたわけだ。

この日本の無名の若者こそが、のちに、本を借りた佐内より有名人となった、長州藩士・吉田矩方《よしだのりかた》、

号して松陰《しょういん》である。

ついでながらこの松陰は、のちに「松下村塾」で若い逸材を教育して、後世に名を残したが、それ以前に彼は『イソップ寓話《ぐうわ》』をも読んでおり、欧米列強のアジア進攻の魂胆がどこにあるのか、をも適確に摑んでいた。

松陰がそれまでの穏健さをかなぐり捨てて、それこそ、生命《いのち》懸けの国事に奔走しはじめるのは、安政年間（一八五四〜一八六〇）の初年に入ってからであったが、同時期に松陰は、十九世紀後半に香港で刊行された、『遐迩貫珍《かじかんちん》』という漢文の雑誌を、幾部か入手していた。

彼の筆になる『跋伊沙菩喩言《ばついそぼゆげん》』には、次のようなくだりがある。

「世の歐学《おうがく》（蘭学、あるいは洋学のこと）を修める者は僉曰《みないわ》く、西洋の人は仁なり、未《いま》だ曾《かつ》て禍心《かしん》（禍《わざわい》を加えようという心）有らざるなりという。若《も》し此書を観せしめば、豈茫然《あにぼうぜん》自失たらざらん乎《か》。吾、曾《かつ》て其の〝馬鹿同遊〟一則を『遐迩貫珍』中に獲《え》、長崎近聞の後に書《しょ》す」（原文は漢文）

わかりやすく述べると、松陰は偶然に入手した中国雑誌に、漢文訳されていた『イソップ寓話』の一部、〝馬鹿同遊〟が載っているのを読んで、はじめてヨーロッパの人々の本性を知り、「茫然自失」したというのだ。この〝馬鹿同遊〟は、『イソップ寓話』の「馬と鹿の話」あるいは、「シカに復讐しようとしたウマ」などの表現でよく知られている物語である。

さてそのころ、あるウマはすばしっこいシカと争ったが、
いくら走ってもつかまえることができないので、

人間に援助をもとめ、知恵を借りたいと懇願した。

人間はウマにくつわをつけ、背中に跳び乗って、
シカが捕らえられ、いのちを落とすまではひとときの休息もあたえなかった。

それがすむと、ウマは恩人の人間に感謝していった。

「わたしはあなたに敬意を表します。では、おいとまを。わたしは荒野の棲処《すみか》に帰っていきます」

「そんなことはしないで」と人間はいった。

「わしのところにいたほうがよいだろう。おまえがどんなに役にたつか、わしにはようくわかった。

だから、わしのところにとどまれ、うまいものを食わしてやるぞ。敷わらも厚くしてな」

（ラ・フォンテーヌ著　今野一雄訳『寓話』）


松陰にはおそらく、これを一読して、日本人が馬に思えたに違いない。鹿はロシア、すり寄ってくる人間はイギリス、アメリカ、フランスなどと映ったことだろう。

「欧学」を己れもきわめねばならない、と彼は考え、西洋流砲術を教える佐久間《さくま》象山《しょうざん》（江川太郎左衛門の一番弟子）の門戸を叩《たた》いた。だが、「欧学」をやるには、その前提として語学が必要であった。語学には時間と根気がいる。

焦燥にかられる松陰には、それだけの心のゆとりがなかったようだ。

「伊沙菩」（イソップ）を読み、ヨーロッパの何たるかを垣間見た彼は、過激主義《ラディカリズム》に憑《つ》かれていく。

漢学の師・安積《あさか》艮斎《ごんさい》が、ペリーと交渉した林大学頭（復斎《ふくさい》）に同調すると、これを対米弱腰外交と

決めつけ、腹を立ててその塾をやめてしまった。ペリーがやって来た時、その黒船に密航しようとして失敗。江戸の獄に下り、のち長州へ帰されて「松下村塾《しょうかそんじゅく》」を主宰して、刑死までの僅かな期間、門人を教えた。最後は安政の大獄により斬首の運命を辿っている。享年、三十。

いずれにしても、松陰の欧米の本質への開眼には、イソップが多少の因縁をもっていたのは間違いあるまい。『イソップ寓話』のもつ譬喩《ひゆ》、箴言《しんげん》（格言）などは、彼の例をひく遥か以前、紀元前三九九年において、すでに刑死の瀬戸際にあったソクラテス（古代ギリシャの哲人）が、

「もし、イソップがこれに気づいていたなら、きっとこんな風に物語をつくったことと思うね――」

パイドン、クリトン、ケベスといった弟子を前に、死に臨んでの心境を吐露するのに、イソップを引用していることでも知られていた。

プラトン（古代ギリシャの哲学者、ソクラテスの弟子）の対話篇「パイドン」には、哲人ソクラテスがイソップの譬喩を、悟りの例として弟子たちに聞かせ、なおかつ、イソップの口承の散文寓話を自らの手で、韻文《いんぶん》（詩の形式の文）に書き直すことまでやっていた、と述べている。

## 〝ペリー・ショック〟に学んだ、松陰の弟弟子・坂本龍馬

ペリーの艦隊が江戸湾頭に姿をあらわして三ヵ月、幕府は見違えたように活性化した。死に物狂いになった、というべきか。

八月には江戸湯島に鋳砲場を建設、九月中には長崎のオランダ商館を通じて造船、銃砲製造、洋式兵法関係の蘭書などの輸入を依頼。同月には、洋式砲術の訓練を奨励する布告を発し、十二月には、

石川島に洋式船舶の造船所を着工した（これがのちの、石川島播磨重工業〈現・ＩＨＩ〉である）。翌嘉永七年（一八五四）五月には、浦賀造船所で西洋型帆船を竣工《しゅんこう》させている。考え得る限りの手を、幕府は必死に打ったといってよい。

そして、これらの大半に関わったのが、すでに少しふれた伊豆韮山《にらやま》の代官・江川太郎左衛門であった。

では、これらの緊急処置は成功したのであろうか。一番わかりやすいのが、蒸気軍艦であった。なにしろ、たった四隻で天下を震撼《しんかん》させた〝黒船〟を、幕府は五年後にはやくも、四隻（観光《かんこう》・咸《かん》臨《りん》・蟠龍《ばんりゅう》・鵬翔《ほうしょう》）を保有していた。換言すれば、これら四隻の黒船を、まがりなりにも動かすことのできる海軍士官を、すでに幕府はもっていたことになる。

――これは一面、奇跡といえるのではあるまいか。

では、この奇跡＝手品の種はなんであったのだろうか。筆者はペリーが持参した「ペグザン砲」に匹敵するもの――読者には意外に思われるかもしれないが、フランスのナポレオン一世への憧憬《しょうけい》、それによって研鑽《けんさん》された西洋流砲術から海軍への流れではなかったか、と思いつづけてきた。

このことを考えるうえで興味深い人物に、前出の吉田松陰の弟子・坂本龍馬がいた。

「坂本龍馬が目標にした人物は、ナポレオン・ボナパルト（Napoléon Bonaparte　一七六九～一八二一）であった」

と以前に、筆者は述べたことがある（『龍馬の謎〈徹底検証〉』）。

これは、龍馬の立ち姿の写真――高机に片肘《かたひじ》をついて、遠くを見ているような、あの独特のポーズが、帽子を横に、きりっと姿勢を正したナポレオン一世を意識していたように思われたことに端を発していた。無論、それだけではない。これまでの著作でも繰り返し述べてきたように、坂本龍馬が北辰一刀流の剣術を学ぶべく江戸に出た、との確かな記録が、実は現存していない。『福岡家御用日記』（原本不明）以外に、それを述べたものがないことに、秘かに疑念を抱いてきたことが挙げられる（拙者『坂本龍馬の正体』参照）。

それに比べて、西洋流砲術の大家・佐久間象山の許に、嘉永六年（一八五三）十二月一日、龍馬（直陰《なおかげ》・のち直柔《なおなり》）が入門したとする記録は、直筆のサインも含めて現存していた。

信州松代《まつしろ》藩（長野県長野市松代町）の藩士でもあった象山は、高島秋帆《しゅうはん》にはじまる日本の西洋流砲術を、その一番弟子の江川太郎左衛門に学び、独学も加えて嘉永三年（一八五〇）七月には、江戸に出て深川の藩邸に居住し、西洋流砲術教授の看板を掲げるまでになっていた。

のちに龍馬の師となる幕臣・勝海舟《かつかいしゅう》も出入りしており、翌四年には場所を木挽町《こびきちょう》五丁目（現・東京都中央区）に移している。ここで、

〝象門の二虎〟

と呼ばれたのが、吉田松陰（寅次郎）と長岡藩藩士の小林虎三郎であった。

幕末史を飾る錚々《そうそう》たる人々――山本覚馬《かくま》（会津藩）、橋本左内《さない》（越前福井藩）、河井継之助《つぎのすけ》（越後長岡藩）なども入門していた。加えて、土佐藩士の溝淵広之丞《みぞぶちひろのじょう》も、象山の門人であり、龍馬より一年早くに入門した人物である。伝えられるごとく、龍馬がはじめて江戸出府に同行したのが、この溝淵であった。

これまでの〝龍馬もの〟では、江戸へ出た溝渕と龍馬は、ともに千葉道場で寝食をともにした、と述べてきた。まさか、と筆者は思わず、嗤笑《ししょう》してしまった。いくらなんでも、それはあるまい。

溝渕は土佐藩の御持筒役《おんもちづつやく》、つまり歴《れっき》とした西洋流砲術の専門家である。その人が江戸に藩邸があるにもかかわらず、出張＝公務で江戸に来て、なぜ、市井《しせい》の剣術道場に寝起きをせねばならないのか。しかも時勢は、ペリー来航で大混乱している最中《さなか》である。

もし『福岡家御用日記』が存在せず――あるいは複数あって――この史料が疑うべき余地のあるものであった場合、龍馬は剣術修行に江戸へ出たというよりも、西洋流砲術の修行に出府したとみるほうが、筆者には諸事納得がいった。逆に龍馬が、剣術ではなく砲術を専門に伝習していた、との証左はほかにも少なくなかった。

たとえば、現存する記録――安政二年（一八五五）十一月に、二十一歳の龍馬が十二斤《ポンド》カノン砲を稽古《けいこ》撃ちした、というものがある。一度目の江戸出府の、帰国後のことだ。

カノン砲とは、口径に比べて砲身を長くし、長距離に炸裂弾を飛ばせ、堅固な建物などを破壊することのできる大砲のことであり、先のペグザン砲もその一種であった。

当時、土佐藩でも制度改革が急ピッチで進められており、藩士の下の身分である郷士でも、経済的余裕のある者は砲術を、そうでない者は鉄砲を修得することが奨励されていた。

併せて、龍馬の十二斤カノン砲撃ちは、とても一夜漬けの伝習で撃てるものではない。

日本の西洋流砲術には流れ＝系譜が一つしかなく、何処も開祖の高島秋帆以来、厳格な教授法が定められていた。まず、その基礎であるオランダ語（途中からは英語）の習熟。弾道計算も含む高等数学、大砲の設計図の一枚もひけるほどの専門知識が必要であり、一定の修行年月は不可欠であった。

龍馬も佐久間象山↓徳弘孝蔵《とくひろこうぞう》（董斎《とうさい》）に学ぶまでに、おそらく西洋流砲術の基礎を誰かに就《つ》いて勉学していたことは十二分に考えられた。筆者は、島与助《しまよすけ》ではなかったか、と思いつづけてきた。

この人物は天保十三年（一八四二）に高島秋帆の門下となり、秋帆↓下曾根金三郎（江川太郎左衛門に次ぐ高弟）↓土佐藩が誇る西洋流砲術家・徳弘孝蔵と連なる、日本の西洋流砲術の正統系譜の中にいた。

弘化四年（一八四七）に徳弘から島に授けられた免許が、現在も伝えられている。

安政七年（一八六〇）正月二十五日、幕命を受けた土佐藩が品川の外れ、鮫洲《さめず》藩邸の前の浜川に砲台を築いたおり、それを設計したのが徳弘であった。全長三十七間（約六七・三メートル）、幅二間余、砲門八ヵ所の装備を、徳弘は短期日に仕上げている。龍馬もこの作業の中にあり、二月十七日に解除となっていた。

## 日本海軍の父・佐久間象山と弟子の龍馬

もっとも、龍馬の生涯にわたる師といえば、幕臣・勝海舟であろう。

だが、この海舟より早く、龍馬の師となった佐久間象山は、同時に海舟と龍馬の、共通の師でもあった。龍馬が象山の許へ入門する約三年前、海舟は象山と知り合い、その博学ぶりに接している。

象山の「海舟書屋《しょおく》」の額をみて、自身の号を「海舟」としたことは一般に知られている通りだ。

ただ、象山には謙虚さが、師の太郎左衛門の百分の一もなかった。

その証左に、

「砲術は江川か、佐久間か――」

と、師と並び称せられても、象山はケロッとしている。

確かに漢学・国学に洋学まで極めた象山は、恐るべき頭脳の持ち主であったといえる。が、厄介なことに、この一世の風雲児＝象山の最大の長所、最悪の欠点は、その雄大かつ尊大さにあった。

「この世の中で、わしより偉い者はいない」

と自負する象山の性格については、海舟もほとほと困惑していた。

（佐久間は）顔つきからしてすでに一種奇妙なのに、平生どんすの羽織に古代模様のはかまをはいて、いかにもおれは天下の師だというように厳然《げんぜん》とかまえこんで、元来勝ち気の強い男だから漢学者が来ると洋学をもっておどしつけ、洋学者がくると漢学をもっておどしつけ、ちょっと書生が尋ねてきても、じきにしかりとばすというふうで、どうも始末にいけなかったよ。

（勝部《かつべ》眞長《みたけ》編『氷川清話』角川文庫）

ふり返れば、高島秋帆―江川太郎左衛門・下曾根金三郎の西洋流砲術の流れは、全体としていまだ、陸上砲術の域を出ていなかった。彼らの活躍が時節柄、台場（現・東京都港区お台場）を築いて大砲を並べ、海から来襲する〝夷狄《いてき》の黒船〟を迎え撃つ、といった戦法に終始していたことが如実であろう。

だが、やがて敵が海上を短時間に移動する蒸気船であった場合、射程に入って来なければ、固定された大砲は有効な武器とはならないことが知れる。

「軍艦には軍艦をもって、あたるべし」

この発想に先鞭をつけたのは江川太郎左衛門であったが、実際に幕府を動かしたということでは、象山の独擅場《どくせんじょう》であったように思われる。彼は天保十三年（一八四二）――いまだ、蘭学を本格的に始める以前――の時点で、藩主の真田《さなだ》幸貫《ゆきつら》の諮問《しもん》に答え、「海防八策」を提出しているが、この五項目に堂々と、次のように述べている。

「洋製に倣《なら》い、船艦を造り、専ら水軍の駈引《かけひき》を習わせ申度候事《もうしたくそうろうこと》」（西洋流の軍艦をつくり、海戦戦術の訓練をすること）

もっとも象山は、嘉永七年（十一月に安政と改元）の四月、門人・吉田松陰の密航計画に荷担したことを理由に、幕府から国許の信州松代での蟄居《ちっきょ》生活を余儀なくされたため、龍馬が象山に学んだ期間は、きわめて短いものであったろう。

だが龍馬は、間違いなく象山からナポレオン一世の話を聞いており、海軍についてもその構想を、具体的に講義されたはずだ。だからこそ龍馬は、海軍を動かす海舟のもとに弟子入りしたといえる。

龍馬と師・海舟には政治的構想――日本国の海軍創設（一大共有の海局）、そこから派生した幕府でも薩長でもない第三の極創り、といった共通の志はあったが、趣味においては二人にはこれといった共通点が見当たらなかった。

その点、象山と龍馬には音楽好きの共通点があげられた。

龍馬は音楽を愛し、自らは三味線を弾き、妻となったお龍《りょう》には月琴を学ばせたが、同様に象山も自ら琴を演奏している。藩儒の竹内錫命《たけのうちしゃくめい》がこれを知り、

「男子の癖に、女子の真似《まね》をするのは怪《け》しからぬ」

と戒《いまし》めたところ、象山は鼻先で笑って次のようにいったという。

「諸葛孔明や陶淵明《とうえんめい》も、琴を弾いたではないか。英雄の心中、自《おのずか》ら閑日月《かんじつげつ》（ひまな月日）あり。このくらいの余裕がなくて大人物にはなれぬワ」

そういえば、象山の師・江川太郎左衛門も水戸藩主・徳川斉昭《なりあき》の前で琴を演奏したことがあった。

象山は天保五年（一八三四）の出府のおり、神田お玉ヶ池（現・東京都千代田区神田岩本町）に「玉池吟社《ぎょくちぎんしゃ》」を起こした梁川星巌《やながわせいがん》（一七八九～一八五八）の許を訪ね、交際を結ぶと、その妻・紅蘭《こうらん》とともに旗本・仁木三岳《にきさんがく》の門に入って、さらに琴の腕を磨いた。象山は琴を弄んでいても、学問はきわめつづけていたのである。

――加えて、二人の共通項が前述のナポレオン一世への敬慕であった。

## 幕末日本に一番影響を与えた人物はナポレオン?!

象山・龍馬師弟のみならず、たとえば、周囲を〝義絶〟し、孤独と焦燥の中にあった松陰が、導き出した最後の結論も、ナポレオン一世を地の底からゆり起こして、「自由」（オランダ語でvrijheiden、英語でfreedom）を唱えることであった。筆者はここに、日本が抱えた〝海防〟の特殊性を思う。

一般には「草莽崛起《そうもうくっき》の人」を望むと語られた松陰の、革命論のバックボーンは、ナポレオン・ボナ

パルトであったのだ。

独立不羈《ふき》（束縛を受けない）三千年来の大日本、一朝人《ひと》の羈縛《きばく》を受くること、血性《けっせい》（気骨）ある者視《み》るに忍ぶべけんや。那波列翁《ナポレオン》を起してフレーヘードを唱《とな》ねば、腹悶医《いや》し難し。僕（松陰）固《もと》より其成すべからざるは知れども、昨年来、微力相応に粉骨砕身すれど一も裨益《ひえき》（助けとなること）なし。徒《いたずら》に岸獄に坐《ざ》するを得るのみ。此余の所置妄言《もうげん》すれば則ち族《ぞく》せられん矣《い》（ひとりの罪をその父母・妻子にまでおよぼして科されてしまう）。なれども、今の幕府も諸侯も最《も》早《はや》酔人《すいじん》なれば扶持《ふち》の術なし。草莽崛起《そうもうくっき》の人を望む外頼《たのみ》なし。（安政六年四月七日・北山安世宛書簡）

文中の「フレーヘード」は、正しくは「フレイヘイデン」であり、すなわち「自由」のことであった。が、当時の日本語には、これに相当する単語が、禅の教え以外には存在していなかった。

――さすがに松陰は、この単語を知っていた。

筆者の恩師・勝部眞長が監修した、勁草書房版の『勝海舟全集』十二巻＝「海軍歴史」の中に、幕府から海軍士官養成のための訓練を施してほしい、と要請されたときのオランダ商館長ドンクル・キュルシウス（一八一三～一八七九）は、長崎奉行に宛てた手紙の中で、オランダ教師の「フレイヘイデン」を保証してほしい、と述べたくだりが出てくる。ここで興味を引いたのはその和訳であった。

「上は王侯より下は賤民《せんみん》に至るまで、人たる者だけの自由自在の義。通常、上下の差別これなく今日を送り候心得の義」

さっぱり、要領を得ない。

おそらく日本人通詞《つうじ》は、その意味を真に理解していなかったのだろう。

吉田松陰は、「蛮社の獄」で弾圧された蘭学者・小関三英《こせきさんえい》の『那波列翁《ナポレオン》伝初編』を読んでいたといわれるが、その師・象山はより鮮明なナポレオン賛歌を残していた。

その同じ思いが、やがて弟弟子の坂本龍馬や西郷吉之助（隆盛）などにも伝えられるのだが、そもそも幕末の日本人は、どのようにしてナポレオン一世その人を知ったのであろうか。

最強の海外情報入手経路は、オランダ↓バタビア（現・ジャカルタ）↓長崎↓幕府のルートによる風説書《ふうせつがき》であった。オランダ語で書かれたものを通詞が翻訳し、長崎奉行を経由して幕閣の御用部屋＝老中・若年寄の執務室へと提出された。

ところがこの風説書の中で、唯一その存在を隠蔽《いんぺい》されつづけたのが、ナポレオンであった。

なにしろオランダはナポレオンによって、ついにはその国土を占領され、ナポレオン帝国の大版図に組み込まれてしまい、国が消滅してしまったのだから、これは幕府には告げられまい。

また、ペリー来航後とは違って、この頃、フランスはカトリックの国と認識されており、幕府にオランダがフランスの勢力下に入った、と理解されれば、キリシタン禁教の立場からも国交断絶は火を見るよりも明らかであった。

そのため、ナポレオンに関するいかなる情報も、オランダは日本の〝鎖国〟を幸いにして隠しつづけた。ナポレオンの弟ルイがオランダ国王になったおり（一八〇六年）も、養子に入った、と偽って報告されていた。ナポレオンの退位（一八一四年）によりウィレム一世がオランダ（ネーデルランド）国王となったとおりも、ルイが死亡したことを受け、以前の国王家筋のオラニエ公が国王になったのです、と説明している。生存していたルイを殺して、辻褄《つじつま》をあわせたわけだ。

では、この秘匿されていたナポレオンの存在を、日本に知らしめたのは誰であったのだろうか。

儒学者で、歴史家でもある頼山陽《らいさんよう》ではなかったか、と筆者は考えてきた。

彼は文政元年（一八一八）に長崎へ遊んでおり、ここでナポレオンのモスクワ遠征に参加した従軍医師＝出島のオランダ人医師から、ナポレオンのことを聞き、「仏郎王歌《フランスおうのうた》」を詠んだという。

原文は漢文、左は『江戸詩人選集』（第八巻）に拠った。

仏郎《フランス》の王《おう》　王《おう》は何処《いずこ》にか起《おこ》る　大西洋《だいせいよう》　天《てん》　韜略《とうりゃく》（謀略）を付《ふ》して　其《そ》の腸《ちょう》を鋳《い》る
太白《たいはく》　精《せい》を鍾《あつ》めて　眼《め》に碧光《へきこう》あり
欧邏《ヨーロッパ》を蚕食《さんしょく》して　東《ひがし》に疆《きょう》（領土の境界）を拓《ひら》き　誓《ちか》いて崑崙《コンロン》（山脈）を以《もっ》て中央《ちゅうおう》と為《な》さんとす
（以下省略）

山陽は、佐久間象山とかかわりをもつ梁川星巌《やながわせいがん》や大塩平八郎と交流をもち、その著作『日本外史』『日本政記』は幕末の志士たちに、多大な影響をあたえたと伝えられている（天保三年、五十三歳で没）。彼こそが、ナポレオンを幕末日本に広めた最大の功労者といえよう。

今一人、先に少しふれた蘭学者の小関三英――この人物がナポレオンの伝記を書き残しており、これが山陽の詩について、『那波列翁《ナポレオン》伝初編』と題して刊行された。

三英は庄内藩足軽組の組外れの子に生まれ、江戸に出て漢学、蘭学を修め、岸和田藩医となり、天保四年（一八三三）からは幕府天文方蕃書和解《ばんしょわげ》御用《ごよう》を命ぜられている。彼のナポレオン伝は、リンデンのナポレオン評伝を翻訳したものといわれており、幕末期最大のナポレオン伝記といってよい。が、「初編」とあるように、途中のアミアン講和条約（一八〇二年）で記述が終わっていた。

蘭学者への弾圧＝「蛮社の獄」が勃発《ぼっぱつ》したため、つづきが書けなかったのであろう。

三英は盟友・渡辺崋山《かざん》が逮捕されるや、自ら頸動脈を切って生命《いのち》を絶った。

しかし、彼の残した『那波列翁伝初編』は、日本の行く末を憂える人々に読みつがれ、象山―松陰・龍馬へと、ナポレオン思慕をつないでいく。

## 佐久間象山は己れをナポレオンに擬していた?!

ナポレオンに関しては、まったく別のルート――幕府に捕らえられたロシア海軍少佐ゴロウニンの『日本俘虜《ふりょ》実記』（原本ロシア語）の、オランダ語版を日本語訳した『遭厄《そうやく》日本紀事』で、校閲を担当した高橋景保《かげやす》が文政九年（一八二六）四月に、オランダ商館長ヨアン・ウィルレム・ド・スチュルレル（現役の陸軍大佐）に、ナポレオンのことをインタビューした『丙戌異聞《へいじゅついぶん》』、あるいは高橋の部下であった阿蘭陀《おらんだ》通詞・吉雄《よしお》忠次郎《ちゅうじろう》と蘭学者・青地《あおち》林宗《りんそう》が記述した『別埒阿利安《べれありあん》戦記』（ワーテルローの戦い）なども、ナポレオンが世に知られる一因となったようだ。

ちなみに、スチュルレムはナポレオン戦争に参加していた。また、文政九年はナポレオンがセント・ヘレナ島で死去した五年後にあたる。

佐久間象山は漢詩「那波列翁像《ナポレオンぞう》に題《だい》す」で、次のように詠っている。

何《いず》れの国　何れの代《よ》に　英雄無《な》からん　平生《へいぜい》　欽慕《きんぼ》す　那波列翁《ナポレオン》
迩来《じらい》（それ以来）　門を杜《とざ》して　遺伝を読み　忽々《そうそう》として年歳《ねんざい》の窮《きわ》まるを知らず
剣を撫《ぶ》し　天を仰ぎて　空しく慨憤《がいふん》す〈中略〉
嗟《ああ》　君は原《も》と是《こ》れ一書生　苦学して遂《つい》に能《よ》く明聡《めいそう》を長《ちょう》ず
一朝　照破《しょうは》す　当時の蔽《へい》（さえぎり隠すおおい）　蔽《へい》を革《あらた》め害を除きて　民情従う
旌旗《せいき》の向《む》かう所　靡草《びそう》（草がなびく事）の如く　威信普《あまね》く加う　欧羅《おうら》の中《うち》
元主《げんしゅ》（ジンギス汗）の西征も道《い》うに足《た》らず　豊公《ほうこう》（豊臣秀吉）の北伐も何ぞ同じきを得ん
人生の得意　多くは失意　大雪　手を翻《ひるがえ》す　朔北《さくほく》の風
帝王の事業　未だ終えずと雖《いえど》も　収《おさ》めて我が将と為さば　応《まさ》に庸《もち》うる有《あ》るべし
世人の心竅《しんきょう》（心の穴）　豆よりも小さく　齷齪《あくさく》（あくせく）　寧《なん》ぞ知らん　英雄の胸
自ら奮《ふる》えば　能く遠大の計を成し　自ら屈すれば　廓清《かくせい》（世の乱れを治める）の功を樹《た》て難し
安《いず》くにか君を九原《きゅうげん》（あの世）の下より起《た》たしむるを得て
謀《はか》りごとを同じくして力を戮《あわ》せて　奸兇《かんきょう》を駆《か》らん
終《つい》に五洲を巻きて皇朝に帰《き》せしめば　皇朝永く五洲の宗為《そうた》らん

（坂田新・著『江戸漢詩選』第四巻）

象山がいかに、ナポレオンを英雄視していたか知れよう。

この自負心の塊のような人物が、伝記を読んで感動し、ナポレオンに恋い焦がれていたというのだ。何処をどのように感動したのか。

「ああ、ナポレオンよ。あなたももとをたどればそれがしと同じ一書生でしたな」

と文中にある。それでいて、苦学して聡明となるや、一夜にして敵を破り、ついにはヨーロッパを席巻した。民衆の憂いを取り除き、それによって民は彼につき従い、ナポレオンの旗が向かうところ、風に草がなびくようなものだ、と象山は絶賛する。

その価値は、ジンギス汗《カン》も豊臣秀吉も、ナポレオンには敵《かな》わない、という。

興味深いのは、ラストだ。

「この英雄をなんとかして黄泉《よみ》の国から呼び起こし、謀《はかりごと》を同じくして力をあわせて奸賊《かんぞく》を追い払い、ついには五大洲を席巻して日本に帰せしめ、日本をして永く五大洲の宗主たらしめる」

つまり、日本が世界を制覇するために、ナポレオンは必要だというわけだ。が、この英雄はそれこそ黄泉の国——実は象山の詩は、ナポレオンに擬した己れへの抱負を語っていたのだ。彼は己れの手で幕末日本の混乱を収拾し、国内を平定して海外に雄飛し、すべての大陸を手に入れて、日本が全世界に号令できるようにする、というのである。

こうした英雄ナポレオンと自分の同一化は、これからさらに幕末の憂国の志士の間で流行を生む。

無論、坂本龍馬もその一人であり、西郷隆盛も影響を受けた一人といえよう。彼は沖永良部島に流されたおり、小関三英の『那波列翁伝初編』を持参していた。

蛇足ながら、ナポレオン・ボナパルトがフランスの皇帝となったのは、日本でいう文化元年（一八〇四）のことであった。ときの将軍は十一代家斉《いえなり》であり、この年、すでにみた如く、ロシア使節のレザノフが長崎へ、わが国の漂流民を護送し、あわせて貿易を求めてきた。幕末がいよいよ幕を開きはじめたころで、伊能忠敬《いのうただたか》が幕命で日本地図の測量を開始するのは、この次の年のことであった。

## 佐久間象山の一人息子・恪二郎の不覚の人生

親がなまじ有名人であったり、出来者であると、比較されがちな子の立場は、いささか辛い。

幕末期、和漢洋の学識を誇り、得体の知れない才覚を発揮した佐久間象山《しょうざん》は、自他共に認める偉大な先覚者であった。西洋流砲術は無論のこと、百科事典の翻訳から写真機の組み立て、石鹼の製造まですべて一人でやってのけている。加えて、勝海舟、橋本左内、吉田松陰、河井継之助といった当代一流の人物を弟子にもっていた。

「この世でオレほど、偉大な人物はいまい」

象山が信じて疑わなかったのも、無理はなかった。が、その象山にしてなお、ままならぬことがただ一つあった。子宝である。幾人もの妾をもちながら、満足に育ったのは二男の恪二郎《かくじろう》だけで、他は夭逝《ようせい》してしまっている。あせった象山は勝海舟に懇願し、妹の順子を正妻としたが、やはり子は生まれなかった。

当然のことながら、象山は恪二郎に満幅の期待をよせた。友人への手紙で、まだ赤子の恪二郎を、さも天童のごとく記したこともあった。しかし、所詮は恪二郎は象山ではない。

恪二郎にとっては、さぞ息の詰まる思いの日々であったろう。

元治元年（一八六四）七月、その象山が京都三条木屋町で暗殺され、五十四歳の生涯を閉じた。このとき、恪二郎は十七歳であった。

「後ろ疵《きず》を受けて落命するとは、武士として不覚である」

象山の日頃の「性狷介《けんかい》」――尊大で人を見下す態度が災いして、藩内の政敵から指弾され、佐久間家は断絶となった。このおりの、恪二郎の心境は複雑であったに違いない。

日々、劣等感を植えつけられ、一方的に威圧していた父がふいに、目前から姿を消したのである。家禄を失ったことや、肉親を亡くした悲しみよりも、恪二郎にとっては己れの魂の開放感に、むしろ喜びを感じたかもしれなかった。これからは、自由に生きられる、と。

ところが、象山の友人たちが、いらぬ世話を焼いた。

「父を襲った仇を探し、討って家名を再興すべきです」

と、恪二郎に迫ったのである。勝海舟の妹で義母の順子も、口うるさく励ました。恪二郎はしかたなく、勧められるままに新撰組に〝客分〟として入隊する。局長・近藤勇に直接、依頼したのは、象山の学友・会津藩士の山本覚馬（のち同志社創立に奔走した）であったと伝えられている。

けれども、父から開放された恪二郎は、著名人のどら息子として、羽目をはずし過ぎた。

「隊士ノ粗暴ヲ見慣ヒ、荒々シキ行状ヲナス」（『壬生浪士始末記』）

ついには、人をあやめて新撰組を脱走するに及ぶ。伝えられる局中法度では、明らかに死罪である。恪二郎を救うべく、伯父の海舟は骨を折った。

一時は新撰組に生命《いのち》を狙われた恪二郎であったが、海舟のお蔭で薩摩藩邸に世話になると、戊辰戦争には官軍として従軍している。どれほどの功があったものか、明治三年（一八七〇）、西郷隆盛の口添えもあって恪二郎は、念願の佐久間家再興を果した。

本来なら、ここで「めでたし、めでたし」となるのだが、恪二郎の不運は尽きなかった。ほどなく廃藩置県が発令され、家名の再興は意味をなさなくなったのである。

考えてみれば、もっとも勉学に打ち込まねばならない時期に、恪二郎は新撰組で遊び、戊辰戦争に従軍していた。伝手《つて》を頼るにしても、〝新知識の人材〟を求める明治政府に仕えるのは無理――明治四年五月、恪二郎は松代から東京に出ると、福沢諭吉の慶応義塾に学ぶこととした。

このおりも、亡父・象山の威名が、ずいぶん恪二郎の邪魔になったようである。恪二郎の言動はいつも亡き父のそれと較べられ、また、伯父海舟と比較されることもあった。福沢と海舟はともに、当時を代表する論客でありながら、必ずしも双方が快く思っていなかったこともあり、両者のはざまで恪二郎も心労が多かったことであろう。さらにこのころ、義母の順子は、今日でいう愛人騒動の渦中にあり、肉親の縁の薄い恪二郎は、己れの将来を一人で選択せねばならなかった。

多少、助言をしてくれたとすれば、口の悪い海舟ぐらいのものであったろう。

このころの海舟は、海軍大輔（次官）に就任していたこともあって、維新後、徳川宗家と家臣団が移住していた静岡から東京へ戻り、赤坂氷川町の旗本屋敷を買い取って住んでいた。

明治六年、恪二郎は司法省出仕四級判事補となる。もっともこの出世は、前年の五年、海軍大輔となった海舟の運動に負うところが大きい。やがて恪二郎は、「恪《いそし》」と改名。今度こそは、と人生の再出発に賭けようとしたが、もともと意志は薄弱、克己心も紙片のように薄い男である。たちまち酒に溺れ、公務のかたわら深酒することもしばしば――。

それでも、海舟が参議兼海軍卿の要職にある間はよかった。

が、明治八年十一月、海舟が官を辞すと、恪二郎の乱行も見逃されなくなった。同年九月、恪二郎は泥酔して人力車夫と喧嘩、駆けつけた巡査まで殴打して、「罰金十円」をいい渡されていたが、それでも免職にならなかったのも海舟のお蔭であった。

とはいえ、恪二郎は愛媛県松山裁判所へ左遷になった。明治九年のことである。

愛媛での恪二郎の動向については詳《つまび》らかではないが、恪二郎が死んだのは、明治十年二月二十六日といわれるから、松山へ左遷されてわずか一年余となる。世情が西南戦争の噂で騒然とするなか――恪二郎は松山の「涼風亭」という料理屋で急死していた。死亡原因がこの人らしい。うなぎの蒲焼きによる、と伝えられている。河豚《ふぐ》にあたるのならともかく、うなぎとは珍しい話である。

いずれにしても、偉大過ぎた父をもった凡庸の子の生涯は、これで幕切れとなった。ときに「恪」こと恪二郎は、三十歳であった。

# 第二章　空白の十三年

## 分析されていた「ロシア人の日本観」

ロシアの第三次遣日使節（全権）に選ばれた海軍中将プチャーチンは、傍目《はため》にも滑稽《こっけい》なほど〝蒸気船〟が嫌いであった。このあたり、彼が共同交渉をもちかけたペリーとは対照的であったといえる。

プチャーチンは日本へ出発する前、旗艦＝フリゲート艦パルラーダ号の随艦として、蒸気スクーナー一隻（東洋号《ヴォストーク》）を購入するように、と政府から命じられたが、このおりも露骨に渋い顔をした、といわれている。余程のものであったらしい。

ピョートル大帝が開いた、数学航海学校を出発点とする名門——貴族もしくは、それに準ずる階級の出身者のみが入学を許される——の海軍兵学校に学んだプチャーチンは、イギリス式海軍の教育を受け、その後、少尉に任官するとラザレフの世界一周航海に参加した。

当時、世界周航は大いなる国家プロジェクトであったといっていい。

容易に成し得るものではなく、成功すれば国家にとって最も輝かしい名誉とされていた。今日のスペースシャトルを連想すれば、多少は理解しやすいかもしれない。

ロシアは皇帝《ツァーリ》の威信をかけ、雄渾《ゆうこん》の行動力をもって、十九世紀に何度か世界を巡り、その都度、航海を無事に成功させるという、壮挙を成し遂げていた。ただし、これらはおおむね、帆船での航海であった。しかもロシアの場合、世界を巡る大航海の大半が、日本を目的地としたものであった。

ついでながら、ロシア帝国が最後に行った大航海、プチャーチンの嫌悪する大型汽走軍艦を主力とした艦隊も、目的とするところは日本にあった。日本の連合艦隊を撃滅するために、ロジェトヴェンスキー中将が率いたバルチック艦隊が、日本海に姿を現したのは明治三十八年五月二十七日のことであった。プチャーチンの死後、二十二年目のことである。

――話を戻そう。

この章では、アヘン戦争のはじまった天保十一年（一八四〇）から、ペリー来航のあった嘉永六年（一八五三）までの十三年間の日本を中心に、改めて検証してみたい。

ペリー来航から明治維新まで、十五年あった。合わせれば、二十八年となる。後者に比べて動きのみえない前者で、幕府はいったい何をしていたのだろうか。

ロシアではレザノフに次いで一八〇七年、Y・M・ゴロウニン少佐がディアナ号一隻で大航海のすえ、国後島《クナシリ》に到達したものの、部下とともに日本人に捕縛され、箱館へ送られて投獄されたことは、序章でも少しふれた。のちに帰国したゴロウニンは、手記を皇帝の勅許で出版している。一八一六年（和暦では文化十三年）――アヘン戦争の二十四年前――のことであった。

彼はその回想録の中で、次のように述べている。

「もしこの人口多く、聡明犀利《そうめいさいり》で模倣力があり、忍耐強くて仕事好きな、何でも出来る国民の上に、わが国のピョートル大帝ほどの王者が君臨したならば、日本の胎内にかくされている余力と富源は、その王者のもと多年を要せず、日本を全東洋に君臨する国家たらしめるであろう」

（『日本幽囚記《にほんゆうしゅうき》』第三編「日本と日本人」より）

また、ゴロウニンの釈放に尽力した友人であり、ディアナ号の副長でもあったリコルド少佐は、一八一五年に別の手記を発表したが、その中で、

「日本とロシアは、二つの大国である」

と記し、両国には人間の営みに必要なものが、すべてそろっていて何の不足もない。しかし、隣人であるわれわれロシア人と友好的な関係を持たないのは、あなた方日本人にとってよくないことであり、罪であると述べた。

「——貴国からの距離にしても、行動からしても、ヨーロッパのすべての国の中で、ロシアほど近い国がありましょうか」

ロシア側の、日本に対する思いが伝わってくる。

ところで、江戸期の日本であるが、表向き国を閉ざしていたようにふるまっていた幕府は、実にしたたかな情報収集力をもっていた。ゴロウニンの手記刊行の六年後には、そのオランダ語訳を入手している。二年の歳月を費やして、『遭厄《そうやく》日本紀事』と題する和訳まで完成していた。つまり、ロシア側の対日観を詳細に分析していたのである。

このゴロウニン少佐の世界周航のおり、プチャーチンはわずかに四歳でしかなかった。

そのプチャーチンは、ゴロウニンやリコルドと同僚であったラザレフの門下生として、海軍での実績を積み重ね、一八五二年——ゴロウニンの出航から四十五年後——日本をめざして、ロシア帝国三度目の世界一周に挑んだわけである。

## ロシア外交と川路聖謨の登場

興味深いのは、嘉永六年（一八五三）七月、プチャーチンが長崎に上陸するまで、日本側は長く先行されていたロシアの対日研究に匹敵するだけの、質量ともに優れたロシア研究を短期日にほぼ完了していた。このことを知る日本人は、いまも少ない。

情報入手の窓口は、例によってオランダ商館であった。とくに、日本におけるロシア研究者は、ピョートル大帝の事績に大きな関心を寄せていた。後進国であったロシアを、西欧諸国に列する国家にまで押しあげた過程が、日本の現状に多大な示唆《しさ》をもたらしたようだ。

「ぜひにも、その秘訣を知りたい」

と思った人物の一人に、川路聖謨《としあきら》がいた。渡辺崋山《わたなべかざん》しかり、佐久間象山もそうであった。

そして、象山が江川太郎左衛門《えがわたろうざえもん》（坦庵《たんあん》）に西洋流砲術を学ぶべく入門したおり、その紹介者になったのが、後にロシアとの交渉に登場する川路聖謨であった。

享和元年（一八〇一）四月生まれの彼は、日田代官所の属吏の子に産まれながら、頭脳一つで幕府の勘定奉行にまで出世した、稀有な人物であった。

幼少の頃から懸命に勉強し、縁故を求めては「日ごとに未明より出で、暮《くれ》に帰るごとく奔走」した結果、文化十四年（一八一七）、きわめて狭き門であった勘定所の筆算吟味《ひっさんぎんみ》という採用試験に合格。翌年、支配勘定出役に採用となった。このとき、聖謨は十八歳。

その後、評定所留役（裁判官）、寺社奉行吟味物調役（訴訟の下調べ、公文書調査役）と順調に進み、ときの寺社奉行・脇坂安董《やすただ》が、その誠実な人柄と精励恪勤《せいれいかっきん》ぶりを認め、強く推挽《すいばん》して、天保二年（一八三一）九月には勘定組頭格と破格の昇進を遂げていく。

そして聖謨は、きわめて難しい但馬出石《いずし》藩仙石家の相続事件（お家騒動）を調査審問にあたって、見事にこれを解決。十一代将軍の家斉からも賞詞を受け、ときの上司・脇坂は聖謨のおかげでその後、老中に昇進した。ここで留意しなければならないのは、その一方で、ときの老中筆頭・松平周防守康《やす》任《とう》が裁判決着後に辞職したことである。

この辞職によって、頭の上の重石《おもし》が取り除かれ、大いに仕事がやりやすくなった人物に、この頃、老中就任一年余の水野忠邦がいた。のちの、天保の改革の立役者である。

ちなみにこの改革は、イギリス軍がアヘン戦争の最中、香港を占領した年にスタートしていた。その首謀者の忠邦は、聖謨に一目置き、幕府の一部が蘭学者を弾圧した〝蛮社の獄〟に巻き込まれ、あやうく失脚しそうになった聖謨を、佐渡奉行に派遣することで避難させ、救っている。その後、江戸に帰任した聖謨は、小普請・普請の奉行を歴任、従五位下左衛門尉に叙任となる。

彼はそのあと、奈良・大坂東町奉行を歴任し、勘定奉行となるや海防掛も兼ね、嘉永六年（一八五三）には、ペリーにつづいて日本へやって来たロシアのプチャーチンを相手に、外交交渉にあたることとなる。

この聖謨の人となりを、仙石藩出身の尊王派漢学者・岡鹿門《おかろくもん》という人は、次のように述懐していた。

聖謨は精力が人に過ぎた。雞鳴《けいめい》に馬を調し、天明（夜明け）の頃には、来客が門に満ちているのに、一々応接し、朝餐《ちょうさん》して登城する。公庁から帰ると、また客が待っているのに会う。事務百端を、つぎつぎと処理して、停滞せしめない。晩食に一酌して床につき、夜中に起きて、文書をしたためる。それは蠟燭二挺（五匁の蠟燭で約三時間）をもって限りとした。

聖謨が対ロシア外交に出てくる頃、幕府はカラフト、サハリンを離島として描いた「日本辺界略図」（一八〇九年）や、間宮海峡の調査報告にもとづく「新訂万国全図」の作成（一八一〇年）、またこの頃になると千島列島をも明確に認識していた。

ロシア語についても、ロシアへ漂流して帰国した者から学び、あるいは先のゴロウニン幽閉中に積極的に習得して、飛躍的な進歩を遂げていたのである。ロシアとすればいま少し早く、日本の準備が整う前に来るべきであったかもしれない。

## 結果として、優しくなったロシア外交

前出のリコルドは一八五〇年、七十五歳のおりに「対日関係樹立に関する覚書」を皇帝に提出、日本への派遣を願い出ている。

「もし、日本が通商を拒むとき、松前海峡（津軽海峡）に軍艦を派遣すれば日本人は屈伏する」と、リコルドは予見していた。

プチャーチンも出発の九年前、日本・中国への遠征隊を送るべく、すでにシベリア委員会に提案していたが、実行には移されなかった。なぜか。イギリスとアメリカが提携し、ロシアの国策会社「魯米会社」を圧迫していたからである。

一八二一年九月、アレクサンドル一世はロシアの権益擁護のために、植民地海域における外国船の来航を禁止する、「植民地鎖国令」とも呼ぶべき命令を発したが、アメリカはモンロー宣言を出してロシア植民地での米国資本の通商を制限（一八二三年）。そのために、ロシアの北米植民地は著しく

ダメージを受け、ついには魯米会社は英米資本の前に屈服することとなる。

加えて、アヘン戦争のイギリス勝利が伝えられた。南京条約が締結され、清国の開港によってアジアの情勢は、ますますロシアにとって不利となる。ロシアの政策は、質的な転換を迫られていたといってよい。つまり、英米に対抗するのではなく、強い者には逆らわずに、むしろその仲間に入れてもらおうという方向だ。

だが、ロシアは一方で、黒海と対トルコの問題を抱えていた。

プチャーチンの来航も、一度は財政逼迫を理由に中止となり、二度目の決断を促した切り札も、実はアメリカ艦隊の訪日情報であったといっていい。大英帝国には勝てないが、同じレベルのアメリカには敗けたくない、というのがロシアの本音であったように思われる。

プチャーチンはペリーより先に、日本に到達することをめざしていた。

だが、財政赤字のロシア海軍が、彼に割り当てた中古の帆走船パルラーダ号は、出航の途次、イギリスのポーツマスで故障し、修理に二ヵ月を費やす。彼はスタートから、後手にまわってしまう。

航海の途中、香港に寄港したプチャーチンは、すでにペリー艦隊が琉球方面にあるのを知り、方針を転換して、ペリー艦隊に合流すべく画策した。が、間に合わなかった。プチャーチンが江戸を目指して香港を出発したまさにその日、ペリーは浦賀に到達し、投錨《とうびょう》していたのである。

国家財政に恵まれず、いままたタイミングからも見放されたプチャーチンは、小笠原諸島で空しく後続のヴォストーク号、オリヴーツァ号（カムチャッカ艦隊所属）、メンシコフ公爵号（輸送艦）を待った。

ところがここで、ちょっとしたハプニングが起きる。プチャーチンにすれば、曙光《しょこう》が見えたといってよいかもしれない。知日家のＰ・Ｆ・シーボルトがロシア政府を動かし、

「日本の国法を侵さぬように――」

と交渉地を長崎に変更させ、軟和な態度をもってあたることを、アドバイスしてくれたのである。

ロシア政府はシーボルトの露日条約案を参考に、独自の条約案を作成して、輸送船でプチャーチンのもとへこれを届けた。また、このおりに千島諸島方面の問題とともに、樺太での分界問題を強調することが、追加訓令として伝えられている。

ロシアにとってのシベリア問題は、球の投げ方ひとつで、そのまま対日問題となった。

一八五三年八月二十二日（和暦で嘉永六年七月十八日）、マストに皇帝全権の旗を掲げた旗艦パルラーダ号は、三隻の随艦を従えて長崎港に入港した。こちらも〝黒船四隻〟である。長崎奉行所から応接掛が出迎え、艦隊は水先案内に誘導されて、午後六時に投錨した。

入港後、直ちにプチャーチン来日の目的が質されたが、彼は恫喝《どうかつ》と威嚇に終始したペリーに比べて優等生風に振る舞い、役人たちへの回答も、日本の国情に沿ったものとして、長崎奉行所の面々を感激させた。役人たちは、ペリーとの比較を試みたであろう。

ところで、ときの老中筆頭・阿部伊勢守正弘《あべいせのかみまさひろ》は、ペリー来日のおりと同様に、国書は受理するが、返事はオランダ商館長を経由するとの訓令を発した。が、幕府の一部には「魯日同盟」「反米親魯」の主張がにわかに台頭する。伊豆韮山代官・江川太郎左衛門《えがわたろうざえもん》もそのひとりであった。

「ロシア人は丁寧であるから、これと結んでその代りに断固としてアメリカを拒むがよい。もしロシ

アを断われば、神国日本は腹背に敵を受けて容易ならざる仕儀となる」

とまで江川は進言したという。今からふり返れば、日本がいかに可憐であったか、列強外交に無知であったかの証左といえる。

ロシアの国書受領は、九月二十一日（和暦八月十九日）。幕府はすぐさま、この内容を翻訳した。

「貴国最北の極界を、何処の島に限るか約定のこと」

開発問題以上に厄介な――日本側では当然、予想してはいたが――項目があった。

ここで幕府は交渉のための、正式代表を長崎へ送ることとなる。

## クリミア戦争により残された日露間領土問題

西ノ《にしの》丸留《まるる》守居《すい》・筒井《つつい》肥前守《ひぜんのかみ》政憲《まさのり》を大目付格とし、勘定奉行・川路聖謨《かわじとしあきら》、目付・荒尾《あらお》土《と》佐守成允《さのかみしげまさ》の三人が応接掛を拝命した。儒者・古賀《こが》謹一郎《きんいちろう》も同行している。

ときに、筒井は七十六歳。交渉役の中心は五十三歳の聖謨になるであろうことは、すでに幕閣の一致した見方であったようだ。ついでながら、聖謨はプチャーチンより二歳（三歳とも）の年上となる。

聖謨は当初、ロシアとの国交を主張したが、水戸藩主・徳川斉昭《とくがわなりあき》（このとき幕府海陸参与）の反対に会い、伝統の〝ぶらかし〟を使うこととなった。聖謨は悲壮である。

自らの主張でもない方針を貫かねばならず、もし、譲歩でもしようものなら、「わが大和魂で、海外の事態がわからない者たちが、勃然争議《ぼつぜんそうぎ》を起こし、一連の人の罪を鳴らし、老中も世に立つことはできず、自分のような者まで切腹するほか、恥をそそぐ方法がない」と、落涙したという。

嘉永六年十月三十日、聖謨らは江戸を出発。プチャーチンはこの日本のお家芸〝ぶらかし〟に対し、あくまで忍耐強く対処するつもりで待ち受けていた。

「われわれに対する（幕府側の）丁寧な態度と心配りに表された思考様式からして、教養あるヨーロッパ人とほとんど変わらない。とくに二人目の人物（川路聖謨）は、その活発な、健全な知性とたくみな討論法をもってすれば、あらゆるヨーロッパ社会で傑出した人物となるだろう」

これはプチャーチンの、聖謨に対する印象である。

十二月二十日、長崎奉行所の西役所において第一回目の交渉がもたれた。この間、五ヵ月。プチャーチンは辛抱強く待つかたわら、十月十八日から十二月五日まで、艦隊を率いて上海まで渡航している。別方面で、クリミア戦争が近づいていたからである。

トルコのカトリック教徒を保護する名目で、まもなくフランスのナポレオン三世がロシアに仕掛けることになるこの戦争は、ロシアの膨張を恐れるイギリス、サルジニア（現・イタリア）なども荷担し、ロシアはトルコのギリシャ正教徒を守るためにも、戦端を開かねばならなくなっていた。

プチャーチンはこの切迫した事態を掌握すべく、情報収集のために上海へ赴いたのである。残念ながら日本は、海外に独自の電波をもっておらず、情報収集・分析の質においては抜群の力量をもちながら、そのスピードと量に欠けていた。クリミア戦争察知も、明らかに遅れてしまった。

前述のペリー来航のおりも、すでにアメリカの政界が大きく転換していたのを知ったのは、かなり後になってからであり、そのためにペリーにまんまとしてやられたともいえる。

もし、このプチャーチン来航のおり、クリミア戦争に関する情報を入手していれば、後の国境問題にしても違ったかけひきができたであろう。ロシア側は書簡をもって、国境を千島列島と樺太島上の二つの面で決定しようとしていた。つまり、北千島はロシアに、択捉島以南を日本領とする、との案だ。

その一方で、樺太は原住民（オロッコ族やアイヌ人）こぞってロシアの支配を望んでいること、三ヵ月以前にロシア皇帝の命により、軍隊を常置したことなどを理由に、島の南部のアニワ湾を国境とし、「両国官員合同シテ其所在地分ヲ画定スル」との承認を、日本側に求めようとした。

会談は五次にわたって行われたが、日本側はこれを認めず、双方の主張は平行線のまま、国境については日露両国が現地調査を実施することで、覚書を作成するにとどまった。

これはあまり伝えられていないことだが、このときの聖謨の交渉は実に理路整然としており、さすがに武士らしく死を賭《と》しているだけに、毅然《きぜん》としたものがあったという。

「蝦夷の千島はのこらず、わが国の属島である」

「アイヌは蝦夷人のことで、蝦夷は日本所属の人民だから、アイヌのいるところは、すなわち日本所領です」

聖謨はときに皮肉を交えて、プチャーチンを攻めることもあった。

ゴロウニンが来て五十年、樺太の久春古丹《くしゅんこたん》および択捉島への乱暴からも五十年、この間、音沙汰もなかった国（ロシア）が、今度は急に交渉というのも理解できない、と責めた。

年が明けた嘉永七年（一八五四）正月、プチャーチンは再び艦隊を率いて長崎を出ると、艦隊編成を解き、各々を情報収集に向かわせ、自身はマニラに赴く。

## 川路聖謨とプチャーチンの晩年

この年の三月十六日、フランスとイギリスはロシアに対して、宣戦を布告する。

プチャーチンは交戦状態のなかを、イギリス艦隊の目を逃れつつ日本へ戻ってきた。三月二十八日（新暦四月十八日）のことである。プチャーチンはこの日、筒井、聖謨の両使節に書簡を送り、国境画定のための両国委員の会合を、六月下旬に樺太で開催するよう提案してきた。幕府側は目付・堀織部正利熙《ほりおりべのしょうとしひろ》と勘定吟味役・村垣与三郎範正《むらがきよさぶろうのりまさ》を樺太に派遣したが、ロシア側はついに来航せずに会合は実現しなかった。

無理もない。すでに英・仏の連合艦隊が周辺を遊弋《ゆうよく》しており、防衛の困難を知るプチャーチンは、ロシア人哨所《しょうしょ》（歩哨《ほしょう》の詰め所）をいちはやく撤去していたのである。日本はクリミア戦争を、まったく知ることがなかった。ロシアとの交渉が中断している間に、幕府はアメリカと日米和親条約を締結。箱館が開港されることとなる。

嘉永七年八月三十日、プチャーチンはこの箱館にジャナ号に乗って入港すると、ここではじめてクリミア戦争について語り、そのうえで、大坂湾へジャナ号を回航する。これは英・仏艦隊の追跡を避けるためであったが、日露和親条約の締結を急がせるためのデモンストレーションでもあった。

プチャーチンもついに、ヨーロッパ外交の伝家の宝刀〝恫喝外交〟に転じたわけだ。さすがに彼は、日本の天子《みかど》の住む都に近い大坂へ、ロシアの軍艦が現われることの効果を知っていた。

案の定、幕府は慌てた。下田への回航を求め、再び筒井、聖謨らによる交渉がはじめられる。十一月三日から再開された会談は、十二月二十一日までの間に五度に及び、日露和親条約が締結されたときは、元号は「安政」と変わっていた（十一月二十七日改元）。

この交渉中、聖謨たちは重大なミスを犯してしまう。前回の覚書を交わした段階で、

「此末我邦に於《おい》て、若《も》し通商差許すにも相成り候はば、貴国（ロシア）を以《もっ》てはじめとなすべし」

とプチャーチンに約束しておきながら、幕府はペリーとの間で日米和親条約を締結してしまった。

この内容をプチャーチン側は、幕府のオランダ語通訳を買収して知り、席上、突然にこれを持ち出した。もし、不心得なニッポンの下級官吏がいなければ、聖謨はもう少しは踏ん張れたかもしれないが、思わぬところで足を引っ張られる格好となった。

国境は択捉島を日本領と認め、樺太については必ずしもロシア領を明確にせずともよい――要するに問題を、将来に残す形となった。だが、クリミア戦争終結後、ロシアの樺太進出は一挙に強化され、安政五年には日本人居留区域にまで入り込み、両国衝突の懸念は日増しに高まっていく。

やはり日本の、紳士的な発想法――こちらが誠意を示しているのだから、相手も理解してくれるに違いない、という思い込み――では、ヨーロッパのやり口を押しとどめられることはできなかった。

ロシアはクリミア戦争を経験して、ますます国力充実の重要性を学んだようだ。少しでも隙をみせたら、それこそ列強は飛びかかってくる。

この年、プチャーチンは、日露修好通商条約を締結すべく日本を訪れたが、樺太問題に関しては、権限のないことを理由に、交渉はまったく進展をみなかった。

その後、ロシアは清国から黒龍江地方を獲得し、さらに南下を強めて、ついには樺太全島の領有を主張。北緯五十度説をとる日本と意見は対立、日本側は北緯四十八度線まで譲歩したものの、これも

進展をみることなく明治維新を迎えるにいたった。

この間、ロシアは北京条約で沿海州を得て、ウラジオストックを建設。よりいっそう腕力にものをいわせて、ついには明治七年（一八七四年）、樺太・千島交換条約をなかば無理やりに調印させるにいたった。プチャーチンを相手に頑張った聖謨は、この末路を知らない。彼は慶応二年（一八六六）に中風で倒れ、半身不随のまま悶々と失意にあけくれ、慶応四年、江戸開城の風説を信じ、三月十五日、自邸でピストル自殺をとげてしまう。ときに、六十八歳であった。

当のプチャーチンは、明治十六年（一八八三）まで生きている。彼は伯爵に昇位し、文部大臣となり、ロシア帝国参議院議員にも任ぜられた。享年は八十であった。

## 水野忠邦の使命感と内憂外患

アヘン戦争からペリー来航までの十三年間を考えるとき、さけて通れない人物に前出の水野忠邦がいた。

ペリーやプチャーチンの来日する二年前、嘉永四年（一八五一）の二月に五十八歳で亡くなったこの人物は、後世、天保の改革とともに語られることとなる。

忠邦は通称を於菟五郎《おとごろう》といい、自らを松軒・菊園と号した。寛政六年（一七九四）六月、肥前国（現・佐賀県）唐津藩主・水野忠光《ただあきら》の二男に生まれたが、兄の芳丸《よしまる》が早逝したために世子となった。

文化四年（一八〇七）に元服すると、従五位下式部少輔《しきぶしょうゆう》に叙任され、同九年八月、父・忠光の隠居の跡をうけて、十九歳で唐津六万石を襲封し、和泉守となる。

忠邦は藩主の座につくや、ただちに幕府の要職――老中を目指して――に就任することを目標に掲げ、文化十二年（一八一五）十一月、幕閣への登龍門とされる奏者番《そうしゃばん》となった。

だが、唐津藩主は長崎警固役を課せられているため、老中へは登ることができない。それでも忠邦は、自らの志を諦めなかった。つまり、老中へ進むべく、転封を盛んに働きかけ、文化十四年（一八一七）九月、念願の寺社奉行加役《かやく》（本職以外の臨時職）となり、左近将監《しょうげん》に官名を転じると、その翌日、遠江国《とおとうみ》（現・静岡県西部）浜松に所替《ところがえ》となった。石高は同じ六万石。

しかし、実高が二十万石といわれた裕福な唐津から、表高と実高がさしてかわらない浜松への転封には、家老以下、藩士の大半が反対であった。それを押し切った忠邦の、〝志〟をどう考えるべきか。彼は心底、幕藩体制の再構築を己れの責務だと考えていたのである。

このあたり、のちに歴史に残す天保の改革を企てた、張本人だけのことはあった。

豊かな財力をもつよりも、国政に任じたい――文政八年（一八二五）五月、忠邦は自らが、

「青雲の要路」

と称した、出世コースの大坂城代に昇進した。

ついで翌九年（一八二六）十一月、京都所司代・侍従となり、文政十一年十月には、ついに西丸老中に昇任する。西丸老中は、大御所（隠退した将軍）や将軍嗣子の家政を担当したが、残念ながら国政を担うことはできない。幕政を指揮するのは、もっぱら本丸老中でなければならなかった。

天保五年（一八三四）、忠邦はようやく念願の本丸老中に転じたものの、資性英邁にしてよく時勢を見抜き、海外事情にも卓越した見識をもつ人物といわれながら、彼の執政としての前半は、大御

所・徳川家斉（十一代将軍）の在世中にあたり、〝西丸御政事〟と称されていたように、家斉とその側近勢力が幕政の実権を掌握しており、なんらの業績もあげられなかった。

忠邦は内心、内憂外患に焦りを感じていたであろう。それゆえ彼は、家斉の死（天保十二年閏正月）後、十二代将軍家慶の信任を取りつけるや、それまでの遅れを取り戻そうと躍起となった。

まず忠邦は、無能で大御所の機嫌とりしかしなかった老中の水野出羽守忠成のクビを飛ばし、御側御用取次・水野忠篤《ただあつ》、若年寄・林忠英《ただひで》、小納戸頭取・美濃部《みのべ》茂矩《しげのり》の、いわゆる〝三佞人《さんねいじん》〟と呼ばれた家斉側近勢力を粛清。他方では改革派を結集しつつ、五月十五日、官民の日常生活全般におよぶ奢侈の禁止、物価引き下げ政策などの〝天保の改革〟を宣言した。

しかし、こうした改革は、幕政改革の過程には相違なかったが、少なくとも忠邦の真の目的とするところではなかった。彼の真意は、幕府の財政を再建し、幕権を再編・強化して、次に江戸湾の防備計画を含む〝海防〟を実現することにあった。ここに、これまでの江戸期の改革との、大きな差異があったわけだ。

天保八年六月、江戸湾に国籍不明の異国船（のちに、アメリカのモリソン号と判明）が、突如、侵入するという事件が起きた（序章参照）。また、オランダからの情報によって、イギリスがポーニン・アイランド（小笠原諸島）に注目し、同諸島を対日・対清《しん》貿易の拠点とすべく計画している、とのショッキングな知らせも、すでに入手済みであった。万が一、小笠原諸島がイギリスに占拠されるようなことにでもなれば、江戸湾は封鎖されるかもしれない。

忠邦は忍び寄る欧米列強の勢力、異国船の影に脅えながら、幕府財政の再建を主軸とした天保改革を急いだのであった。しかし、人間にとって日々、慣れ親しんできた習慣・慣例を改めるのは容易なことではない。社会にはびこる因習を打破し、新しい秩序を打ち立てる〝改革〟は、そうそう簡単には実現するものではなかった。この難問は、区分すれば内憂となる。

一方の外患は、天保十一年（一八四〇）、清国とイギリス両国間で勃発したアヘン戦争が決定的であった。まさかの清国敗北に、忠邦の心中はさぞや暗澹《あんたん》としたものとなったろう。

## 天保の改革の真意と失因

内憂外患に焦燥する彼は、三年後、かつて田沼意次（一七一九〜一七八八）が計画しながら、途中で挫折した印旛沼の開発工事に再び、強引に着手する。

国防費を捻出するためにも、新たな財源の確保が不可欠であるとともに、浦賀水道を異国船に封鎖された場合、印旛沼開拓によって、江戸湾を利根川の本流とつないで、常陸・上総・下総三国の物産を、江戸に運ぶための軍需回路を設ける必要があった。

——上知《あげち》（地）令の主旨も、根元は同様であったのだ。

江戸の十里四方、大坂の五里四方を、すべて幕府直轄領に編入するこの計画は、財源的見地からと重要都市防備の面からも、表裏一体をなす幕府の重要な案件であった。

しかし、幕府の財政はすでに、急速な改革を断行するだけの力がなく、予想以上に脆弱《ぜいじゃく》でありすぎた。なにしろ天保十三年（一八四二）の幕府財政は、歳入が百七十六万余両であったのに対し、忠邦の国防計画によって膨張した歳出は百九十六万余両。ざっと、二十万余両が不足となっており、改革をつづけていくこと自体が難しくなっていた。幕末期、高騰の一両を現在の十万円として換算すれば、ほぼ二百億円の赤字ということになろうか。

忠邦はこの不足分については、貨幣を改鋳して補ったものの、このうえ、江戸湾防備計画を推進していくとなれば、支出額はさらに増えつづけることとなる。また、表高に比べ実高の高い、江戸や大坂の周辺を知行している旗本たちは、己れの領地を替えられることに猛反発した。忠邦は志のために、さっさと父祖代々の領地を損を覚悟で取り替えたが、むしろこちらが例外であろう。大名も旗本も実利主義、既得権の立場から、徹底して上知令に反対した。

もともと、この宰相には政治課題をてきぱきとこなしていく行政能力はともかく、〝財政〟に関するかぎり、その見識はかつての田沼意次ほどの才覚があったとはいい難かった。彼は殿さまであり、その前半生の移封運動からも、その限界はうかがえるところであった。

実高二十万石を名実ともに六万石の所領と替え、それを挽回する手立て――藩士を納得させる政策――を、忠邦は示すことができなかった。否、それ以前にも問題はあった。

まず、藩主に就任した彼は、唐津藩の藩財政の立て直しに着手したが、そこには新たに考案・工夫した策といえるものは何一つなく、緊縮政策＝諸事倹約一辺倒の消極策でしかなかった。しかも、この財政再建策の結果は、かえって藩財政の赤字を大きく膨張させて、毎年のごとく八千六百両もの赤字をもたらしたのである。当然のことながら、ここで忠邦は藩のために、また、領民への善政として、この赤字の解消に全力を傾注しなければならなかったはずだが、国政参加を志向する忠邦は、あろうことか唐津と浜松の国替えを、幕府にすすんで願い出たのは先にもみたとおりであった。

唐津より、遥かに実高の劣る浜松への国替え申請に、

「なんということを――」

家老の二本松大炊《にほんまつおおい》以下の重臣たちは、真っ青になった。

忠邦は、こうした重臣たちの反対に遭遇すると、開き直って激怒する。

「余は老中となり、天下のまつりごとをつかさどり、将軍家に忠節を尽くそうと志している。この一途の志に反対するのは、余に不忠をせよということか」

この言を聞いて、家老の二本松大炊は痛憤のあまりに自刃して果ててしまった。

このように、財政感覚の乏しかった人物に、果たして幕政が総覧できたのであろうか。藩士や領民たちも口にこそ出さなかったが、本音では首を傾げていたに違いあるまい。

もともと天災や火災にすら、無防備にひとしい幕府である。現実問題として、江戸湾防備計画などは、画餅《がべい》――絵に描いた餅。これ以上すすめるのは、不可能であった。なにしろ先立つもの、財源がない。多くの圧力が加わるとともに、民衆の反発、大名・旗本らの抵抗・巻き返しを招き、幕閣に反対派が台頭、忠邦はついに己れの政治生命を絶たれることとなる。

一般に忠邦の失脚は、空前ともいえる都市改革や年貢増徴、上知（地）令などに対する、各層の反発・抵抗、幕府財政危機の進行などから、幕府内部で孤立したからだ、とされてきた。事実、天保十四年（一八四三）閏九月、忠邦はついに老中を罷免されて改革政治は終了した。

が、翌弘化元年（一八四四）六月、彼は老中に再任され、一度は首座に返り咲いている。

しかし弘化二年二月、持病もあって欠勤がちとなったため、ついに辞職となったのだが、忠邦を決

定的に失脚へ追い込んだのは、実は老中在任中の〝高島秋帆事件〟の責任を問われたからではないか、と幕閣では密かにささやかれていた。加えて、この事件の前哨戦が、〝蛮社の獄〟であった、とも。

## 〝妖怪〟鳥居耀蔵

天保十三年（一八四二）十月、幕府の国防に関わっていた、西洋流砲術家（諸組与力格）高島秋帆とその子・浅五郎が、長崎奉行の手によって捕縛される事件――前年の六月、忠邦は江戸防衛計画の一環として、高島秋帆を起用、武州徳丸ヶ原でその西洋流砲術の習練を実施させた。

同時に忠邦は、用人・秋元幸助や代官・江川太郎左衛門を秋帆のもとに入門させるなどして、西洋流砲術の普及と熟達、大砲や火薬の製造、研究などにも尽力している。

このころ、すでに秋帆の砲術は佐賀藩、薩摩藩では採用されていたが、幕府が秋帆を起用するに及んで、西洋砲術はひろく諸藩にも行きわたり、高島流砲術は急速な隆盛を見ることとなる。

――そうした中で起きたのが、時代に逆行する秋帆の捕縛であった。

秋帆が長崎会所の財政を流用、あるいは会所調役頭取の地位を利用した利殖を問うものとして、捏《ねつ》造《ぞう》された事件であった。翌天保十四年三月、彼は江戸におくられ、江戸南町奉行・鳥居甲斐守忠耀《ただてる》（耀蔵《ようぞう》）に取り調べられたものの、吟味は遅々としてすすまないまま、いつしか沙汰止みとなってしまう。

この事件、通説では水野忠邦の懐刀であった鳥居が、長崎奉行・伊沢政義《いざわまさよし》と結託して仕組んだ冤罪《えんざい》だといわれている。伊沢はむしろ、利用されたようだ。問題は鳥居であった。

筆者は幕末維新を考えるとき、この男を屈指の重要人物と思いつづけてきた。

この男は天保の改革をやるために、この世に生まれ出たような幕府官僚であった。が、始末に困るのは、己れの信じる目的のためには、手段を選ばず、陰謀、謀略で他人を貶《おとし》め、罠を設け、疑獄を捏造し、無実の人々を罰しても、なんら悔いるところのない精神の強靭《きょうじん》さにあった。

幕末、幕閣に登場して軍艦奉行・外国奉行をつとめた栗本鯤《くりもとこん》（鋤雲《じょううん》）は、鳥居のことを次のように述べている。

「刑場の犬は、一度、処刑された罪人の肉の一部を食べると、その味が忘れられなくなり、その後は人を見れば噛みつくようになる。そのため、ついには撲殺されるのだ。鳥居甲斐はいわば、そういう刑場の犬のような男ではなかったろうか」

〝刑場の犬〟どころか、鳥居は日本屈指の名門学者の家の出であった。

父は林大学頭述斎《じゅっさい》（衡《たいら》・大内記）であり、その三男（四男とも）、寛政八年（一七九六）十一月二十四日、彼は生まれていた。のちにペリーの応接にあたる林復斎《ふくさい》は、鳥居の実弟（寛政十二年生まれ）となる。文政三年（一八二〇）八月、二十五歳で旗本二千五百石・鳥居一学の養子となり、鳥居家を相続。この家祖は元忠《もとただ》といい、関ヶ原の合戦のおりに伏見城の守将をつとめ、石田三成ら西軍に攻められ、玉砕したことで知られていた。本家は壬生《みぶ》三万石の大名である。

鳥居耀蔵は中奥番に二十八歳で登用されるが、九年後に辞表を出している。彼には仕事が退屈すぎたようだ。二年半、無役を過ごして、その後、徒頭《かちがしら》—西丸目付となり、やがて本丸目付となった（天保九年閏四月二日）。

この目付という制度は、徳川幕府の特徴を表わすものの一つで、合戦では大将からつかわされ、現地の指揮官がいわれた通りに働いているかどうかを監視する。幕藩体制となってからも、この監察の役目はそのまま残り、大名の目付が大目付、旗本・御家人を監視するのが目付と区分された。

鳥居が本丸目付となった同じ年の十月、尚歯会《しょうしかい》が開かれている。会合はそれ以外にも多かったようだ。これは蘭癖家の人々が身分に関係なく集い、そこから一歩踏み出して、西洋の知識・技術を踏まえ、日本を考えるという方向性を持っていた。江川太郎左衛門や羽倉外記《はぐらげき》（号して簡堂《かんどう》）のような幕府代官も参加していれば、渡辺崋山のような田原藩の家老、小関三英《こせきさんえい》のような岸和田藩医、町人医者の高野長英など、顔ぶれは多彩であった。前述の川路聖謨もときおり、参加している。

こうした会合に触発され、渡辺崋山は『鴃舌或問《げきぜつわくもん》』『慎機論《しんきろん》』を、高野長英は『夢物語』を書いた。もともと鳥居は、尚歯会を「蛮社」と呼び、西洋の学問そのものを認めていなかった。そのため、彼は時代の仇のように、後世、忌み嫌われたのだが、筆者の見方は少し異なる。

鳥居には鳥居の信念があったのではないか、と。遅れている日本に、西洋の進んだ文物を輸入すれば、なるほど当初は、のちに佐久間象山が唱える「西洋芸術、東洋道徳」の技と心のバランスは保たれるだろうが、やがて西洋の根本にある思想（利己主義・個人主義）が、日本人の心を変えてしまう。日本人が日本人でなくなる、との危惧を鳥居は持っていたように思われてならない。

だからであろう。彼は生涯、自らの行った悪辣《あくらつ》卑劣な行為を一度も反省していない。

## 〝妖怪〟の大弾圧

この恐るべき男は、のちの大老・井伊直弼の安政の大獄に匹敵する〝蛮社の獄〟＝蘭学者への大弾圧を引き起こすのだが、その伏線は天保八年（一八三七）六月のモリソン号事件＝浦賀への入港、その延長線上にあった天保十年（一八三九）正月九日の江戸湾岸巡視が、大きな意味を持っていた。

問題のモリソン号は、マカオにあったアメリカ籍のオリファント社所有の商船。支配人のチャールズ・キングはマカオに送られてきた日本人漂流民七名を日本に送り届け、あわよくば通商の許可を手に入れたいと考えた。そして日本へやって来たのだが、浦賀奉行の太田備後守資統《すけのり》はモリソン号に向かって異国船打払令（十二年前に定められた）を実行した。

モリソン号は商船であったため、仰天して去ったが、易々と浦賀に入り込まれたことが問題となった。幕府は長崎での日本人七名の受け取りを、オランダを通じて表明したのだが、このことは世間に伝わらず、ただ打払令を実行したことだけが広まった。

先の尚歯会のメンバーは挙《こぞ》って、いわゆる開明派の人々であり、軍事技術の大きく遅れている日本が欧米列強の船舶を攻撃することは無謀であり、万一、戦争になれば国を失うおそれがある、とまでいい切った。鳥居にすれば大きなお世話——国政は幕府によって運営されるもの、外野席からの評論などもってのほかであった。

そこへ備場《そなえば》（奉行所）巡見の沙汰が、水野忠邦より部下の鳥居に下った。天保九年（一八三八）十二月のことである。このとき、正使の鳥居に対して副使となったのが、伊豆韮山の代官・江川太郎左衛門であった。

江川は立場上、〝海防〟に対する危機意識が高く、備場を新設する場所を測量するにあたっても、彼は最新の西洋式測量術の採用を願い出、その専門家の人選を崋山に依頼した。増上寺御霊屋付の代官・奥村喜三郎《おくむらきさぶろう》と伊賀同心の内田弥太郎《うちだやたろう》を崋山は推薦、このことを幕閣に申し出て了承されたにもかかわらず、鳥居は自らが随行させた小笠原貢蔵だけで十分、副使の分際で何をするか、と大いに不愉快となり、まずは奥村の随行を無用、とつぶしてしまった。

江川は忍の一字で耐え、視察に赴く。鳥居の率いた正使一行は、総勢六十人近い人数。一方の太郎左衛門は二十七人。結果、測量地図は二種できたが、どのように見ても内田の製作したものが勝っており、忠邦もそのように評価したが、ここでいちもつもったのが鳥居であった。

天保の改革の真っただ中、彼は目付からさらに甲斐守に任官して江戸南町奉行へ栄進している。天保十二年十二月のことであった。いよいよ、〝妖怪〟の本領が発揮される惨状となる。

町奉行就任より以前、配下の小人目付でもある小笠原貢蔵を呼び、渡辺崋山の身辺調査を命じ、著作を調べさせ、さらには荒唐無稽な無人島渡航計画まで捏造し、ついには崋山と小関三英を自殺に追い込み、高野長英は長牢のうえ、破獄して逃亡（逃亡中に匿った人物に、伊予宇和島藩主・伊達宗城と薩摩藩主・島津斉彬）。のちに捕まりそうになり、長英は服毒自殺を遂げている。

実は、鳥居は幕臣の三人――江川太郎左衛門・羽倉外記・川路聖謨をも狙っていた。

このとき、三人を鳥居の魔の手から救ったのは、忠邦であった。彼にすれば三人は改革推進になくてはならない人材であり、代官の江川と外記（天保十三年より納戸頭）はお咎めなしとし、すでにみたごとく聖謨は一応、左遷したことにしてその将来性を温存しようと忠邦ははかっている。

そのため、聖謨は天保の改革には参加していない。老中筆頭の忠邦が気をつかわねばならないほど、鳥居の勢力は改革の中で膨張していた。

天保十四年（一八四三）二月、鳥居の排撃で遠山左衛門尉景元は、町奉行から大目付（定員五名・役高三千石）に祭り上げられる。左遷ではないが、鳥居は改革の実務者の地位から〝金さん〟を、忠邦の意を汲んで追い払ったのだ。同年五月、改革の功により鳥居は五百石の加増（三千石）となっている。同年八月には勘定奉行を兼任――ここまで来たとき、彼は四十八歳になっていた。

とりわけ、鳥居が怒りの矛先を向けたのが、夷狄の兵法＝西洋流砲術であった。

その彼の目の前に、不倶戴天の敵が現われた。高島秋帆である。天保十一年九月の時点で秋帆は、幕府に上書し、同年のアヘン戦争に言及して、さらに、

「清国側の敗北は砲術の未熟にこそ、その根元がある。わが国はよろしく西洋流砲術を採用して武備を強化すべきである」

と進言したおりも、これを「編小《へんしょう》（狭くて小さい）之《の》識見《しきけん》」として非難・排斥し、「奸を去り、夷を攘《はら》ふ」べく、鳥居は秋帆の逮捕に踏み切る。

この〝妖怪〟は、改革の途中で忠邦の失敗を見越していたようだ。最後の生命線ともいうべき「上知令」に、土壇場まで来て自らも反対を表明している。ついに〝刑場の犬〟は、主人に噛みついたのである。忠邦の心中は、いかばかりであったろうか。

## 水野忠邦の失脚

天保十四年（一八四三）六月、江戸・大坂十里四方上知令は発布されたものの、閏九月十二日（七日とも）に撤回され、翌十三日、忠邦は老中を罷免される。

「わしは老中にも勝った」

と、鳥居が思ったかどうか。勘定奉行兼任は十月に解かれたものの、彼はほどなく老中筆頭になると噂されていた備後福山藩主・阿部正弘（十万石）を頭から呑《の》んでかかっていた。

なるほど、弘化二年（一八四五）二月に老中首座となった正弘は、〝名宰相〟と一部では謳われてはいたが、時局対策をみるかぎり、当初は祖法墨守の人でしかなかった。正弘は二十五歳にして寺社奉行から、一躍、老中に登った人気者で、鳥居にすれば御しやすかったかもしれない。

だが、いよいよ開幕するペリー来航にはじまる幕末の檜舞台に、鳥居は立つことができなかった。なぜならば、天保十五年六月、水野忠邦が再び老中首座に復活したからである。

この年は十二月二日に「弘化」と改元するが、これを待たずして、九月六日に鳥居は町奉行の職を解かれ、寄合となっている（翌年には改易処分となった）。これは明らかに、復権した忠邦の報復人事であったろう。

しかしながら、当の忠邦も翌弘化二年の二月に、再び老中を罷免されている。

この前後、幕府は鳥居のこれまでの行い、とくに蛮社の獄、高島秋帆事件について、徹底的な取り調べを行った。鳥居はこれまで味方だと思いつづけていた人々に裏切られ、ついに同年二月二十二日、「大名預」の判決を受けることとなる。この「大名預」は幕臣のみに適応されるもので、遠島に次ぐ重い量刑であった。当初は肥後人吉藩相良家へ、ついで出羽久保田（秋田）藩佐竹家、さらには三転して讃岐丸亀藩京極家へのお預けがようやく決まり、彼は十月二十八日に江戸を出発している。

家財は鳥居本家に移され、鳥居の嗣子・成文《なりふみ》（成善《なりよし》）は妻の実家である高島藩主・諏訪《すわ》忠誠《ただまさ》に引き取られた。

一方、阿部正弘が二十七歳の若さで老中首座となった。二日後に忠邦が老中を逐われていることなどから、正弘が反忠邦派の輿望《よぼう》をになう立場で登場したことは、ほぼ間違いなかったろう。

「秋帆事件の審問を鳥居に命じ、万事指図のうえ、不正の吟味をせること不届き……」

との将軍上意を、正弘は忠邦に達したが、これは一面、ペリー来航の不手際＝江戸騒擾の責任をすべて忠邦に覆い被せて、正弘の政治生命《せいめい》を温存しようとするものでもあった。

阿部幕閣の、秋帆事件を改めて吟味する役は、京都所司代から老中の次席に抜擢された越後長岡藩主・牧野《まきの》忠雅《ただまさ》が担当した。

京極家に永のお預けの身となった鳥居は、自らの境遇を阿部と牧野の構えた冤罪であると、信じて疑わなかった。

このおり、高島秋帆は中追放処分となって武蔵岡部藩安部家に預けられることとなる。忠邦は減封と隠居を命じられ、また、家督を相続した嫡子忠精《ただきよ》は、同年十月、出羽山形へ移封となっている（五万石）。

処分の言い渡しがあった弘化二年十月三日から、鳥居は日記を書き始めているのだが、この男の凄味は、まったく己れの成したことを後悔、反省するといった言葉が述べられていないところに如実であった。

罪人とはいえ、京極家にすれば幕府からの預かりものである。丸亀藩は相当に気をつかっていた。とくに、自害でもされては大変と、火鉢の箸《はし》すら木製を用い、赤銅の箸にかえたのは幽閉十二年後のことであったという。

## "妖怪"の目撃した明治維新

もっとも、当の鳥居には自ら死を選ぶような意志は微塵もなかった。

福山（阿部正弘）、長岡（牧野忠雅）出るに及んで、毎時異議、遽《にわ》かに貶黜《へんちゅつ》（官位を下げて退けること）を致す。時運適然、何の怨尤《うらみとがめ》これ有らん。二相屢々《るる》（しばしば）予を殺さん事を謀る。自死もとより易《やす》し。然《しか》れども、賢徳菅公《かんこう》（菅原道真）の如き、その薨ずる今に至り粉々の説あれば、凡劣子の如き、憤怒を以て死を致すの説を得ば、小人の常情（普通の人情）を免れざるを恥ず。故《ゆえ》に日夜謹慎、以《もっ》て歳月を送るなり。（鳥居正博訓注『鳥居甲斐　晩年日録』）

自死すれば、狂死扱いにされてしまう。第一、そんなことをすれば冤罪を晴らせないではないか。鳥居の口吻《こうふん》は、自らの冤罪を晴らすために、ひたすら生き抜くことを誓っているようであった。彼が生きつづけることの、唯一の証といってよい。

ときに衰えを実感し、自らが調合した薬で病とも戦いながら、鳥居は灸をすえ、按摩を頼み、ひたすら自らの冤罪が晴れる日を待ちつづけた。

城内に設けられた座敷牢にも、外の世情は伝えられてくる。彼が幽閉されて八年後にペリーは来航し、安政二年（一八五五）に幽閉十年目を迎えた鳥居は、この年、還暦の祝の膳を、藩主・京極朗徹《あきゆき》（高朗《たかあきら》の子）に贈られているが、二年後の十月には、牧野が失脚し、阿部が前月に死んだことを知る。

「天道好還《こうかん》（天道は還るを好む）、此《か》くの如し」

やがて冤罪は晴れ、鳥居家は再興される、との思いが日記にありありと出ていた。

桜田門外の変、八月十八日の政変、禁門の変、第一次長州征伐――云々。

幽閉中の鳥居の耳にも、幕末動乱の中で丸亀藩が洋式調練を行う声は聞こえてきた。

「近日、当時（今日）上下一般、俄に西洋流の調練を学び、日々鼓声《こせい》已《や》む時無《な》く、一郷の藩士狂うが如し」

〝蛮社の獄〟を断行した鳥居に、後悔は毛ほども感じられなかった。彼は詩文にいう、

「闔郷《こうごう》（諸藩）相《あい》挙げて軍師《ぐんし》（軍隊調練）を練《ね》る。名は攘夷に在るも実は夷を学ぶ、只道《い》ふ人心方《まさ》に奮起すと、誰か知らん亡国敗家の基《もとい》たるを」

攘夷のために洋式調練するのは、そのこと自体が「亡国敗家の基」だ、と鳥居はいうのである。彼は西洋技術の根幹にある思想＝デモクラシーが、やがて徳川幕府の幕藩体制を滅ぼし、日本人そのものを西洋人のように変えてしまうことを理解していたようだ。

慶応三年（一八六七）八月三日、鳥居家の再興が大政奉還二ヵ月前に認められた。二十年が経過していたが、肝心の幕府は国政担当の座を降り、つづく鳥羽・伏見の戦いの敗戦から、江戸無血開城へと坂道を転がり落ちるように、その存在は駿府城下に七十万石となってしまった。鳥居の立場も急転

する。彼は城下の寺院へ移された。静岡藩の誕生により、鳥居は徳川家の臣としての出処進退を望む。明治元年（一八六八）十月十二日の鳥居の日記に、「登城し、君公（京極朗徹《あきゆき》）に告別、饗応ありて退城」とある。徳川家からの処分解除の沙汰はなかったが、鳥居は丸亀を去る決意をした。幽閉されて二十三年、彼は七十三歳になっていた。

江戸の渋谷宮益坂《みやますざか》にあった嗣子成文の妻の里・高島藩下屋敷を目指した鳥居は、途中で変わり果てた日本を観る。四国から神戸を過ぎたときは、思わず詩に、

「相看《あいみ》る、大半は是《これ》夷人」

と書き込んでしまった。

だからいわぬことではない、と鳥居の正義は心底、嘆いていたように筆者には思われてならない。

明治二年（一八六九）の二月十五日、「駿府より赦《ゆるし》の命《めい》来る」——。

その後、鳥居は静岡の庵原《いはら》郡草ヶ谷村（現・静岡市清水区）に移り、再び渋谷へ。時代は太陽暦の採用となり、明治五年は十二月二日で終わり、翌日が明治六年一月一日となった。

晩年の鳥居は家族に囲まれながら、自らは散策を好んだようだ。

彼が永眠したのは、明治六年十月三日、享年は七十八であった。

筆者は維新の光と影を考えるとき、この人物を忘れてはならないと思う。

## 幕末を駆け抜けた江川太郎左衛門

同様に、幕末の前半をリードした人物を一人求められれば、筆者は迷うことなく鳥居耀蔵の政敵、

伊豆韮山《にらやま》の代官・江川太郎左衛門（雅号を坦庵）を薦《すす》める。

亨和元年（一八〇一）五月十三日、伊豆韮山の代官を世襲する、中世以来の名門江川家に生まれた太郎左衛門には、兄がいた。が、早逝したことで、自ら家を継ぐ立場となった。幼名を芳次郎（邦次郎）、諱は英龍《ひでたつ》である。

天保五年（一八三四）に父の英毅《ひでたけ》が没したことをうけ、翌年に三十五歳で太郎左衛門は代官職を世襲した。江川家の采配する天領は伊豆以外にも、甲斐・相模・武蔵・駿河にまたがり、併せて約九万石に及んだ。一説に預り地を含めると、二十六万石を支配下に置いていたともいう。

太郎左衛門はこの行政の長としての権限を背景に、明治維新を遡及《そきゅう》することおよそ三十一年前（アヘン戦争の三十三年前）に、伊豆韮山《にらやま》の代官となった。彼はこの間、何処で何をしていたのだろうか。太郎左衛門はやがて、アメリカ建国の理想＝共和制民主主義を、前述の鳥居とは逆に、これからの日本のすすむべき方向に考えた形跡があった。恐るべき先見力と、いわねばなるまい。否、迫りくる欧州列強の外圧が、彼をここまで必死にさせた、というべきかもしれない。

「このままでは、ご公儀は立ち行くまい」

世襲してきた代官の職を通じて、太郎左衛門には幕府の行く末がみえていたようだ。どうすれば幕府を再建できるか、彼の生涯はまさに、この命題に対する解答を書き連ねたものであった。

太郎左衛門は幼少の頃、どちらかといえば文よりも武――学問よりも武張《ぶば》ったことに熱心な印象が強い。剣・弓・槍に加えて馬術、武芸一通りをこなし、文政元年（一八一八）には十八歳にして江戸へ剣術留学に出ている。選んだのは、当時、著名な神道無念流の岡田十松《おかだじゅうまつ》の「撃剣館」――江戸屈指の道場であった。同年、免許。

時代は幕末に入り、世情は徐々に混沌《こんとん》としてゆく。また、天災による飢饉《ききん》も周期的にやって来た。代官としての太郎左衛門は、可能なかぎり手を打ってこれに備えた。「世直《よなおし》江川大明神」と大書したのぼりや旗を、農民が神社に奉納したという一事をもってしても、その成果のほどがうかがえよう。

嘉永二、三年（一八四九、五〇）頃に天然痘が流行したときも、彼の決断は早かった。当時〝新知識〟であったジェンナー発明による種痘を、すぐさま采配地の領民に実施している。彼の功績の多くは、西洋事情の研究にあたっていた前出の「尚歯会《しょうしかい》」（反対派からは〝蛮社〟と呼ばれた）に参加しての、成果であったといってよい。

ところがほどなく、「尚歯会」は幕府から大弾圧を受けることになる。すでにみた〝蛮社の獄〟であった。メンバーの逮捕を横目にみながらも、太郎左衛門は自らの信じる道を曲げることなく、仲間の助命運動を行いつつ、翌天保十一年には幕府へ洋式砲術の採用を上申した、長崎の高島秋帆《たかしましゅうはん》のもとに入門を願い出ている。

しかし、師の秋帆は謀反の嫌疑をかけられ、検挙されてしまった。その後、秋帆にかわってその優れた兵学を世に伝えたのは、太郎左衛門であった。彼は天保十三年九月に、江戸の芝新銭《しんせん》に「高島流洋式砲術教授」との看板を掲げ、門人約四千人を数える。この中には、佐久間象山・川路聖謨《かわじとしあきら》・橋本左内・桂小五郎・黒田清隆・大山巌《おおやまいわお》・伊東祐磨《いとうすけまろ》といった人々の名もあった。

余談ながら、これまで幕府や諸藩で伝習されてきた砲術＝近代陸軍の調練《ちょうれん》は、オランダ語をそのままもちいて号令がかけられていた。太郎左衛門はこれを日本語に改め、根づかした功労者でもあった。「気ヲ付ケ」「前ヘナラヘ」「右向ケ右」「廻レ右」――云々。

服装についても、韮山笠にたっつけをうがち、ぶっさきの陣羽織をつけさせることを考案。幕末の兵制改革は、高島秋帆から太郎左衛門の手を経て具体化していく。

それにしてもなぜ、太郎左衛門はこれだけのことを成し得たのか。「使命感」が彼を突き動かした、としかいいようがない。日本が世界に誇る大国と畏敬していた清国が、イギリスの近代兵器の前に脆《もろ》くも敗れ、香港の割譲と五港の開港といった屈辱的な条約を結んだことは、太郎左衛門のみならず、心ある日本の知識者を震撼させた。

では、どうすれば日本を欧米列強の植民地化から守ることができるのか。究極は封建制を改めることだが、目先の急務は異国船の打払令を薪水《しんすい》給与令に改めさせ、大船建造の禁を撤廃せしめ、近代海軍の創設と国民皆兵制を実現することだ、と太郎左衛門は幕閣に建策している。

日本が独自に強くなる以外、その独立を全《まっと》うして生き残れる道はない。

彼は江戸の江川塾を主宰しつづけ、かたわら自ら江戸湾に台場を築造。これらに装備する大砲を製造するために、韮山に反射炉を設けて、近代軍事兵器の製造・設置態勢まで整えようとした

## 〝パン祖〟が意味したもの

まるで、一身に日本の存亡を担うような奔走ぶりで、五十五年の生涯を走り抜けた太郎左衛門であったが、彼は国土防衛の切り札として、今一つ、重大な開発に着手していた。

――パン（麵麭）である。

十六世紀の後半、南蛮人によって鉄砲とともに日本へもたらされたパンは、キリシタンのミサに用いられたことから、徳川幕府のキリスト教禁教政策で抑圧され、江戸時代、長崎においてのみ細々と在留オランダ人のために供給される程度にとどまっていた。

太郎左衛門はこのパンを、国土防衛戦に関連して蘇《よみがえ》らせたのである。天保十三年（一八四二）四月十二日、当時の長崎町年寄・高島秋帆の協力を得て、炭焼窯《すみやきがま》様式のパン焼窯を構築している。

なぜ、パンが国防と結びつくのか。

この頃、太郎左衛門は英国艦隊が香港から北上して、一挙に日本を襲うことを最も懸念していた。火力に劣る日本の武士は、おそらく水際で敵軍を撃退はできまい。艦砲射撃が行われ、そののち陸戦となる。それも敵の圧倒的に優勢な火力を考えれば、戦闘は正々堂々たる合戦とはならず、ゲリラ戦となろう。このおりに大切なことは、敵にこちら＝伏兵の位置を気付かれないことであった。

困ったことに、米を炊くと炊煙がたつ。炊爨《すいさん》（飯をたくこと）を必要としない軍糧――すなわち、パンを将士に携行せしめる以外に、ゲリラ戦はできない。これが太郎左衛門の苦慮した戦術的発想であり、パンは再び、日本人のもとへ帰ってきたといえる。

彼は、日本独特の酒だね生地法を考案工夫し、アメリカ風を部下にもったジョン万次郎（詳しくは後述）から学び、ロシアパンの製法も習得。塾の門人に伝えて、広く全国へパンの製造技術を伝播させた。

「日本のパンの歴史」と題する一文が、締木《しめき》信太郎著『パンの百科』に載っていた。「兵食に始まったパン」の項には、次のようにあった。

「イタリアのビスコッティノはローマの軍隊が遠方へ携帯していった小さいパンである」とイギリスの歴史家ギボンは『ローマ帝国衰亡史』に書いている。中世、エルサレムに遠征した十字軍の兵士たちは小休止の時、プティ・パンをたべた。細長いパニョッタ（小さいパーネ）も兵食に使った。

幕末、水戸、薩摩、長州の各藩でパンを真剣にとりあげたのは携帯食糧として軍用にするためであった。水戸藩は中国の大餅《ターピン》に似た丸平型で、まんなかに角のアナをあけたもので、ここに紐を通していくつも腰にさげるというものであった。これは兵糧パンといった。薩摩藩は兵糧麵麭《めんぽう》を、そしてこれは蒸餅ともいった。長州藩の備急餅は多年、陶磁器を焼いていた窯に目をつけてこれを利用した。当時のパン焼窯としては最適のものであった。長崎カステーラでさえ鉄の大鍋に焜炉《こんろ》をおいて、もうひとつの鉄鍋を冠せ、この上に炭火をのせて焼くといった時代だったから。窯の火加減のうまさでは陶工大賀伊助《おおがいすけ》は最適の人であった。パンのつくりかたは長崎に多年いた中島治平《なかじまじへい》が指導した。伊豆韮山代官江川太郎左衛門もまた兵食としてのパンの研究に熱心な人であった。

明治五年（一八七二）、海軍は乾《かん》パン「麵糧《めんりょう》」を、少しおくれて陸軍は「重焼麵麭《じゅうしょうめんぽう》」を軍用食とした。十八年、これらは「乾パン」というようになった。明治三十一年陸軍糧秣本廠《りくぐんりょうまつほんしょう》は福岡技師をヨーロッパに派遣して軍用パンの研究に当らせた。かれが持ち帰った軍用パンはオーストリアのが特にすぐれていた。〈中略〉イギリスのは円板状、フランスのは円板状で厚く、ドイツのは小さかった。どれも表面に針あながあけてあった。検討の結果オーストリアのを採用した。

明治になるとパン食は、脚気（ビタミンB欠乏症）を克服するとして珍重されるようになり、ようやく日本の兵食としても重視されることとなった。やがて、文明開化のムードの中に溶け込んでいく。太郎左衛門の心中を察した『近世日本国民史』の著者・徳富蘇峰《とくとみそほう》は、その頌徳碑の讃をたのまれたものの、胸がつまり、次のようにしか書けなかったという。

「江川坦庵《たんなん》先生維新曙期之先覚者也　材兼文武識通東西　百芸皆該《そなわる》　乃《すなわち》製麵麭《パン》術亦《また》本邦之開祖也
昭和後学蘇峰正敬《しょうけい》誌《しるす》」

## ジョン万次郎の帰国

幕末にも運命に翻弄された人生は多かったろうが、なかでも嘉永四年（一八五一）正月二日、琉球《りゅうきゅう》（現・沖縄県）の沖合でアメリカ船からボートに乗り移り、摩文仁間切《まぶにまぎり》に上陸、帰国した三人の日本人は劇的であったといえよう。

彼ら元漁師たちは、十年ぶりに祖国の土を踏んだのである。

その中のひとり、〝ジョン・マン〟こと中浜万次郎は、アメリカ本土を見てきた最初の日本人であり、しかもかの地で生活と勉強と労働を経験していた。彼がアメリカで得た知識・経験は、幕末・明治初期の日本にとっては重大なものばかりであったといえる。

そもそもこの万次郎は、文政十年（一八二七）正月一日（文政十一年とも）、土佐国幡多《はた》郡中浜《なかはま》の漁師・悦助の二男として生まれていた。ごく平凡に父親と同様、自らも漁業に就いている。ところが天保十二年（一八四一）正月五日、十四歳のとき、彼は不意に数奇な運命の中に投げ込まれてしまう。

　この日、万次郎は同じ土佐国の高岡郡宇佐浦《うさうら》（現・高知県土佐市宇佐町）の筆之丞《ふでのじょう》の船に、雑用係として雇われ、四国沖の延縄《はえなわ》漁に出た。乗組員は総勢五名。船頭の筆之丞は三十六歳。その弟の重助《しげすけ》が二十三歳、末弟の五右衛門《ごえもん》が十五歳。この三兄弟のほかに、二十四歳の寅右衛門《とらえもん》と最年少の万次郎である。

　宇佐浦を出船して二日後の正月七日、足摺《あしずり》岬の沖合六十四、五里のところまで漁をつづけていると、西北の風が強まり、波は高まって船が流されはじめた。船は木の葉のごとく波間を漂いはじめる。幸いにも、漂流七日目にして無人島に流れ着いた。周囲約一里の、アホウドリの群棲する鳥島《とりしま》であった。

　五人はアホウドリを捕らえては生肉を食したり、干し肉にして飢えをしのぎ、約四ヵ月後、米捕鯨船ジョン・ホーランド号に救助される。このころアメリカの捕鯨業は最盛期を迎えており、多数の大型木造帆船が北太平洋を所狭しと走りまわっていた。

　鯨は灯油、機械の潤滑油、香料、婦人用コルセットの材料などの需要が大きかった。

　ホーランド号は救助した日本人五人を乗せたまま捕鯨をつづけ、その年の十二月、ハワイのホノルルに到着する。ホイットフィールド船長は、上陸すると五人を現地のドクターに託すことにした。が、このとき、船中で万次郎の聡明さに気づくとともに愛着の募っていた船長は、筆之丞の了解をとりつけて、万次郎をアメリカ本国へ連れていくことにしたのである。

　三十日間の停泊後、再び航海が始まった。仲間と別れた万次郎は、捕鯨乗組員として働いた。ホーランド号が母港とする東海岸のマサチューセッツ州ニューベッドフォード港へ到着したのは、一年半後の一八四三年五月のことであった（和暦でいえば、天保十四年四月）。

――ここから、万次郎ならぬ〝ジョン・マン〟のアメリカ暮らしがスタートする。

船長のもとから近くの塾に通い、改めて英語の読み書き、そして数学などを勉強。パートレット・アカデミーへ進学して高等数学から測量術、航海術まで学ぶ幸運を万次郎は手にした。この地は捕鯨の中心地であり、実践的な技術も習得できたようだ。

「ジョン・マン、ジョン・マン」

船長は万次郎のことをそう呼び、実の子のようにかわいがった。

二年五ヵ月の在学ののち、万次郎は優秀な成績でアカデミーを卒業。その後は、鯨油の樽製造技術者、捕鯨船乗組員、カリフォルニアの金山鉱夫として働いた。外輪船や汽車に乗ったのも、日本人では万次郎がおそらく最初だったに違いない。

そうこうするうちに、数年が経った。万次郎はホイットフィールド船長の励ましでハワイへ渡り、帰国の計画を立てることになる。ハワイでは筆之丞を改名した伝蔵《でんぞう》ら四人のうち、重助はすでに亡くなっており、寅右衛門は現地にとどまるというので、万次郎は伝蔵と五右衛門とともに帰国することにした。三人を乗せた米船サラボイド号がホノルルを発《た》ったのは、一八五〇年十二月十七日である。帰国にあたって、万次郎は上陸用のボート、羅針盤、四分儀などを買い入れている。

沖縄の摩文仁間切に上陸した三人の、胸に去来するものは何であったろうか。

やがて三人は、琉球の役人から尋問を受けたのち、那覇へ送られ、さらに鹿児島へ移送された。薩摩藩は彼らを至れり尽くせりの待遇で歓迎した。なにしろこの地には、開明派の名君として知られる藩主・島津斉彬《なりあきら》がいた。彼は、藩士と船大工の中から数名を選んで、万次郎の宿舎へ行かせては造船術と航海術を学ばせている。また、捕鯨船の模型を作らせ、それをもとに小型の西洋帆船まで造らせた。万次郎は、薩摩藩が急速に洋式軍備を整えるガイド役を果たしたといっていい。その後、薩摩藩は幕府の長崎奉行へ三人を送り届けている。

鎖国政策下では当然の措置であったが、長崎での牢屋暮らしもかなり寛大なものだったようだ。

万次郎がようやく生まれ故郷の土佐・中浜へ帰れたのは、翌年の嘉永五年（一八五二）十月五日のことであった。故郷を離れてから、実に十二年の月日が経過していた。しかしながら、時代は彼を漁村に安住させてはくれなかった。ペリーが、日本へ迫っていたからである。

## ペリーとの交渉役は江川太郎左衛門とジョン万次郎だった?!

三日ばかりすると、土佐の高知城下に呼び出され、万次郎は武士に取り立てられる。

もちろん名字帯刀を許され、通称〝ジョン・マン〟は中浜万次郎となった。仕事は城下の教授館の下役である。さらにその翌年八月には、土佐藩から幕府へ召し出されることとなった。その二ヵ月前に、ペリーが日本へやってきたからである。

これは老中首座・阿部正弘の要請によるものであり、万次郎を正弘に推挙したのは、林大学頭復斎。この人に万次郎のことを教えたのが、江川太郎左衛門の門人でもあった蘭学者の大槻磐渓《おおつきばんけい》（清崇《きよたか》・仙台藩儒）であったといわれている。

ついでながら、この大槻の二男如電《じょでん》（清修《きよなが》）は、明治から昭和にかけての碩学《せきがく》とされた人物。国語辞典『大言海』の著者・大槻文彦《ふみひこ》は磐渓の三男である。

さて、幕府に召された万次郎は十一月五日、普請役に抜擢されると二十俵二人扶持を給せられ、幕府直参として韮山代官の江川太郎左衛門の手付となった。ときに万次郎は、二十七歳。

太郎左衛門は、長崎で没収された万次郎の所持品を返還してくれるように、と幕府に手続きをとり、彼を本所南割下水《ほんじょみなみわりげすい》の江川屋敷の長屋に入れた。移り住むにあたっては、太郎左衛門は縁談を万次郎にすすめ、直心影流の団野真帆斎《しんぽさい》の二女・鉄《てつ》（十六歳）をその妻に世話している。

これより前——いよいよペリー来航の近づいた幕府は、その情報をオランダより得るとともに、嘉永四年（一八五一）四月、下田の警備を太郎左衛門にも厳命していた。

だが、三方を海に囲まれた伊豆においては、韮山の代官所の人数をいずれか一方に割くことができない。もともと、人数そのものが少なかった。

「なんとしても、農兵をお認めいただけぬことには、防備ができませぬ」

くり返す太郎左衛門だったが、相変わらず幕閣はその許可を出さなかった。

農民が武器をもって一揆に及んだらどうするのか、とんでもないことだ、というのである。この農兵プランは、長州藩の奇兵隊をはるかに先んじていたのだが……。のみならず、嘉永五年（一八五二）九月に勘定奉行に就任した、旧知の川路聖謨すらもが、太郎左衛門の農兵制に危惧を抱いていることが、ほどなく知れる。

瞬時に人数を揃えられ、調練することで即席の兵になる「簡便実用な」点は認めつつも、農民に武器を持たせることで、聖謨も一揆・反乱の懸念が払拭できず、兵農分離は祖法だ、と太郎左衛門に真っ向から反対するのだった。そこへ、ペリーがやって来る。日本の嘉永六年（一八五三）六月三日、浦賀に四隻の黒船が来航した。

太郎左衛門は同日、午後五時過ぎにペリー来日の情報を得、すぐさま下田警備にあたった。が、その彼に幕府勘定方からの至急の呼び出しが来て、太郎左衛門は江戸城へ。十九日に登城すると、急遽、勘定吟味役格を命ぜられた。

筆者は思う。この時、幕閣（老中首座・阿部正弘）は幕政の中枢に太郎左衛門を参画させ、江戸湾の防禦策の立案と、ペリー再渡来のおりの応接掛を期待したのではないか、と。

ジョン万次郎が太郎左衛門の手付となったのは、そのおりのペリーとの通訳を、万次郎にさせる心づもりであったのだろう。太郎左衛門はこの少し前、浦賀にやって来た英艦マリナー号との交渉を、平和裡に成功させて去らせた実績があり、そのことが彼の評価を著しく上げ、白羽の矢が立ったに違いなかった。

幕末最大のエポックメーキング、ペリーとの交渉は太郎左衛門と万次郎の参加の可能性が、きわめて高かったように思われる。だが、史実はそうはならなかった。なぜであろうか。

二つの要因が、ペリー応接掛実現を阻んだのではないか、と筆者は疑っている。

一つは、くり返された太郎左衛門の農兵建白であった。

海軍もなく、満足な砲台も築けない今の幕府を、外敵から救うには、上陸して来る欧米列強を陸上で迎え撃つ、陸軍——正しくは高島秋帆による西洋流砲術を修得した洋式部隊——しかない、と考えた太郎左衛門は、農兵制の確立こそが最後の切り札だ、とくり返し建白した。

幕閣はその都度、困惑しつつも太郎左衛門の上申を握りつぶしてきたが、いよいよペリー来航が現実のものとなると、背に腹はかえられず、ついに嘉永六年（一八五三）五月十日、下田警備の足軽に関してのみ、農兵取り立ての許可を出すにいたった。非常事態ゆえの処置だ、とわざわざことわっての発令であった。

ついに太郎左衛門の宿願は、条件付きながらここに成ったわけだ。もっとも、この許可はすぐさま具体化されることはなかった。翌嘉永七年（安政元年・一八五四）に下田は津波による被害を受け、肝心の太郎左衛門が病いに倒れ、ついに再起できなかったからだ。農兵が実際に養成・訓練を受けたのは、幕末も沸点を迎えた文久三年（一八六三）十月のことであった。

――幕閣には、この農兵論を主張しつづけた太郎左衛門への、拭いきれない疑念があったのだろう。これが、彼の出番を遮った要因の一つ。考えてみれば、農兵制のその先、国民総兵＝中央集権化は、必然的に封建制＝幕藩体制の解体、崩壊を意味していたのだから、幕府とすれば無理はなかったかもしれない。

もう一つは、太郎左衛門自身にかけられた濡れ衣であった。

老中首座となった阿部正弘は、幕閣を率いた当初、太郎左衛門を水野忠邦の一派とみなしていた。その証左に、正弘が老中になるや、太郎左衛門は鉄砲方を罷免されている。代官の役目だけやっていればよい、というのが正弘の見解であったかと思われる。

また、阿部幕閣の中で終始、勘定奉行勝手方（財政専門）をつとめ、まさに正弘のもっとも頼りとした松平近直《ちかなお》は、太郎左衛門の門に入り、率先して西洋流砲術を学んだものの、師の正論――なれど財政的に不可能な現実――に辟易《へきえき》しており、実はあまり太郎左衛門を評価していなかった。

自らが海防掛となり、「内海台場普請」および「大筒鋳立掛」「軍制改正用掛」「大船製造掛」をつとめるようになって、ようやく太郎左衛門の主張の正しさが認識できたようだ。

それまでは、毛嫌いしていたといってよい。そのため、太郎左衛門の才覚を幕閣に重く用いるべきです、との川路聖謨の諮問も握りつぶし、本来なら勘定奉行としてその腕を振るわせてしかるべきを、その出世を阻み、嘉永六年（一八五三）には勘定吟味役格という中途半端な地位に太郎左衛門を押しとどめた。これらは正弘―近直ラインによる決定であった。

太郎左衛門は、アメリカのスパイではないかと疑われた万次郎と共に、ペリーとの交渉役から外され、安政二年（一八五五）正月十六日、この世を去った。享年は五十五。憂国に駆られた、生き急いだ一生であった。

## 阿部正弘の〝別館の桜花〟

日米和親条約は、双方の「友好」のみを認め、開港も自由貿易を許可するものではなく、あくまでも双方の漂流者の救済、物資欠乏による外国船の入港可能な〝場所〟という限定された内容で、〝人道的〟見地に立ち、世界に開かれた窓＝長崎の延長といった解釈の成り立つ範疇《はんちゅう》を、決して出るものではなかった。だからこそ、世論は沈黙していたともいえる。

幕府の方針は、なんとか「海防」の武備充実までの時間をかせぎ、漸次《ぜんじ》、開国の方向を顕示したかったのはいうまでもない。だが、安政三年（一八五六）七月、アメリカ総領事（日本初代）のタウンゼント・ハリスが下田へ着任してきた。

幕府にとって不幸であったのは、この人物がいわゆる紳士然とした人物ではなく、先にやってきたペリーに輪を掛けて、威嚇外交を得意とする時流の人であったことだ。ハリスは幕府へ武力をちらつかせながら説得を重ね、通商条約の締結を要求し、ついに幕府はその剣幕に押しきられてしまった。

通説はここで、

「攘夷か開国か――」

二者択一の基本的問題が国をあげて大論争となったというが、すでにみたように、アヘン戦争に学んだ日本の為政者はことごとく、開国以外の選択肢をもっていなかった。

では、何が幕末の政局を混迷の淵に投げ込んだのか。ことの起こりは、十四代将軍の座をめぐる継嗣問題にあった。

なにしろ十三代将軍・徳川家定《いえさだ》は、日常生活にも難のある人物であった。泰平の世なら、それでも問題はなかったろうが、ペリー来航後はそうもいかない。阿部正弘の「挙国一致」を為《な》すためにも、将軍家の指導力は不可欠となり、現将軍の家定にはそれが期待できなかったため、人々の目は自然と次期将軍候補に向けられた。諸般の事情を勘案した結果、候補者は二人に絞られた。

一人は御三家の一《いつ》・水戸藩主である徳川斉昭《なりあき》（烈公）の七男であり、将軍家の家族・御三卿の一橋《ひとつばし》家を継いだ一橋慶喜《よしのぶ》。これを老中阿部以下、開明派の官僚、御三家の水戸、家門の越前福井、雄藩外様の薩摩、伊予宇和島、土佐などが強く推した。

その勢いに慌てふためいたのが、国政を司ってきた譜代の諸侯たち。彼らは同じく御三家の一・紀州藩主の徳川慶福《よしとみ》（のちの家茂《いえもち》）を対立候補にまつりあげた。

安政二年（一八五五）の時点で、慶喜は十九歳。英邁《えいまい》の誉れ高く、正弘は保守派の斉昭を懐柔しつつ、雄藩外様とも結び、「挙国一致」の〝実〟を慶喜中心にあげようと考えた。

一方の慶福は、このときわずかに九歳。擁立者たちの拠り所は、血統において慶喜より将軍家に近い、という一点のみであった。これに大奥が荷担。両派は水面下で、激しい政争をくり広げた。

一時は正弘を旗頭とする開国派が断然、優位に立ったが、ほどなく肝心かなめの正弘本人が、安政四年（一八五七）六月十七日に急逝してしまう。脚気衝心《かっけしょうしん》（実は癌《がん》）であった。

彼は水野忠邦の天保の改革の失敗を受けて、天保十四年に老中となり、上臈《じょうろう》・姉小路と組んで大奥との関係を円滑化したが、それは一面、この宰相が若くて美男子であったことが大きい。

正弘は酒と女性が大好きで、あるとき幕臣の大久保忠寛《ただひろ》（一翁《いちおう》）に、酒を少しはお控えされ、と忠告されたが、

「なにぶんこの通りに多忙じゃ。疲れ切って帰宅するので、酒ぐらいは勘弁してくれ」

と答えたという。

死去する前年の三月一日、正弘は一編の詩を作っていた。

朝散《ちょうさん》、匆々《そうそう》家に至《いた》らず　直ちに来《きた》りて別館の桜花を看《み》る
傍人《ぼうじん》怪しむなかれ　我が心急なり　正《まさ》に恐る　春風玉葩《ぎょくは》（美しい花）を損ずるを

江戸城をさがると、まっすぐ隅田川畔の石原にあった別邸へ、正弘は寄って桜の花をみたという。春風に花の散るのが案じられて、私の心がせいているのを、周囲の者よあやしむな、と彼はいう。はて、と調べてみると、本所石原の別邸には、正弘の生母が生活しており、彼はその母を見舞いに通ったというのだが、この〝桜花〟にはもう一段の秘密があった。

別邸の近くに向島の長命寺があり、ここでは名物の桜餅を売っていたのだが、その茶店に看板娘のおとよがいた。当時、評判の美人で、錦絵にも描かれた十七歳。正弘はこのおとよを、他の男に散らされる前にと、石原の邸に引き取ったのであった。まさに、忙中に閑。彼の本当の生命綱《いのちづな》は、彼女であったかもしれない。正弘の死後、おとよは暇をとらず、維新後になって、そっと向島の生家へ戻ったという。

## 日本人が覚えていない、海軍の恩人ファビュス中佐

「蒸気船を十隻ばかり、オランダに、至急、注文せよ」

〝黒船ショック〟に見舞われた老中首座・阿部正弘は、部下の長崎奉行・水野《みずの》筑後守《ちくごのかみ》忠徳《ただのり》に厳命した。ところが、である。正弘から命じられて、オランダ商館長ドンクル・キュルシウスと艦船購入交渉を行った忠徳は、交渉の過程でキュルシウスから、

「いくら艦船を購入しても、それを動かせなければ役に立たない」

という、当たり前のことを指摘される。

ペリーに蒸気軍艦の威力を見せつけられた幕府は、とにかく同じもの＝蒸気軍艦の購入に拘《こだわ》った。

意外ながら、幕府の懇願をキュルシウスは一度、断っている。ヨーロッパではすでにふれたクリミア戦争が勃発しており、欧州全土に政情不安を投げかけていたからだ。

だが、焦る幕府は、オランダがヨーロッパゆえに黒船を建造できないというのなら、東インド・ジャワの造船所に注文する、と食い下がった。これにはキュルシウスも根負けし、彼の指示で「ズームビング号」（一五〇馬力、七二〇トン、木造蒸気外輪、大砲四門）が日本へ、併せて航海・造船・蒸気機関その他の教導を行うオランダ海軍中佐ファビュス一行がやって来た。

ズームビング号は、オランダ国王ウィレム三世による、日本への特派艦であった。

「最近、わが交際国である日本へ、他国が異常に接近していると聞く。極東情勢を調査せよ」

オランダ国王がバタビアの総督に命じ、海軍の特務艦を派遣させたのであった。

ちなみに、来日したゲルハルドゥス・ファビュス中佐が乗ってきたこの蒸気船は、艦級《クラス》（艦の大きさ）でみると、「コルヴェット艦」に区分された。

当時のオランダ海軍では、のちの戦艦・巡洋艦・駆逐艦といった艦級はまだなく、最大級の戦列艦から、フリゲート艦、コルヴェット艦、スクーナー艦、ブリッグ艦と五種の区分が行われていた。

このうち、戦列艦・フリゲート艦は、その船一隻でも戦闘行為を行うことができたが、コルヴェット艦以下は一隻では戦闘行為に入れなかった。艦隊のトップは「司令」であり、この「司令」と席次が同列となるのが戦列艦艦長、フリゲート艦艦長である。コルヴェット艦の艦長は通常、「大尉」クラスがつとめ、その「大尉」が戦闘に参加している期間、「海尉艦長」（あるいは艦長）と呼ばれた。

つまり、ズームビング号は〝黒船〟ではあったが、最大級の戦列艦ではなかったことになる。

ちなみにペリーの黒船は、蒸気軍艦「サスケハナ号」「ミシシッピ号」に、帆船「プリマス号」「サラトガ号」であり、これを艦級に区分すると、前者二隻がフリゲート艦、後者二隻がコルヴェット艦となる。

ファビュス中佐一行が、ジャワから長崎へ到着したのは、安政元年（一八五四）七月二十八日（西暦八月二十日）のことであった。日本人にはじめて、近代海軍の何たるかを具体的に語ったのは、このファビュス中佐といえる。

こののち、長崎海軍伝習所の第一次教師団のリーダーとして来日したペルス・ライケン大尉や、第二次教師団のリーダー、ホイセン・フォン・カッテンディーケ中尉に比べ、ファビュス中佐は日本人の記憶の中に残らなかったが、筆者はこのオランダ海軍士官の誠実さが、まがりなりにも日本に近代海軍を根づかせることになった、と信じて疑わない。

ファビュスは三度にわたり、幕府海軍創設の意見書を、長崎奉行・水野筑後守忠徳に提出したが、彼は最初の意見書で、蒸気軍艦は外輪式よりもスクリュー式がよいことを指摘していた。

船体がこれからは鉄船に向かうことも開陳し、造船所と造機工場（鋳造所）の必要性も説いている。

これらはことごとく、欧米列強の海軍における最先端の課題であった。

「伝習所は士官および下士官・兵の乗船員育成を目的とし、航海科・運用科・機関科・砲術科・水夫・火夫・海兵を教える」

そういいつつファビュスは、「先進国への海軍留学も良い」と説いている。

筆者が瞠目《どうもく》したのは、二度目の意見書の中での、彼の発言であった。

「これからの艦砲は、ボンベ・カノン砲（炸裂弾砲）でなければならない」と。ペリーが幕府の上層部を震撼させた、あのペグザン砲である。ファビュスは、日本の海軍もこれを用いよ、といってくれたのだ。

一方で彼は、さぞ、意見書を認《したた》めながら戸惑ったであろう。

伝習内容は蒸気船の運航法、大砲の操法に製造法、蒸気機関の取り扱い方、製造法となるが、日本人の多くはその基礎である数学・天文学・物理学・化学などの素養がない。

測量術・機関術・運用術・造船術は、そもそもまったく未知なる世界であった。

加えて、欧米の海軍には、そうした学問とは別に、伝統、習慣、慣例というものがあった。

たとえば軍艦の場合、軍艦旗と長旗《ちょうき》（艦船に掲揚する、各艦船を指揮する海軍将校を示す旗）を掲げなければならない。朝夕に掲揚・降下し、その際は太鼓を打って、衛兵は捧《ささ》げ銃《つつ》の敬礼をするが、こうした慣習は一朝一夕でできたものではなく、長い伝統のなかで培われてきたものであった。

それをどうすれば、後進国の日本の人々に伝えられるのか……。ファビュスは士官のデフルト、ヘルフインたちと、三ヵ月間、伝習の事前演習をしながら、頭の中で試行錯誤を繰り返していた。

この即席伝習の受講者は、長崎の地役人の子弟が中心で、約二百人が集まり、遅れて薩摩と肥前佐賀・筑前福岡などの藩士が数名派遣された模様。本格的な教導にはいたらず、むしろ、これから本格化するであろう海軍伝習の、事前の打ち合わせ、ヒントを摑む意味合いが強かったようだ。

ファビュス中佐は「ヘデー号」の艦長として、安政二年（一八五五）に再度来日。このとき同伴してきたのが、正式の海軍伝習にあたるオランダ第一次派遣隊の隊長ペルス・ライケン大尉（東インド艦隊所属）であった。

「まず何より、海軍士官の養成にあたることです」

ファビュス中佐は、海軍創設の第一要件をこのように繰り返し述べ、自らも教師団の選択に関与した。黎明《れいめい》期の日本海軍を考えるとき、オランダにせよ、のちのイギリスにしても、後進国日本は実に優秀で上質な教師たちに恵まれた。彼ら教師陣は、自国の利害損得をこえて、教え子である日本人のための、海軍の創設・発展に、そのもてる知識・経験のすべてを傾けて、粉骨砕身努力してくれた。

安政二年（一八五五）八月、「ズームビング号」をオランダから贈与された幕府は、これを『易経』の一節からとって、「観光丸《かんこうまる》」と改名、マストに日の丸の軍艦旗を掲揚した。このオランダから贈られたコルヴェット艦こそが、日本が持ったはじめての蒸気外輪艦＝黒船であった。

乗組員百名。ちなみに、ファビュスの意見に従って、幕府が注文したコルヴェット艦二隻が、のちの「咸臨丸《かんりんまる》」「朝陽丸《ちょうようまる》」となる。この二隻は少し小ぶりで、乗組員は各々、八十五名になっていた。

日本最初の海軍士官養成所である長崎海軍伝習所が開設され、日本側の伝習所総督として、ペルス・ライケン大尉以下の面倒をみ、学生監督にあたったのが、目付の永井《ながい》玄蕃頭尚志《げんばのかみなおゆき》であった。

老中首座・阿部正弘による、抜擢であったのはいうまでもない。

永井は、日本近代海軍の祖といっても過言ではない、大切な人物である。

当然のことながら、漢学的教養の豊かな人であったが、生半可な蘭学者ではとても及ばないほど豊富な海外の知識をもち、しかも開明派としての〝志〟が、この先、攘夷的風潮の勃興《ぼっこう》する中にあっても、いささかも揺るがず、さりとて攻撃的な形にもならず、どこまでも穏やかで上品な人物であった。

しかし、内に秘めた闘志・気骨は外貌《がいぼう》に似ず、かなり頑強であったようだ。

旗本から異例の若年寄となり、慶応四年（一八六八）正月、戊辰戦争が勃発すると、永井は新政府を認めずに奥州へ転戦。さらには、箱館（現・函館）の五稜郭に寵って官軍に徹底抗戦している。

三河奥殿《おくとの》（大給《おぎゅう》）藩一万六千石の五代藩主・松平乗尹《のりただ》の第二子に生まれ、三歳で父母と死別。二十五歳で望まれて、旗本・永井尚徳の養子となった。名門の出生にもかかわらず軟弱の風に流されず、幕府の屋台骨を支えた、稀《まれ》にみる「逸材」といってよい。

嘉永六年（一八五三）にペリーが来航し、急速に幕府が非常時対応策としての人事を進めると、一番手に老中阿部正弘に抜擢され、江川太郎左衛門建築の、江戸湾を防備する砲台築造の大役を命じられている。

翌年には目付として、長崎へ出張を命じられて長崎海軍伝習所の「監理」、すなわち事実上の所長、校長となった。以後三年間、永井はこの職にあって幕府海軍＝日本の黎明期の海軍建設に大きく貢献した。その成果の出し方には、一つの特徴があった。

たとえば永井は、長崎海軍伝習所に着任すると、第一期生としてやってきた三人の「総督」（職務別の監督）――勘定格徒目付《かちめつけ》（准代官）の永持亨次郎《ながもちこうじろう》、小十人組の矢田堀景蔵《やたぼりけいぞう》（鴻《こう》）、同じく勝麟太郎（海舟）――のうち、とくに蘭学を修めていた海舟に早々と着目する。

小柄だが剣と禅で鍛えただけに、筋肉質の引き締まった肢体と無駄のない動作、さらには鋭い眼光はみるからに尋常ではない。永井は海舟を、己れの補助者として扱った。大幅な権限を委譲し、オランダ派遣の教官と幕府委託の生徒、双方の取り扱いを一任している。

長崎海軍伝習所が準備期間もほとんどなく、慌ただしく発足したにもかかわらず、明治以降、日本の海軍で重きをなす川村純義《かわむらすみよし》（薩摩・明治七年に海軍中将、海軍大輔《たいふ》となり、西南戦争ののち、勝海舟の後任の海軍卿となった。枢密顧問官などを歴任し、死後に海軍大将を贈位される）、中牟田倉之助《なかむたくらのすけ》（肥前佐賀藩・明治十一年に海軍中将。横須賀・呉鎮守府初代司令長官、枢密顧問官などを歴任する）をはじめ、多くの人材を残し得たのは、効率的運営をはかった永井の英断に負うところが大きかった。

同様に、この権限の委譲は、将来にわたり幕府を背負って立たねばならない海舟にも、実に得がたい格好の勉強の場ともなったようだ。彼は見事にオランダの教官たちを掌握し、ひと癖もふた癖もある伝習生たちの手綱をとっている。

# 第三章　内憂外患の深層

## 龍馬は海舟を斬りにいっていない‼

無役の御家人・勝麟太郎（海舟）が毀誉褒貶《きよほうへん》定まらぬ天衣無縫の大科学者・佐久間象山を、首をかしげつつ訪ねたのは、蘭学者として多少は知られるようになった二十八歳のときであった。象山は四十歳。

筆者はこの二人の出会いと、海舟を訪ねた龍馬の出会いが常々重なってならない。偶然ながら象山と海舟の年齢差は、海舟を龍馬が訪ねたときの、双方の年齢差と同じであった。

併せて筆者は、長い間、なぜ、坂本龍馬が勝海舟の門下生になったのか、佐久間象山の弟子のままではなく、次に海舟を選んだ理由について考えてきた。

——物語の世界は、勇ましい。

幕府きっての海軍通、開国論者として、注目されはじめた海舟を、「外国かぶれした奸物《かんぶつ》」、「不倶《ふぐ》戴天《たいてん》の敵」と怒り、〝天誅〟を加えるべく、龍馬が斬りにいったという。

攘夷派の脱藩浪人・坂本龍馬が、同じく「志士」にかぶれていた千葉重太郎《じゅうたろう》（千葉周作の甥・佐那の兄）と共に、伝手《つて》を頼って海舟に面会を求め、機会をうかがって、これを斬ろうとしたというのだ。

エピソードとしてはおもしろい。さらにこの挿話をつづけると、二人は書斎に通されたが、肝心の海舟はこの時、背中をむけたまま書見をしていた。背後から、斬るというのも……、しばらく待って、ようやく海舟が振り向き、龍馬と重太郎の挨拶を受ける。すると海舟は、

「刀が遠いではないか。もっと膝もとへ引きつけておかねば、この勝は斬れまいよ」

といったという。

二人を前にして、胡座《あぐら》を掻《か》いたとも。時代劇なら文句なしの名場面といってよい。海舟に呑《の》まれた龍馬たちは、そのあと地球儀を指さしながらの、海舟の講義を聞かされる。日本と同じ島国のイギリスが、いかにして世界一を誇る大英帝国となったのか、富国強兵・殖産興業を目前の愚昧《ぐまい》な二人に噛《か》んで含めるように語った。決して、攘夷そのものは否定せず、に。そのうえで、

「刀剣を振り回しているだけでは、攘夷は全《まっと》うできない」

と持論へ引き込む。すると龍馬は、大きな体を折って平伏し、進んで弟子入りを願い出る。

世の〝龍馬もの〟は、この場面を繰り返し採用するが、この挿話はそもそも成り立たない。

少し考えてみるとよい。今風にいえば、防衛庁の管理職にある官僚に、一介の名もなき人が、多少の伝手《つて》を頼ったとして、そうすんなりと面会できるものであろうか。時代はいまだ、封建制の中にある。幕府がいよいよ難しくなるのは、第二次長州征伐に敗れてのちのことだ。

なかには、龍馬と重太郎は越前福井藩の隠居・松平春嶽《しゅんがく》を訪ね、その紹介状をもらったと説く研究家も少なくない。これが春嶽の記憶違いであることは、折にふれて述べてきた。もし、史実であったとして、では、春嶽と龍馬の出会いはどのようにして生まれたのであろうか。

もっと初歩的なことだが、この文久二年（一八六二）の時点で龍馬は、何処でどのようにして海舟の話が聞けるだけの知識を持っていたのだろうか。

この頃の海舟の持論は、攘夷のための開国、海軍の整備・充実＝「一大共有の海局」——何ものにも偏らない不偏不党の日本海軍を創るという、当時ですら最先端をいく主張であったが、龍馬はこの理屈をどのように消化する素地をもっていたのだろうか。

明治に入ってからの海舟は、訪ねて来る客に向かって、おもしろがって大ボラを喰《く》らわすことが珍しくなかった。一方の聞き手も、正確にインタビューを取るというよりは、むしろ、おもしろおかしく海舟の話を脚色することの方が多かった。現に、前述の龍馬が海舟を斬りに来る話は、海舟の『追《つい》賛一話《さんいちわ》』にある。しかしこれは、額面通りには受け取れない。

脱藩して行方不明の龍馬が、ふいに姿を現わすのは、文久三年（一八六三）三月二十日、姉の乙女に宛てた書簡によってであった。

さてもさても、人間の一世はがてんの行かぬは元よりの事、うんのわるいものは風呂よりいでんとして、きんたまをつめわりて死ぬるものもあり。夫《それ》とくらべては私などは運がつよく、なにほど死ぬる場へでても死なれず、自分で死のふと思ふても、又生きねばならん事になり、今にては、日本第一の人物勝麟太郎といふ人の弟子になり、日々兼ねて思付くところを精といたしおり申候。其故に私年四十歳になるころまでは、うちには帰らんよふにいたし申すつもりにて、兄さんにも相談いたし候ところ、この頃は大きに御きげんよろしくなり、そのお許しが出て申し候。国のため天下のため、ちからをつくしおり申し候。どふぞおんよろこびねがいあげ、かしこ。

文面には、これまで求めつづけてきた自らの進むべき道――陸上砲術↓海上砲術↓海軍の流れに乗ること――その具体策を示してくれた師と邂逅《かいこう》できた喜び、師と仰いだ勝海舟への敬慕の情が読みとれよう。

もともと蘭学の素養＝西洋流砲術を学んできた龍馬は、次なるステップをひたすら求めていた。

換言すれば、師とした象山が説かず、海舟が語ったもの――それは脱藩郷士の龍馬が参加できる、「海軍」の可能性であった。具体的には海舟が十四代将軍・徳川家茂に直訴して実現した、神戸海軍操練所――正確には、それに隣接した海軍塾である。

## 咸臨丸渡米の真相

龍馬はここで海軍の実務を学びながら、越前福井藩も含め、海舟の築いた人脈の中で、大きく羽ばたいていくことになる。

さて、おれが咸臨丸に乗って、いよいよ江戸を出帆しようという場合になると、幕府ではなかなかやかましい議論があって、容易に承知しない。そこでおれも、「勝麟太郎《りんたろう》が、自ら教育した門生を率いてアメリカへ行くのは、日本海軍の名誉である」と主張して、とうとう万延元年の正月に、江戸を出帆することになったのだ。

ちょうどそのころ、おれは熱病をわずらっていたけれども、畳の上で犬死にをするよりは、同じことなら軍艦の中で死ぬるがましだと思ったから、頭痛でうんうんいっているのもかまわず、かねて通知しておいた出帆期日も迫ったから、妻には「ちょっと品川まで船を見に行く」といい残して、向こう鉢巻《はちまき》ですぐ咸臨丸にのりこんだよ。それから横浜へいって石炭を積み、いよいよ東へ向かって日本の地を離れたのだ。（勝部眞長編『氷川清話』）

日本人による単独太平洋横断――これには、少し説明がいる。

すでにみた日米修好通商条約の、条約批准に臨《のぞ》む幕府側の正使・副使は、アメリカの蒸気船「ポーハタン号」に乗船するのだが、もし使節団に事故でも起きれば、当然、その代役をつとめる者が必要となる。幕閣では、この機会に長崎海軍伝習所での実務の成果を、ひいては日本人による西洋航海術を、広く国内外に示したい、との〝神州日本〟的な考え方が生まれていた。

「国威を輝かせ、欧米列強に日本の侮り難いことを知らしめねばならぬ」

この暴挙に等しい企てを、開明派ではなく、保守派の占める幕閣が認めたのが興味深い。

時期は、大老井伊の〝安政の大獄〟が吹き荒れる中でのこと。日本の開国以来、外交や海軍に関係した重臣、官僚たちは、〝彦根の赤鬼〟に嫌悪され、次々に処罰されて、ほとんど枢要なポストからはいなくなっていた。

阿部正弘の抜擢により、いまだ現職に留まっていたのは、長崎海軍伝習所の開設準備に活躍した水野忠徳ぐらいであったろうか。安政五年（一八五八）七月に、新設の外国奉行となり、翌年五月には神奈川奉行を兼帯。八月には軍艦奉行に遷《うつ》されたが、水野は任期中に「咸臨丸渡米」の大方の目処をつけ、十一月に入って後任の井上清直《きよなお》、木村喜毅《よしたけ》にバトンを渡した。この時、水野は四十九歳。

勝海舟は、身分の低さが幸いしたようだ。大老からみれば、芥子粒《けしつぶ》ほどの軍艦操練所の教師方頭取にすぎない。物の数に入っていなかったのだろう。海舟は黙々と、渡米に必要な具体的な人員の選定や食料・薪水などの計画を練り、自身も懸命に乗船のための運動をして、メンバーに選ばれた。

肩書きは、「咸臨丸艦長《キャプテン》」である。その上には「提督《アドミラル》」がいた。長崎海軍伝習所の所長をつとめた現・軍艦奉行の木村喜毅が上司として、アメリカへ赴くことになった。海舟にすれば面白くない。生涯、門閥のゆえに高位にある者を軽侮《けいぶ》する意識を捨てきれなかった海舟にすれば、年齢もはるかに自分より若く、蘭学の素養でも己れに劣る木村の抜擢に、彼は軽侮以上の敵意を抱いたようだ。だから、アメリカへの渡航中、〝船酔い〟と称して部屋にこもり、海舟は人前に出てこなかった。

もっとも、彼が姿をみせるまでもなく、咸臨丸は立派に動いていた。

運用方として佐々倉桐太郎《とうたろう》（義行《よしゆき》・のちに兵部省出仕、兵学権頭）、浜口興右衛門《おきえもん》（英幹《ひでもと》・のちに横須賀造船所一等技師）、鈴藤勇次郎《すずふじゆうじろう》（子亨《しきょう》・明治維新の年に自殺）が乗り込んでおり、蒸気方としては肥田浜五郎《ひだはまごろう》（為良《ためよし》・のちに民部省出仕、横須賀造船所技師長、海軍機関総監）などが、測量方には小野友五郎（広胖《こうはん》・のちに工部省出仕、実業家）、伴鉄太郎《ばんてつたろう》（のちに海軍大佐）、松岡磐吉《ばんきち》（のちに戊辰の役服役中に死亡）が、教授方手伝（士官候補生）としては赤松大三郎（則良《のりよし》・のちに海軍中将、貴族院議員）、根津鉄次郎（のちに海軍大尉）、岡田井蔵《せいぞう》（のちに横須賀造船所一等技師）などが乗船していた。

みなそれぞれに、長崎海軍伝習所でオランダ教師団の薫陶を受けた、若き精鋭たちであった。

海舟は航海中、ほとんど艦長としての指示を与えなかった。

すべて、若い士官たちの自主性にまかせた。海舟は右の士官の誰よりも長く長崎に滞在して学んでいる。ときには大時化で沈没の危機にも遭遇するなど、操練経験も豊富であった。海舟が逐一指図をすれば、士官たちはその指示に頼ってしまって、自分で考え、運航のコツを体得しようとしなくなる。

海舟はそれを恐れ、むしろ憎まれ役を演じたのだ。

神奈川港で遭難した、米国測量船フェニモア・クーパー号の船長ブルック以下、船員十一名が咸臨丸に同乗したことから、日本の士官と悶着《もんちゃく》を起こしたときも、時化に遭って大騒ぎしたときも、海舟はいっさいを乗員たちに委ねたままで、自身は知らぬ顔を決め込んでいた。

このアメリカ人たちを乗せたのは、万一の場合を考えての、木村の裁量であったかと思われる。にもかかわらず、海舟はサンフランシスコ入港時の祝砲について、

「恥をかくよりはましだから、頬かぶりしてすませてはどうだ」

などと悪態をつく始末。軍艦が他国に入港して、祝砲を撃たないのは国の恥である。だがこの祝砲、一発ごとに間隔を保って、二十一発を撃つという作法があり、それなりにけっこう難しい。

海舟は担当の佐々倉に、

「お前さん、撃てるのかい」

と挑発する。

「――やり損なったら腹を切るか」

と憎まれ口をきき、逆に佐々倉から、

「うまくいったときには勝さん、あなたの首をもらいますよ」

とやり返される一場面もあった。

いよいよ、サンフランシスコに到着した。咸臨丸の祝砲が天に轟く。整然たる間隔を保ちながら、砲声はつづいた。佐々倉は砂時計を片手に、顔面蒼白になりながらも、慎重に号令を発しつづける。

「おい、佐々倉、この首をやるぞ」

海舟らしい激励と、褒賞の言葉であった。思わず佐々倉は、海舟にしがみついて男泣きしたという。

## 海舟の「一大共有の海局」から生まれた龍馬の私設海軍構想

咸臨丸は無事にアメリカへ航海を終え、万延元年（一八六〇）五月五日、浦賀に帰り着いた。

だが、そこには海舟の想像を超えた、ショッキングなニュースが待ち構えていたのである。

少し前に井伊大老が桜田門外で殺されたというのだ。海舟はこの瞬間《とき》、「これでは幕府はとてもだめだと思った」と、のちにしみじみ述懐している。

当然かもしれない。日本史上最大の強権発動者である、幕府の代表「大老」が、三十五万石の格式で行列を組みながら、わずかな人数の「志士」に、あろうことか千代田（江戸）城の門外で暗殺されるとは――。

「これは癖になる」

とも、海舟は思った。

早急に対策を講じなければならないものの、しかるべき人々は、ほとんど左遷されたままであった。

――その頃の、挿話であろう。

型どおりの、帰国の挨拶を済ませた海舟に、老中の一人が何気なく質問したという。

「そちは一種の眼光を備えた人物であるから、定めし異国へ渡ってから、何か眼についたことがあろう。遠慮は要らぬ、言上せよ」

海舟はこれに答えて、次のようにいった。

「さよう……、少し眼につきましたのは、アメリカでは政府でも民間でも、およそ人の上に立つ者は、皆その地位相応に利口でございました。この点ばかりは、わが国と反対のように思われました」

まさか海舟も、こうまでストレートにはいわなかったであろうが、直言家で日頃から上司の無能を憎むところが異常に強い男だけに、皮肉をこめて、多少絡《から》んだことをいったかもしれない。

海舟は己れ自身が所属する幕府に対しては、格別に点数が辛かった。すでに幕府には、日本の政府を代表する能力がない、との海舟の憂憤は、この帰国後、峻烈《しゅんれつ》さをきわめていく。なぜか。

貧窮から身を興した彼は、途中、幕府から一片の保護も援助も受けていなかった。苦境にめげず蘭学に先鞭をつけたのも己れの才覚なら、習得も官費でなく自費であった。その〝新知識〟のみで、登用されたにすぎない。いわば登用されてやったのだ、との気概も海舟にはあった。

「能力主義」

これが日本の閉塞《へいそく》した現況を救う唯一のものだ、というのが海舟の結論であった。

アメリカ渡海を前に、「因循《いんじゅん》の風を一洗し、規則厳正、確として一定せしめん」と、「船中申合書」を草した彼は、この中で欧米列強と日本（幕府）を比べ、海軍人事の管理の違いを次のごとくに述べていた。


彼の国（列強）にては兵卒水夫、指揮官の諸用を弁じ役使すること我が奴隷のごとし。これ規則厳酷なると全権指揮官にあるを以《もっ》て、もし其《そ》の命にたがえば放逐するが故なり。

皇国は属殊《ぞくしゅ》（特別）にして外国の風に似ず、唯恩義と廉恥を以て衆心を維持し、危険生命を失う際にものぞましむる故に、平常下に厚からざれば一致せず、上官苦心焦思すること下の十倍ならざれば能わざるべし。諸君子これをおもえ。（勝部眞長・松本三之介・大口勇次郎編『海軍歴史』）

海舟は有機的に機能する組織を望んだ。能力に応じて部署や役割が決まり、決定された事項については、全員が等しくそれを尊重する機構とシステム――。

安政七年（一八六〇）三月三日、桜田門外の変が起きた。三月十八日に改元が行われ「万延」となったが、その翌年の万延二年（一八六一）には、二月十九日にまた改元が行われ、「文久」となった。この年の九月、海舟は天守番之頭格《てんしゅばんのかしらかく》、講武所砲術師範役となっている。そして翌文久二年閏八月には、軍艦奉行並を命ぜられた。いよいよ、本領を発揮する動乱期の表舞台に登場することとなる。ときに、四十歳。

こうした海舟の出世は、かつて彼を引き立ててくれた人々の復帰と軌を一《いつ》にしたものであった。大久保忠寛は大目付と外国奉行を兼ね（五月四日）、この大久保を通して「海軍構想」を幕閣に建白した海舟は、大久保の側御用取次への昇任（七月三日）によって、ついに念願の海軍復帰がかなったというわけである。これには長崎時代の上司、軍艦奉行の木村喜毅の支援もあった。

同日、かつて井伊直弼に嫌われて罷免、差控処分を受けていた永井尚志が、「軍艦操練所御用」で現役に復帰したことも大きい（二日後、京都町奉行へ転出）。が、一方、幕閣内では海舟の〝思想〟を疑問視する声もこの頃、一段と高いものとなっていた。

「一大共有の海局」――この海舟の持説は、冷静に聞けば、不偏不党の「挙国一致」の海軍という意味であり、必ずしも〝幕府のための――〟とはならなかった。

海舟は長崎海軍伝習所で〝世界〟を学び、遠洋航海でアジアを、咸臨丸でアメリカの地を踏んでいる。帰りにはハワイを訪れ、それらの体験から十九世紀半ばの世界とアジア、その中における日本というものが十分把握できるようになっていた。

アジアは今、欧米列強に侵略され、日本とて不平等条約を押しつけられている。欧米列強の植民地とならないように、独立自衛の道を日本は一刻も早く切り拓かねばならない。海舟はそのプロセスにおいて、この命題を達成するために、もしも幕府が障害になるのであれば、この政権を否定することになってもいたしかたがない、と腹をくくっていた。

彼は徳川家の直臣でありながら、徳川絶対主義者にはなれなかった。徳川家の地位確保や幕府権力の保全よりも、日本国そのものが大切だ、とする海舟の思想は、逆の立場から見れば、危険視されても当然であったろう。歴史は、幕末の沸点に近づいていた。

政治・外交の何たるかを知らない公家にとりいり、無謀な〝尊王攘夷〟を振りかざして、幕府に迫る水戸、長州、薩摩、土佐らの過激派たち。海舟は彼らが幕府を脅迫するのを、まるで逆手に取るように、

「攘夷のためにこそ、海軍の建設が不可欠です」

と幕府海軍の充実に利用した。

海舟はこのやり方で、神戸海軍操練所の創設を取りつけたといってよい。

資金を出すのは幕府であり、寄付を依頼したのは大老井伊の横死後、幕府の政事総裁職に就任した、松平春嶽を戴く越前福井藩であった。

このやり口を横でみていたのが、同海軍塾の塾頭・坂本龍馬である。彼は神戸海軍操練所が閉ざされてから、二度土佐藩を脱藩した者として、自らの私設海軍の建設、海上藩による第三の極――幕府でもない、薩長両藩とも異なる――を創ろうとして、きわめて難しい世渡りをするが、亀山社中―土佐海援隊といった、複雑な動きの原点は師の「一大共有の海局」、この継承にあった。

龍馬は新政権のなかで中庸をとる――キャスティングボートを握る――つもりで、悪戦苦闘していたのだが、そのわかりにくい動きが、やがて彼の暗殺事件となり、今日にいたっても複数の暗殺黒幕説を残すこととなる。

## 安政の大獄、最初の被害者と大老最大の失策

阿部正弘の、次の老中首座となった堀田正睦《まさよし》は、この頃四十代後半。天保十二年（一八四一）から同十四年まで、一度老中をつとめた実績もあり、政治好きな半面、蘭学好きでもあったが、この人物には政治家としての強靭《きょうじん》さが欠けていた。

結局、反対派が推挽した彦根藩主・井伊直弼にことごとく押され、井伊が安政五年（一八五八）四月、大老に就任すると、将軍継嗣は独断裁決されてしまった。

井伊は本来、彦根藩三十五万石の藩主にすらなれるような身分ではなかった。藩主・井伊直中《なおなか》の十四男に生まれている。そのため捨て扶持三百俵を与えられ、「埋木舎《うもれぎのや》」と名付けた屋敷にひきこもり、

世捨て人同然の生活を送っていた。ただし、覇気は相当のもので、禅に槍術、居合、茶道――何をやっても一流の域に達していたと伝えられている。

大老となった井伊直弼は、朝廷に巣作る攘夷運動を力ずくで抑えこもうとした。

「安政の大獄」

とのちに呼ばれる暴挙であり、日本を勤王と佐幕に二分する大事件を引き起こすのだが、これには順番があった。井伊の弾圧政治は、まず幕府内から始められた。

安政五年（一八五八）五月には、大目付の土岐頼旨《ときよりむね》が大番頭に（その後、免職となり隠居、差控《さしひかえ》の処分を受ける）。勘定奉行となっていた川路聖謨《かわじとしあきら》は西ノ丸留守居へ、目付の鵜殿長鋭《うどのながとし》は駿河町奉行へ、同じく岩瀬忠震《ただなり》は作事奉行へ、京都町奉行の浅野長祚《あさのながよし》は小普請奉行へ、各々左遷された。

また、少し遅れて大久保忠寛（一翁）も、京都奉行から西ノ丸留守居役へ、ついで罷免、寄合《よりあい》となっている。また、永井尚志は江戸に戻ってから、勘定奉行↓外国奉行↓軍艦奉行と順調に昇進していったが、「安政の大獄」で職禄を奪われた上、差控《さしひかえ》の処分に処せられてしまう。勤王志士や大名への処分は、このあとであった。

一方、その余波が長崎に波及した、との見方がある。

安政六年（一八五九）二月、三年二ヵ月余つづいた長崎海軍伝習所が突然、閉鎖された。すでに二年前、江戸築地の講武所内に、「軍艦操練所」が創設されたおり、幕府の秘密主義的ともいえる体質は、幕府の新機関「長崎海軍伝習所」創設の恩人であるオランダ人教師たちにも、この江戸の軍艦操練所の存在は徹底的に内緒にし、隠しきった。陰険と受け取られてもしかたがあるまい。

「井伊の赤鬼にしてやられた」

長崎海軍伝習所の生徒たちは憤ったが、大老が犯した最大の失敗は、何らの財政的措置を講じぬまま、金と銀の交換比率が日本と外国では異なる、との認識もないままに、開国を決断したことであった。

日本は世界の中でも、例外といえるほど金・銀の価値の差が少ない国で、国際的な金銀の交換レートからみて、金が存外に安価なため、欧米諸国の商人たちは競って日本へ銀を持ちこみ、金と交換するだけで莫大な利益をあげることができた。日本では小判（金）一枚で、一分銀が五枚の比価となっていた。

ところが国際金銀比価は一対十六であった。金一グラムに対して銀が十六グラム――これで同価値というのだ。このため外国人たちはこぞって、たとえばメキシコ銀貨（洋銀）を五枚もって小判一枚と交換する。この金貨を上海あたりへ持っていき、銀貨と交換すれば、銀貨は十六枚となる。

この十六枚の銀貨を日本へ再び持ち込んで交換すると、金貨が三枚手に入る。これを海外に持って出て交換すれば、銀貨は四十八枚となり、これを際限なく繰り返せば、それだけで膨大な利益を手にすることができた。

終始一貫、日本の友好国でありつづけたオランダの対日貿易も、実は正規の貿易による利益よりも、この金と銀の交換による利益の方が大きかったほどである。ただオランダ人たちは、長崎での貿易で、金か銅を代金として受け取る取引しか認められなかったため、金貨と銀貨の交換で儲ける〝いかさま〟はやっていない。

通商条約を結んでも、当初は金貨を直接、外国人に渡すことがなかったため、実害は派生しなかった。幕府が輸出と輸入を差し引いて相殺《そうさい》したからだが、取引が増えると、外国商人に直接、金貨を持ち込む日本人商人が多くなり、結果として大変なことになってしまった。

とりわけ、アメリカ人がこのやり方で大儲けをした。なにしろ、百ドルの投資が、瞬時に三百五十ドル以上の儲けとなったのだから――。

「勝さん、日本人は一番大切なことを知らない。それは経済ということだ。経済観念というものがまるでない。海軍にはお金がかかる。海軍の経営にはまず、経済ということを知らねばならない」

かつて海舟は、日本を発《た》つ第一次派遣教師団のペルス・ライケンから、別れ際の言葉として聞かされたことがあった。海舟にせよ、大老井伊にしても、当時の日本人は政治・行政にあたっていた武士階層ことごとくが、伝統的儒学の影響からであろうか、経済を疎《うと》んずる傾向が強かった。

経済観念の乏しいまま井伊は、平たくいえば金・銀の交換価値の国内整備をしないままに、各国との通商条約に臨んだのである。そのため、瞬く間に日本国内の金が海外へ流出してしまい、金の海外流出は、必然的に国内の物価騰貴を引き起こすことになったが、井伊は口を拭って、それらの責任をすべて外国人に転嫁しようとした。庶民は何も知らない。自分たちの生活が苦しくなったのは〝夷狄〟のせいだと思い込み、宣伝もあって、多くが攘夷に走ることとなった。

## 討幕など不可能であった、薩摩藩の天文学的な負債

幕末維新期において、薩摩藩が政治的・軍事的・外交的な主導権を担ったことは、周知のとおりで

あるが、それを可能にした理由の主因は、同藩の豊富な資金力にあった。

薩摩藩は知行高（表高）も七十七万石と決して小さくはなかったが、幕末期、その内実（実高）はおそらく日本一のものであったろう。

のちに明治の元勲となった西郷隆盛・大久保利通らは、その豊かな経済・軍事力にめぐまれて、縦横に活躍することができ、ついには維新回天の大業を成し遂げたが、実はこの西南の〝雄藩〟も少し前までは、幕府や他藩と同様に、銭経済ではなく米経済であった幕藩体制の、構造的矛盾とそれにともなうインフレがもとで、天文学的数字の赤字財政に苦しめられていた。

その返済不可能の負債を積み上げ、薩摩藩を日本一貧乏な藩にした張本人は、まぎれもなく八代藩主の島津重豪《しげひで》であったろう。この殿様はあまりにも、豪放磊落《らいらく》に大金を使いすぎた。

宝暦五年（一七五五）、重豪はわずか十一歳で藩主となり、天保四年（一八三三）、八十八歳で往生するまで、およそ七十年ものあいだ薩摩藩の実権を、この人物は握りつづけた。十七歳で御三卿の一、一橋宗尹《ひとつばしむねただ》の娘を正室に迎え、娘の一人（茂姫《しげひめ》）が徳川十一代将軍家斉《いえなり》の夫人となったことで、外様大名ながらも幕閣内で隠然たる力をもった。

彼を指して世人は、

「高輪《たかなわ》下馬将軍」

と呼んだほどで、芝高輪（現・東京都港区芝・高輪）の薩摩屋敷には訪問者が後を絶たなかった。

重豪は語学の才にめぐまれ、中国語をよくしたと伝えられているが、やがて、長崎をとおして西欧文明へとその好奇心は傾斜していったようだ。幕末期に〝蘭癖《らんぺき》〟という語が流行したが、この時代の外国との交易は、唯一、オランダであったから、当世風には〝オランダかぶれ〟とでもいうのであろうか。すでにみた「尚歯会」しかり。その意味で重豪は、蘭癖大名の偉大なる先駆者であったといえる。

なにしろ、フィリップ・フランツ・フォン・シーボルトや長崎にある清国人、オランダ人と交際し、その新奇を理解できる進歩的・開明的頭脳の持ち主であった。安永二年（一七七三）には、藩学興隆のために藩校・造士館や演武館を創設し、また、医学院や明時館（天文館）を開設し、薩摩暦を独自につくるなど、頻繁に開明政策を推し進めた。

さらには、長崎から外国の書物や器械類を、金に糸目をつけずに購入したばかりか、自身の生活にしても、甚だしく豪奢《ごうしゃ》をきわめた。家臣の一人が、次のように書き残したほどである。

「壮麗広大、美ヲ極メ贅《ぜい》ヲ尽クシタリ」

直轄の奄美では、黒砂糖の生産をめぐる〝安永の弾圧〟で、多くの農民たちが苦しんでいたが、もとより殿様はその実情を知ることもなかったろう。

天明七年（一七八七）、重豪は四十三歳で隠居すると、家督を嫡子の斉宣《なりのぶ》に譲った。これは形式上の譲位である。実権は依然として自らが掌握したまま、厄介な藩主としての政務からははなれて、身軽な隠居の立場で、重豪はこれまで以上に欧米の知識・物産を輸入しようと考えた。

当然のことながら、財政破綻に日夜苦しんできた薩摩隼人たちは憤り、幕末の〝お由羅《ゆら》騒動〟（島津騒動）の遠因ともなる、お家騒動を惹き起こした。世にいう〝近思録《きんしろく》崩れ〟（秩父崩れ）である。

いささか余談になるが、この〝近思録崩れ〟は、重豪の政治にかねて批判をいだいていた藩主斉宣が、秩父《ちちぶ》季保《すえやす》・樺山主税《かばやまちから》を家老に抜擢し、藩財政の緊縮、士風の質実を意図したことからはじまった。が、朱子学を信奉する清廉剛直の士が多かった改革派は、あまりにも厳しい重豪派への糾弾を企てたことにより、中立派の上級藩士の間でも憎悪され、結局、彼ら反重豪派は保守派全体を敵にまわし、逆に追いつめられ、免職、閉塞を命じられてしまう。

文化五年（一八〇八）、重豪は秩父以下の同志十三人を切腹させ、そのほかは遠島、免職、謹慎などに処し、翌八年、藩主斉宣を無理矢理三十六歳の若さで隠居させると、その嫡子・斉興《なりおき》を藩主につけ、ここに〝近思録崩れ〟を終息させた。重豪の孫の斉興は、このとき十八歳であった。

しかし、この間にも薩摩藩の財政は逼迫《ひっぱく》の度を深めており、先の秩父季保らが重豪を批判して、藩政改革に立ちあがった文化四年（一八〇七）の時点ですら、薩摩藩の負債はすでに百二十六万両にも及んでいたのである。今日の貨幣価値に換算すれば、五百億円にもなろうか。

これが現代の企業なら、間違いなく倒産の憂きめをみたであろう。

## 幕末薩摩の恩人・調所笑左衛門の登場

もっとも、この巨額百二十六万両の負債を、すべて重豪ひとりの責任に帰すのは、いささか彼にとって酷かもしれない。よく知られているように、徳川幕府は諸大名に対し、諸課役を各々の総石高に応じて割り当てた。江戸城や駿府城・大坂城などの修理や普請、諸河川の治水工事といった具合にである。

加えて、参勤交代――これらは諸大名の財政を圧迫するつもりで、そもそも幕府が仕掛けた政略であった。合戦のなくなった泰平の世において、〝手伝い〟〝参勤〟は幕府への忠義の証＝諸大名の義務となっていた。ところが、泰平ゆえに日本人の人口は増え、江戸は完全な消費都市となり、物価は国許に比べれば、鰻登りであった。

「せめて参勤交代さえなければ……」

三百諸侯の財政方は頭を抱え込んだが、とりわけ遠方の薩摩藩は、その出費に苦しめられた。

薩摩藩では元和《げんな》二年（一六一六）の二万両の負債を皮切りに、寛永九年（一六三二）十四万両、寛延二年（一七四九）には六十万両と、重豪が藩主に就任するまでに、すでにこれだけの藩債があったのである（約二百億円ほど）。また、重豪が藩主になってから、多くの災害にも見舞われていた。

江戸期の日本人は、木と紙でできた家に住んでおり、一度火が出ると、それを鎮火させることが難しかった。安永元年（一七七二）、江戸桜田藩邸の類焼、同八年の桜島の大噴火による国許の田畠の大損耗。天明元年（一七八一）には江戸芝藩邸が焼失、つづく翌二年と同四年の風水害では九万一千石の損害が出た。さらに、同六年の江戸田町藩邸の焼失と風水害による損失は、三十九万石にのぼった。

ところで、薩摩藩七十七万石の経営収入は、うちの五十万石ほどが家臣たちの知行地である。公地は三十万石たらずであったから、それからあがる米穀その他の産物を換算しても、せいぜいが十五万両程度であった。したがって、失墜した薩摩藩の文化四年（一八〇七）の負債額百二十六万両は、とてつもなく巨額であったことが知れる。また、当時の金利は年一割を超えたから、利息だけで年収にも等しい金額となり、とても返済できる額ではなくなっていた。

しかも、利息は利息を生む――それから二十年を経た文政十年（一八二七）には、江戸・京都・大坂に南都（奈良）を合計すると、借財はなんと五百万両（銀にして三十二万貫余）にもふくれあがっていた。こうなると商人たちも、

「もはや、薩摩様には貸せまへん」

さすがに、薩摩藩への金銭の貸し出しをストップした。

そうなると藩では幕府の公用費や家臣たちへの俸給といった、日常の経費すら支弁できなくなってしまう。大名へのつとめである参勤交代もままならなくなり、重豪が二分（金）を必要としたにもかかわらず、江戸の藩邸の何処にも、わずかなこの金子《きんす》がなかった、という笑えないエピソードも残されている。藩邸の窮乏は想像を絶した。湯をわかす薪にすら事欠き、薩摩藩邸では長屋を少しずつ壊して薪にした、との記録もあった。

――より哀れを止《とど》めたのは、領民であろう。

領内の隅々まで、厳しい苛斂誅求《かれんちゅうきゅう》が行われ、農民たちはあらゆる名目のもとで徴税されたあげく、ついには親子三人が飢え死にした、との話も生まれるにいたった。

もし、この天文学的数値の負債をかかえたまま、幕末維新を迎えていたならば、薩摩藩は後世に称《たた》えられたような活躍を、何一つ形にすることはできなかったに違いない。討幕の主力を担うなど、不可能であったろう。

さしもの豪気な重豪も思案にあまり、ここで側用人で至誠一貫の人、調所笑左衛門《ずしょしょうざえもん》（広郷《ひろさと》）を、勝手方重役に抜擢するという破天荒な人事を発令した。おそらく藩庁の人間で、財政再建を請け負える

人物は、すでに全滅していたに相違ない。
笑左衛門は突然、歴史の舞台に登場するのだが、安永五年（一七七六）の生まれであることは間違いないものの、その生いたちはよくわかっていない。調所家は代々、薩摩藩では中級層の士族といわれているが、その傍流であった笑左衛門については詳《つまび》らかではなく、十五歳のときに茶坊主として出仕した、というくらい——この出自も、定かではない人物であった。
薩摩藩はその程度の人物に、すでに沈没している藩財政の再建をまかせたのであった。

## 再建は非合法な手段しかなかった

重豪と笑左衛門の主従は考えあぐねた末に、当時、経済学者として著名であった佐藤信淵《のぶひろ》を招いて、相談をもちかけ、その建策を得て、とりあえずの目標を十年と置く藩財政の再建にとりかかった。ときに文政十年（一八二七）、重豪八十二歳で、笑左衛門は五十一歳であった。

私（笑左衛門）は成り上り者であるから家老は出来ませぬと、その時は側詰《そばづめ》で家老同様で三役の中に這入《はい》っているが、どうしても家老は出来ぬと御断《おことわ》りした。是非御付《おおせつけ》らるるならば、人はどう言ふとも一切御取上げにならないで、御役御免といふことがあっては出来ませぬ。どういふことがあっても御免にならなければ家老を勤めませふと、君公（重豪）も非常に困られた場合であるから、宜《よろ》しいといふことで、決して役職を免せぬといふ直書を与えられて家老になった人である。

（『史談会速記録』より）

さて、薩摩藩に求めた藩財政再建に関する、佐藤信淵の助言は、およそ次のようなものであった。

一、今後十年の間に、積立金五十万両をつくること。

二、藩の物産をはじめとし、あらゆる面での積極的な収入増加をはかること。

三、これまでの借入金を帳消しにする算段をすること。

佐藤の狙いとするところの第一は、このたびの改革は容易なことでは達成が困難である。したがって、ときには政策上で公儀（幕府）の特別な許可、場合によってはお目こぼしを求めねばならぬこともあろうから、そうしたことの対策用にも蓄え（賄賂《わいろ》）が必要だ、というのである。

なるほど、これは眼のつけどころがよい。なにしろ重豪は将軍家の岳父である。幕閣もこの時点で、薩摩藩を潰す心積もりはなかったであろうから、多少の特別処置には応じたであろう。

次の藩収入の増加策は、言うまでもないことで、この中には公儀に願い出て、琉球を経由して清国との貿易を実施することから、物産の品質改良や収穫ロスの防止、家中一同の倹約励行、蔵入十五万両で賄《まかな》える藩財政の予算化などが含まれていた。

ところで、右の二にも増して難事は、第三の提案であったろう。これまでの借入金、つまり古証文を帳消しにするというのは、至難の業としかいいようがなかった。なるほど、経営コンサルタントとしての佐藤にすれば、五百万両という途方もない借金は、どのように算段しようとも、まともに返済できる道理はなく、貸した人々のほうにしても、諦めの気分があるはずだ、というのだが……。

佐藤がこれらの建策を示したのが、天保元年（一八三〇）のことで、笑左衛門はただちに十年を目標として、財政再建にとりかかった。笑左衛門は佐藤の建策の中でも、もっとも取り組みやすい事項から手がけることとし、先ずは藩内穀物のロスの防止、物産の品質改良と収益増加をはかる――米やその他の穀物の包装を厳重にし、物産の量産化と藩の一手販売＝専売化を実施した。

薩摩藩における物産中、黒砂糖が藩における最大の財源であったから、藩では安永六年（一七七七）からこれの専売制を実施していたが、笑左衛門はさらにこれを徹底すべく、

「藩の専売制に反して、密売する者は死刑に処す」

といった重い処罰をもって、臨むこととした。

そして次には、琉球を介しての清国との貿易を幕府に願い出ている。これには前述のごとく、相応の賄賂も使ったであろうが、やはり重豪の隠然たる政治力が幕閣を動かしたとみるべきであろう。

「年額三万両を限度として、特別に貿易を許可する」

幕府はつい、許してしまった。が、幕府は年間三万両をどうやってチェックするつもりでいたのか、三万両を超えたときはどう罰するつもりでいたのか、その具体策をそもそももっていなかった。

薩摩藩にすれば、幕府の目の届きにくいところで、はるかに金額の限度を超える密貿易をやれる口実ができたことになる。こうして財政立て直しの曙光《しょこう》がみえはじめた天保四年正月に、重豪は江戸高輪の藩屋敷で没し、藩主斉興の親政となったが、斉興もまた笑左衛門を全面的に重用し、すでに敷かれていた財政再建の道を厳守したのであった。

天保六年（一八三五）、笑左衛門は最大の難事である五百万両の藩債整理に、いよいよとりかかる。

「三都藩債年賦《ねんぷ》償還法」といった。彼はこれまでにも何かと、金子を用立ててくれた大坂の商人・出

雲屋孫兵衛（浜村姓）を味方につけ、三都ならびに国許の商人たちと交渉に入った。

〝古証文〟の書きかえを理由に、笑左衛門はこれまでの借用証文を集めると、ことごとくを火にくべて焼き、いけしゃあしゃあと二百五十年賦、無利子償還――すなわち、五百万両（しかも元金の千両のみ）を二百五十年かけて、無利子で返済するという、虫のいい返済計画を一方的に商人たちへ押しつけたのである。

一年で四両――実質上は、五百万両の借金の踏み倒しといってもよかったろう。

この非常識きわまる笑左衛門のやり口に、当然のことながら債権者たちは色めき立ち、豪商たちはこぞって町奉行所に訴え出た。こうでもしなければ、尋常のことではいかんともしがたかった。

ところが、奉行所は何処も訴人《そにん》たちの申し出を門前払いにしてしまう。なぜか。訴えられているのは、煎《せん》じ詰めれば島津重豪である。将軍家の岳父であった。一町奉行が戦える相手ではない。もしも訴えを受理したら、おそらく社会的にその奉行は抹殺されたに相違なかった。

結果、多くの倒産者を出して、この一件は落着してしまう。

薩摩藩では味方についた出雲屋の功績に報いるため、孫兵衛を士分に取り立てたが、この一件が多くの商人に与えた影響はあまりにも大きく、さすがに幕府もこれを看過するわけにもいかなくなり、大坂町奉行の跡部良弼《よしすけ》は出雲屋のみを投獄として、のちに大坂三郷払いに処し、泉州堺に追放した。

もっともこの処分は形式的なもので、ほどなく出雲屋は赦されて帰り、なおも笑左衛門に協力したが、これらも薩摩藩の力＝重豪の存在なくしてはできることではなかったろう。

## 名君島津斉彬の遅すぎる登場

調所笑左衛門は非常手段を講じる一方で、藩財政の抜本的再建と将来のために、生産物の合理化策を推進しながら、タバコ、椎茸《しいたけ》、硫黄、牛馬皮、捕鯨、櫨蠟《はぜろう》、鰹節、製塩など多種多様の物産を開発。とくに、奄美の黒砂糖については品質管理を強化し、薩摩藩の黒砂糖の相場を高めている。

さらに特記すべきは、奄美では田を畠にして黍作《しょさく》(キビ作り)を奨励し、租税は貢糖で、他の砂糖は一斤《きん》(約六百グラム)につき三合三勺(相場は六升)の米価で買い上げ、のちには〝羽書《はがき》〟という手形支払いに切り換え、島民には物品支給という仕組みとしたことであろう。こうなると、島民への搾取以外の何ものともいえない。ために藩の黒糖収入は二百三十五万両にものぼり、改革前十ヵ年にくらべ九十九万両の利潤増になった。

重豪―笑左衛門の主従ではじまった藩政の〝天保の改革〟は、十年で見事に成功した。天保十一年(一八四〇)には積立金五十万両が鹿児島と大坂の藩庫に収められ、同十五年にはこの非常用積立金が百五十万両となって江戸、大坂、国許の三ヵ所に蓄えられたという。

ところが、嘉永元年(一八四八)十二月十八日、改革最大の功労者である笑左衛門は、改革中の密貿易などの、非合法的な手法の責めを一身に負い、自殺を遂げる。ときに、七十三歳であった。

この死の裏には、島津斉彬の藩主就任問題が絡んでいた。

「島津にバカ殿なし」

といわれた薩摩藩主の中にあっても、十一代の島津斉彬《しまづなりあきら》は、あまりにも出色でありすぎた。なにぶんにも同時代、三百諸侯中、〝英明第一〟と称せられた人物である。

ちなみに、一つの算出方法によると、江戸時代二百六十五年の間、計五百八十藩の歴代藩主は四千二百九十余名を数えたが、これらの大名のなかで、後世のわれわれが評価して「名君」とか、「賢侯」と呼ぶに値する人物は、おそらく全体の一パーセント——四十余名もいないのではあるまいか。

〝幕末四賢侯〟として定着した四人のひとり、越前福井藩主・松平慶永（のちの春嶽）などは、才人であったうえに、出自が八代将軍吉宗の玄孫《げんそん》（孫の孫）である御三卿の田安家に生まれ、「御家門」の越前松平家の養嗣子となっただけに、他人をあまり褒めたことがなかったが、斉彬だけは別格であり、

性質温恭《おんきょう》忠順、賢明にして大度有所《たいどあるところ》、水府老公（水戸斉昭）、容堂《ようどう》（土佐藩主山内豊信《とよしげ》・幕末四賢侯のひとり）如きとは、同日に論じ難し。天下の英明なるは、実に近世最第一なるべし。

（『逸事史補』）

と手放しで、激賞している。

薩摩から明治維新に人材が輩出したのも、すべて斉彬の、「薫陶培養《くんとうばいよう》の致す所」（勝海舟）であった。

その薫陶の結晶を一人あげれば、やはり西郷隆盛であろう。

明治政府より重い、とまでいわれた西郷は、のちに「敬天愛人」のスローガンを掲げたが、この〝天〟とは具体的に突きつめれば、斉彬に行きつくことを知る人は少ない。

「どのような方でしたか」

と、主君斉彬のことを問われた西郷は、ただ一言、

「お天道さまのような人で……」

といい、あとは涙で言葉にならなかったという。

筆者は常に思ってきたのだが、明治維新という日本史上空前の大変革は、先人の斉彬における先見性や思想、哲学が、後継者であり、愛弟子ともいうべき西郷に受け継がれて実現されたもの、といえるのではないか。もし、この見方が許されるなら、英雄西郷の限界がどこにあったか――討幕までで、新国家のビジョンのなかったこと――も、明らかになるのではあるまいか。

――名君・島津斉彬の人となりを、みておきたい。

文化六年（一八〇九）九月、薩摩藩主・島津斉興《なりおき》の嫡子に生まれた斉彬は、和歌もできれば、画は狩野派を能《よ》くし、習字は御家《おいえ》流の名筆。活花、茶の湯、能、鼓、謡曲――およそ、芸事で上達に苦労したものがなかった。学問は和漢に加えて、時代の最先端をいく蘭学にも精通し、曽祖父の重豪以上の才覚を発揮している。では、才能は〝文〟のほうだけかというと、さにあらず。八歳からはじめた馬術は名人の域に達し、剛弓も引けば槍もよくつかった。

薩摩藩士・黒田清綱《きよつな》（のち子爵）は斉彬の思い出を語る中で、次のように回想している。

「順聖公（斉彬）は色が黒く体格はお背が高く横張りの頑丈なお方で、お正月のはじめなど『お目出度う』と隅々まで通る大きな声で仰せられたものである。言葉は純粋の江戸弁で、まことに音吐《おんと》朗々《ろうろう》（音声豊かではっきりした様子）威風堂々たるものであった」

## 「二つ頭《びんた》」をもつ藩主

同様に薩摩藩士・松木弘安《こうあん》（のちの寺島宗則《てらじまむねのり》・外務卿）は、主君斉彬の側近として仕えたが、その手記の中で、同時に幾人もの説を聞き分けたといわれる、聖徳太子のようなイメージを斉彬に重ねていた。松木は、一時にいくつもの判断を正確に下せたという点について、斉彬のことを「二つ頭《びんた》」と評して感嘆している。

薩摩言葉でいう、〝優秀な人間の二人前の頭脳〟を斉彬はもっていたというのだ。では、前出の松平春嶽をして、「近世最も第一なるべし」と言わしめた斉彬の凄味は、いったい何処にあったのであろうか。

筆者はその類いまれな英邁さを、斉彬の手記『清国阿片戦争始末に関する聞書』にみる。

本書冒頭にみたように、幕末の天地を風雲に包んだペリー来航の十三年前、隣国清王朝がイギリスにアヘンを売りつけられ、それが端緒となって戦争に及んだ。日本人の多くは、師匠の国として清国に絶大な信頼を寄せていた。が、その大国が、ヨーロッパの片田舎の島国＝イギリスに、まさかの敗北を喫してしまった。

斉彬はこの一件を蘭書や蘭学者から伝え聞き、戦勝国イギリスの強さの秘密が、封建制そのものにあり、形としては「鉄砲と艦船」にあることをつきとめる。また、この英邁な藩主はその根元を、「製鉄と蒸気機関の理法」と分析してみせた。

斉彬の偉大さは、むしろ、ここからであった。さらに製鉄と蒸気機関の理法を探究した彼は、「要は、窮理《きゅうり》（物理）と舎密《せいみ》（化学）ではないか」

この二つの学問こそが、欧米列強の強さの根本であることを看破する。

「一日も早く、この二つの学問を日本でも研究し、活用しなければならない」

斉彬は結論づけているると同時に、次のような見解をも示す。

「――欧米列強は、明らかに日本国を占領併合するべくやってこよう。日本を守るためには国が一つにまとまる政治の体制をつくり、殖産・興業・強兵・海運を開発して、わが方から彼らの勢力圏へ打って出るほどの、威力を示さなければ、到底、列強の脅威を防ぎきれるものではない」

当時、斉彬はそのあまりに英邁な人柄を恐れられ、藩内の保守勢力を中心に、

「斉彬さまは、大信院（重豪）さまの再来じゃ」

と噂され、この名君を藩主の座につければ、薩摩藩の財政は再び悪化すると信じられており、いまだ藩主の座には就いていなかった。だが、三十代の若さで斉彬は、明確に明治日本の進路をすら予言していたことになる。

では、斉彬のこうした秀逸さの秘密は、何処にあったのであろうか。

なるほど、反対派が恐れるごとく、曽祖父の重豪に似て、蘭学に関心が強かった。

アヘン戦争に敗れた清国は、イギリスに香港を奪われ、上海《シャンハイ》など五港を貿易港として開かされた。居留権も与えている。このうち、上海からは長崎までは蒸気船で三日の航程であった。

幕府の対外政策を厳しく批判し、『夢物語』を著した日本屈指の蘭学者・高野長英《たかのちょうえい》が、幕府に捕えられ、牢につながれてのちに脱走した時、その高野を匿《かくま》った一人が、ほかならぬ斉彬であった。彼は高野にオランダ輸入の書物を翻訳させ、のちにはそれに基づいて鹿児島湾の防備を固めている。

島津重豪にイメージが似通っていたがために、藩財政の破綻を呼びかねない、と危惧され、藩主就任の遅れていた斉彬は、異母弟の久光を推す反対派との抗争（お由羅騒動）に巻きこまれたものの、老中筆頭・阿部正弘の後援をうけ、ようやく嘉永四年（一八五一）四十三歳で藩主の座に就いた。

実は反対派のトップが藩主斉興であり、調所笑左衛門であった。

斉彬は日本の国難を救うためには、自らが薩摩藩主にならねばならぬ、との強い意志があり、その実現のためには功労者であっても笑左衛門を失脚させる以外に方法がない、と割り切った。

斉彬が薩摩藩の密貿易を、老中首座の阿部正弘に洩らした可能性は極めて高い。笑左衛門はそのルートが理解できたからこそ、毒を仰いだといえる。

このあたり、江戸じゅうを混乱の坩堝《るつぼ》と化した、慶応三年（一八六七）十二月の、薩摩の御用盗の争乱――旧幕府を挑発して、無理矢理開戦にもち込もうとした西郷隆盛の、業の深さと共通するものがあった。この主従には、そうまでしても達成しなければならない、己れの使命があったようだ。

藩主となった斉彬は、西郷隆盛を「庭方役《にわかたやく》」に抜擢する一方、これまでの遅れを取り戻す勢いで、矢継ぎ早に集成館の化学工場群、造船、砲台、反射炉などの建設をスタートさせた。

## 異国船をペリー来航前に、撃退していた薩摩

――この斉彬には、忘れられない思い出があった。

十六歳のときのことである（藩主は父・斉興）。九州のみならず、日本中を震撼させたフェートン号事件（前述）から十六年後、文政七年（一八二四）七月八日、正体不明の異国船が、何の前触れも

なく薩摩藩領に姿を現したのだ。

鹿児島の南方約二百から三百キロの海上に、現在も八つの島が点在している。口之島・中之島・臥《が》蛇島《じゃしま》・平島・諏訪之瀬島・悪石島・小宝島、そして宝島の八島で、これらをあわせて吐噶喇《とから》（吐火羅）列島と呼ぶ。島の面積は八つあわせても、八丈島より少し広い程度。

その最南端に位置する宝島――周囲を珊瑚礁に囲まれた、のどかな離れ小島――に、突然、異国船が来襲し、薩摩藩の番所役人と銃撃戦を交えていたという。

薩摩藩では藩主光久の治世、正保二年（一六四五）に、すでに異国船を警戒するための「異国方」が設けられ、「遠見番所」「火立番所」といった見張りのための番所や烽火《のろし》台が多数設置され、列島では口之島・中之島・宝島に番所が設置されていた。とはいっても、宝島番所には四匁鉄砲（口径十三・八ミリ）二挺が配備されたに過ぎない。もとより、旧式の火縄銃である。

番所の役人は事件当時、横目付の吉村九助を筆頭に、同役四名。新在番二名。これに島の役人が幾人か出仕している、という程度のものでしかなかった。ほかに宝島で戦国要員＝士分といえば、流人で在島するものが二人のみ。とても、戦力とはいえない。

この無防備に近い島に突然、近づいてきた一隻の異国船は、午後四時頃に島の一里近くまで迫り、端艇《たんてい》（ボート）を降ろして七人ほどがこれに乗船、上陸してきた。

すぐさま九助は、同役を派遣して査問させたが、お互いにさっぱり言葉が通じない。国籍も判明しない。ただ、異国の船乗りたちは身振り手振りで、沖から遠眼鏡（望遠鏡）を覗いていると、この島に牛が見えた。ぜひ、牛を所望したい、といっているように受け取れた。

番人が断ると、彼らは一度は端艇に乗り、本船へ漕ぎ戻ったものの、翌日、再び端艇を二隻出して、宝島へ上陸してきた。今度は九助が自ら出張り、焼酎や麦で作った菓子を与えると、彼らは大変喜び、金貨や銀貨、時計などを持ち出して、これで牛と交換してくれ、と執拗《しつよう》に迫った。

「野菜ならやれるが、牛はやれぬ」

というと、一行は野菜を受け取って、船へ戻っていった。

どうやら異国船には、七十人ほどの乗組員がいるようで、イギリスの捕鯨船らしいことが知れる。ところが、よほど牛に執着心のあった異国人たちは、端艇を三隻出して、次には突然、鉄砲を撃ちかけながら、上陸を敢行して来る。実力行使に訴えたわけだ。二十三、四名、彼等は皆、武器を持っていたという。沖の船からも、威嚇射撃のつもりか、大砲が発射され、轟音が上がった。

上陸した異国人たちは、船着場から番所へ殺到してくる。これを迎え撃つ島側は、士分の者は流人を含めて十余名。鉄砲は藩配備の四匁筒二挺に、二匁筒（口径十一ミリ）五挺の、併せて七挺しかなかった。薩摩藩では懸命の財政再建が行われている、最中の出来事でもあったのだが……。

フェートン号でこそ長崎の地役人や佐賀藩は、イギリス軍艦に不覚をとったが、今度は薩摩隼人である。味方劣勢とはいえ、彼らは面目にかけても宝島を死守する覚悟を固めていた。まず、戦闘の足手まといになる老人・女子供を急ぎ山中へ避難させ、九助は敵を番所の木戸口付近までおびき寄せ、ここで一気に迎撃する作戦を立てた。

船乗りたちは鉄砲を撃ちかけても、何一つ反撃のない島の反応に、頭から増長したようだ。目当ての牛を捕えては瑞舟の方へ引っぱり、自分たちの銃で撃ち殺した牛は、その場で解体した。

一方、勢いよく彼らの主力が番所に突撃して来た。九助は自ら番所木戸石に陣取って、鉄砲を打ちかけながらやってくる相手を、その標的に捉え、距離を測って発砲する。

前装の火縄銃では、次の玉を装塡《そうてん》するのにかなり時間がかかった。つづけざまに撃つことはできない。二発目のかわりが白兵戦であった。まず、火縄銃の筒先で、相手の胸もとを突きあげる。これを「入身《いりみ》」射法といった。

ひるんだ相手に、示現流の必殺剣を見舞う。あとは生あるかぎり、剣をふるうのみ。

ところが、このときはそこまでいかなかった。真っ先駆けて突撃してきた頭分の男が、胸元を九助に撃ち抜かれて即死すると、他の乗組員たちは仰天し、慌てふためいて坂をころがるように逃げていった。そして彼らは、瑞艇すべてを本船に収容し、そそくさと島から離れた。

島では再来襲に備え、逆茂木《さかもぎ》（先端を尖らせた木を張り巡らせた垣根）を設け、番所へのすべての道を閉塞し、土を盛り上げて周囲に土手を築き、鉄砲を数挺並べて射撃できるような陣形を取った。

女子供・老人たちも総出で焚出しをやり、決戦に備えた。が、異国人たちは再び、上陸を敢行してこなかった。もっとも、七十名からの武装したイギリス人たちが島にあがってくれば、おそらく島側は勝てる可能性はなかったに違いない。結局、宝島の被害は牛五、六頭を奪われ、三頭を殺されただけですんだが、藩庁の受けたショックは大きかった。

## 斉彬の仏艦購入と牧志朝忠

ペリーの黒船が浦賀に現れたとき、その動く城のような巨大さ、たえず煙を吐き、白波を蹴る勇壮

さ、多数の艦砲を載せている威容――この西欧文明の一大象徴のようなものを見た時、三人の大名だけは、

「相競って、あの黒船をつくろうではないか」

と戦慄しつつも、語り合ったという。

斉彬と伊予宇和島藩主・伊達宗城、肥前佐賀藩主・鍋島直正の三人。

斉彬は薩摩藩が純粋に自分たちの手だけで造った木造汽船を、長崎海軍伝習所時代の勝海舟とオランダ人教師カッテンディーケに見せたことがある。しかしながら、十二馬力の設計にもかかわらず、二、三馬力しか出なかった。どこかで蒸気が漏れていたのだろう。

藩主となって六年後の安政四年（一八五七）の秋、斉彬は自藩造船の一方で、蒸気軍船購入の交渉を、フランスとの間にスタートさせる。すでに嘉永七年（一八五四）、日米和親条約は結ばれ、下田と箱館の開港が認められていた。

余聞ながら、交渉の途中、ペリーは指宿《いぶすき》の山川を開港に指定したのだが、幕府が薩摩藩領ということでこれを嫌い、下田を逆提案した経過があった。

斉彬は「海防」に備えたかったのであろうが、フランスからの蒸気船購入を幕府に知られ、誤解されることをおそれ、

「購入するのは琉球である」

として、この取引を極秘に進めた。

担当したのは、斉彬の側近・市来四郎《いちきしろう》。彼は「伊知良親雲上《いちらぺーちん》」という変名を使い、「度佳喇《とから》王国」

（吐噶喇列島のことか？）の代表として、琉球側に参加した。

なおついでながら、四郎の実父・寺師《てらし》正容《まさたか》は西洋型帆船「伊呂波丸」を建造した人物である。市来四郎はほかに、武器購入、軍事教官の招聘《しょうへい》にもあたっていた。彼はいうなれば、調所笑左衛門以来、築きあげてきた〝藩立サツマ商社〟の有能な営業マンであった、といえるかもしれない。明治になってからは、「開物社」を創設したが、西南戦争のため、この事業は中止となってしまう。明治三十六年（一九〇三）に、七十六歳で没していた。

軍艦購入の交渉相手は、琉球に来ていたフランス人宣教師ルイ・フェーレであり、彼は安政二年（一八五五）に那覇に住みつき、日本の語学を研究。のちには長崎にいたって、大浦天主堂の建立に努めたりもしている。明治三十三年（一九〇〇）に、八十四歳で没していた。

交渉の実務はもっぱら、若い頃に清国へ渡った経験もある、琉球王朝の通詞・牧志朝忠《まきしちょうちゅう》がつとめた。彼は庶民の出で、通詞の腕一本で出世し、ペリーが琉球に来航して首里入城を強要した時、その通訳をつとめた。斉彬にその才を愛され、地頭にまでなった人物である。

前述した如く、ペリーの艦隊が琉球で不祥事を起こしたときも、その応接にあたっていた。

斉彬は安政五年（一八五八）七月十六日に急逝するが、あとを総覧したその父・斉興の契約破棄をうけてからも交渉は密かにおこなわれ、九月十四日、ついには成立。仏艦プレジャン号は四日後に、薩摩側の手に入った。おそらく斉彬は、この仏軍艦に武装藩兵を満載し、大挙上洛を敢行する腹づもりであったのだろう。

残念なのは、このあと牧志朝忠が急死したことである。薩仏通商に活躍した彼は、いわば〝藩立薩摩商社〟の琉球事務所長のようなもの。明治になれば、どれほどの活躍を世界を股にかけてやってのけたことであろうか。

だが、牧志は斉彬の亡くなったあと、琉球で行われた保守反動の中、断罪に処せられてしまった。仏艦購入に尽力した小禄親方《ころくウェーカタ》、恩河《おんが》親方らとともに、親薩派とみなされた牧志は、安政六年（一八五九）に免職のうえ、投獄となった。ちなみに、「親方」は琉球王国の臣下の中で、一番高い位の人をいう。

この政変は国王尚泰《しょうたい》を廃して、玉川《たまがわ》王子（朝達《ちょうたつ》）を擁立しようとする御家騒動にも発展。後世、「牧志・恩河事件」と呼ばれることになる。何ら証拠のないまま、でっちあげの罪で牧志は久米島へ、十年の流刑と一度は決した。だが、その流刑の途中で、フランス人に救出されるかもしれない、そうなれば王府の内情が欧米列強に知られてしまう、まずい、との憶測が憶測を生み、恐怖に取りつかれた保守派の人々によって、彼の刑は生涯禁獄に改められる。

しかし、薩摩藩は斉興の再登場を挟み、〝国父〟久光へとトップが代わり、改めて斉彬時代を踏襲することになった。文久二年（一八六二）、投獄中の牧志を差し出せ、と藩は琉球王国に強談判し、救済の手を差し延べる。

なるほど牧志は、天性の語学教師の才もあり、薩摩藩にとっては琉球の獄中で燻《くすぶ》らせておくような人物ではなかった。だが、牧志本人は、そうした時勢に翻弄《ほんろう》される自分を悲観したのか、伊平屋島《いへやじま》沖で身を投げ、四十五年の生涯を終えてしまう。

牧志の弟子には、薩摩藩士でありながら、英語教育を彼に受けるべく、琉球に渡って指導をうけた園田実徳《さねのり》がいた。のちに実業家、代議士として活躍した人物だが、いささか興味を引いたのは、その娘であるノブである。彼女は、西郷隆盛の長男である寅太郎の許へ嫁いでいた。

## 「資性方正厳格」の久光と〝久光四天王〟

藩主在任、わずかに七年にすぎなかった島津斉彬は、五十にして急逝した。

この名君がこの時、薩摩藩兵を率いて上洛、さらに江戸城へ登っていたならば、明らかに日本の歴史は異なった明治維新を迎えたはずだ。

そのことに関連して、兄の「遺志」を継ぎ、明治維新での主導的な役割を担った異母弟の久光を考えたおり、

「〝大西郷〟は、この久光に嫉妬していたのではないか」

と、思ったことがあった。

明治維新最大の功労者＝西郷隆盛は、まぎれもなく「順聖院《じゅんしょういん》様」（島津斉彬の諡《おくりな》）の愛弟子であった。が、彼は後継者ではない。跡を託されたのは、血を引く八歳年下の異母弟であった。久光の幕末維新における活躍は、五指に入るほどのものがある。にもかかわらず、斉彬擁立派と久光擁立派によって藩が二分された、世にいう〝お由羅騒動〟のおかげで、久光は相当に損をしている。

まず、斉彬派の家臣たちが処分され、その後、斉彬が四十三歳にして、藩主の座についた。以来、西郷を土くれの中から拾いあげ、一人前の武士としたのは斉彬であったが、彼はより以上に異母弟の久光を大切にしていたのである。

たとえば安政五年（一八五八）三月および五月、幕府の長崎海軍伝習所時代の勝海舟は、斉彬・久光兄弟に会っている。伝習所所属のヤパン号（のち咸臨丸《かんりんまる》）が鹿児島を訪問したおり、斉彬は伝習所の責任者である海舟やオランダ人教官にも色々と質問を発したが、彼はわざわざ久光をともない、ともにヤパン号の中を見てまわっている。

また、海舟に自分の弟を、次のように紹介していた。

「これは吾《わ》が弟の島津周防《すおう》（久光）というものである。若き時から書を読むことが好きで、博覧強記にして、なかなかに自分などの及ぶところではない。また資性方正厳格で、これも我らの及ばぬ所である」

この弟に対する兄の信頼というのは、藩士の西郷へ期待したものとは異質のものであり、斉彬は重要書類に関しては常に久光に見せ、意見を聞き、幕府への建議書においても、久光の意見を具体的に取り入れている。なるほど、斉彬には有能練達の家臣は数多くいた。だが、藩主である自分にかわって、薩摩藩を動かすことのできる人物は、一人久光しかいない、というのが斉彬の見解であった。

久光は斉興の第三子として、文化十四年（一八一七）十月に鹿児島で生まれている。幼名は普之進《かねのしん》。元服して又次郎忠教《ただゆき》と称し、大隅《おおすみ》の重富《しげとみ》家を継ぎ、「山城」、「周防」を称した。お由羅騒動ののち、久光は重富に退隠して、読書三昧《ざんまい》の日を送ったが、これを強引につれ出し、自らの側に置いたのは斉彬本人であった。安政五年（一八五八）七月、斉彬が病没するおり、その枕頭に招かれ、国家将来のことを遺託されたのも、久光であった。

久光は父・斉興と実によく似ていた。出しゃばらず、影のように控えめな人物であったが、名君の誉れ高い兄は、久光の子・又次郎（忠徳・のち茂久、忠義《ただよし》）を次期藩主に据えてくれた。が、藩庁はその後見に隠居していた斉興を立てる。斉興は、斉彬の開国政策ことごとくを改廃。藩兵三千を率いて武装上洛し、幕府を力尽くでも改造しようとした斉彬の志は継がず、多くの藩士が憤慨する中、安政六年（一八五九）九月に逝去している。

ようやく久光が、藩政を後見することとなったが、彼には手足となってくれる家臣がおらず、この間隙をぬって小松帯刀（肝付尚五郎《きもつきなおごろう》）、中山中左衛門《なかざえもん》（尚之介《なおのすけ》）、堀次郎《ほりじろう》（伊地知貞馨《いじちさだか》）、大久保一蔵《いちぞう》（のち利通）――後世にいう〝久光四天王〟が集うこととなる。

## 薩摩藩最高の宰相・小松帯刀

それにしても、と常々思ってきたことだが、〝維新の三傑〟といえば、明治維新＝回天をリードした主要人物として、薩摩藩出身の西郷隆盛・大久保利通、長州藩出身の木戸《きど》孝允《たかよし》（前名・桂小五郎《かつらこごろう》）――この三人の名が挙がる。

読者の中には、幕臣の勝海舟、土佐郷士出身の坂本龍馬、中岡慎太郎《なかおかしんたろう》こそ、と推す人がいるかもしれない。が、維新史の流れに忠実であれば、筆者は〝維新の三傑〟と同等の功労、否、それ以上の功績を成し遂げた人物として、小松帯刀の名を挙げないわけにはいかない。

この人物は藩主家、その分家につぐ、家臣筆頭に位置し、一郷一村を所有して、一定の土地と士民を併せて管轄する一所持《いっしょもち》（計二十一家）の出身であった。

この階層の人々は、戦国乱世において薩摩に盤踞《ばんきょ》していた豪族の末裔《まつえい》で、かつては島津家と同格に戦った者の子孫も少なくなかった。帯刀は天保六年（一八三五）十月十四日、「一所持《いっしょ》」の薩摩藩喜《き》入《いれ》領主・肝付《きもつき》主殿《とのも》兼善《かねよし》の三男として生まれている。幼少期は、肝付尚五郎《なおごろう》と称していた。

ついでながら、一所持格の次が寄合、寄合並とつづき、ここまでを一括りにして〝大身分《だいしんぶん》〟と称した。大身分の下が「小番」――これは他藩における馬廻《うままわり》のことで、騎上の士のこと。

ここまでを、藩貴族＝上士と認知してもよい。寄合からあわせて、七百六十家となる。

小番の下に幕末、「新番」と呼ばれる階級が誕生したものの、これは一種の文武優等の選抜組であった（二十四家）。西郷隆盛や大久保利通は途中、この身分に引き上げられている。

下級藩士＝下士はやはり、御小姓与《おこしょうぐみ》であろう。かつては大番とも呼ばれたが、藩士の数ではこの層が圧倒的に多かった。三千九十四家である。

このほかに、外城郷士がいた。彼らは藩内百二外城（薩州外城三十八ヵ所、隅州《ぐうしゅう》外城三十五ヵ所、日州《にっしゅう》諸県《もろかた》郡外城十九ヵ所など）に土着し、田畑を耕しつつ、兵馬を練った。

いずれにせよ、小松帯刀こそが、幕末薩摩藩を指揮した最強・最高の家老、すなわち〝宰相〟であったといってよい。彼の功績は、下級武士の西郷・大久保らを己れの部下として使い、その力量を十二分に発揮させたところに如実であり、もしも、この人物が明治三年（一八七〇）に、わずか三十六歳の若さで夭折《ようせつ》することがなければ、維新後の新政府の展開も大きく異なり、のちの悲劇――西郷の下野とそれにつづく西南戦争も、未然に防ぎ得たかもしれなかった。

小松帯刀だけが、西郷と大久保を和解させることのできた、唯一の人物であった、と筆者は思いつづけてきた。わずか一人の人間の死が、これほど日本史に影響を与えた例は、きわめて少ないのではあるまいか。それだけに、今日、この人物の名が一般に忘れ去られたことを、筆者は心底、嘆嗟《たんさ》する。

帯刀の魅力は何より、その清廉潔白な人物にあった。

——生まれのよさが、すべての成功の出発点であった、といえるかもしれない。

しかし、どうもそれだけではなかったようだ。

「小松帯刀氏幼若略歴」に拠れば、どうやら帯刀には同腹五人の兄弟があり、ほかにも異母兄弟がいたようだ。その中で彼は、つけられた乳母の性格が「短慮」で、「人望」がなかったことから、父や母から疎んじられ、嫌われることになったという。

「親愛薄く」「外見ニモ気之毒ナル程」であったというが、どの程度のものであったかについては知る由もない。もっとも、兄弟五人、他にも母の違う兄弟がいれば、一人や二人、父母から顧みられない子供がいたとしても、封建制の時代ではおかしくはなかったろう。

加えて帯刀は、学問でもなかなか頭角を現さなかったようだ。

儒学者・横山鶴汀《かくてい》の門に学んだようだが、

「彼《か》れは唯《ただ》人ヨシとし、持囃《もてはや》されしのみ」

と『小松公之記事』（禰寝《ねじめ》直治著）にあり、同門の人々は帯刀を、

「馬鹿ならん」

憫笑《びんしょう》しながら囃《はや》したという。

師の安容は、そうではない、将来は「寧馨児《ねいけいじ》（おだやかで香気な人）なるべし」とかばったようだが、愚人視されるような一面があったのだろう。

一つ考えられるのは、その熱中性である。帯刀は何事においても、熱中すると見境がなくなる少年であった。歌学を八田知紀《はったとものり》に学ぶと、凝りに凝った。琵琶の弾き語りにも熱心に取り組んでいる。あまりにも打ち込みがひどいので、肝付家の家老が琵琶歌にかこつけて諌言し、ようやく帯刀は琵琶をしまい込んだという。

馬術にも、示現流剣法にも、そのときどき熱中するのがこの人物の性分であった。

この性格が、いい方向に評価されたのだろうか。帯刀が、十二、三歳になる頃には、父母からも同門の人々からも愛され、信頼される人物になったという。

「容貌秀偉身軀肥満にして頗《すこぶ》る闊達《かったつ》の風ありと雖《いえ》ども、一見彼《か》れは商家の如く甚だ近づき易し、一たび彼れと語を交えしものは、終身忘る能わざりし」（「小松公之記事」・『鹿児島県史料集』所収）

この風貌はどこか、同じ歳の坂本龍馬に似たものを感じさせる。

帯刀は文武いずれともいわず、熱中する性質《たち》であったが、元来は体が弱かったこともあり、十代後半ともなると学問を好んだ印象が強くなる。儒学では「観瀾《かんらん》」、あるいは「香雪斎《こうせつさい》」とも称した。単に学ぶだけでなく、若い頃から政治への実践工夫を心掛けていたようだ。

ときおり湯治に出かけたが、彼は湯の中で人々がする世間話で、民情を知ろうと努力したという。

ほどなく小姓役を拝命。二十一歳で奥小姓となり、近習番を命じられた。わずか四ヵ月ほどであったが、名君の誉れの高い藩主・島津斉彬の許、江戸で出仕している。

帯刀が歴史の表舞台に立つには、まず安政三年（一八五六）、同じ身分ながら吉利《よしとし》の領主をつとめていた小松家に養子入りすることが前提であった（そのために、国許へ帰っている）。

二十八代小松清猷《きよみち》は、琉球使節役をつとめていたが、二十九歳で病没。帯刀はその妹チカの婿養子となった。彼女は七歳の年上であったが、おそらく兄に何かあったときのことを考え、嫁に行かずにいたのであろう。「二所持」は力量次第で家老ともなれる家柄であり、小松家二十九代を二十二歳で継いだ帯刀は、二年後の三月、改名して「小松帯刀清廉《きよかど》」と名乗る。

## 将軍・慶喜に豚を所望される帯刀

ところで、一橋慶喜（のちの十五代将軍）のひきいた京都における幕府勢力（〝一会桑〟政権）に対して、敵対することになる薩摩藩は、慶喜からみれば許せぬやつら、と映ったかといえば、どうもそうとはいい切れないものがあった。

たとえば、帯刀である。彼はプライベートな食事の嗜好で、政敵慶喜とつながっていた。ずばり、豚肉である。

興味深い手紙——元治元年（一八六四）十一月に、帯刀が大久保利通に送ったものがある。

この中で珍しく、帯刀は愚痴をこぼしているのだが、その内容はときの将軍後見職の慶喜から度々、豚肉を所望され、自分の持ち合わせを進呈したところが、全部差し上げてなお、追加の希望があり、こうなっては断るよりほかにない。なんとかならないか、とくに琉球豚を余分に持っている者はいないか、とにかく豚肉をたのむ、といった内容であった。

実は文中の慶喜、幕末の政局にあっては帯刀と仲が良く、話があった。おそらく、慶喜が大の牛乳、豚肉好きであったからかもしれない。あまりに豚肉が好きな彼は、略して〝豚一〟と、周囲の人々に陰口をたたかれるほどであった。

ちなみに、慶喜の実父である水戸の徳川斉昭が、そもそもの火つけ役かもしれない。

当時、薩摩の「白毛豕《ぶた》」は広く天下六十余州に知られていた。農学者・佐藤信淵《のぶひろ》の『経済要録』には、「薩侯の邸中に飼処《かうところ》なる白毛豕は、其味殊更《ことさら》上品にして」とあった。

が、帯刀のいう「琉球豚」は、この「白毛豕」より以上に珍重されたもので、「一体に薩摩にては鶏・豚の味甚《はなは》だよきが、琉球の豚は更《さら》に好味《こうみ》なり」（本富安四郎著・『薩摩見聞記』）

昨今、鹿児島といえば、わが国随一の黒豚の産地として知られているが、幕末の評価では琉球豚が、さらにその上にあった。もともとこの県の養豚は、島津家十八代・島津家久の移入によってはじめられたものというが、琉球豚はそれより二百年も早く、琉球に明国から種豚が伝えられていたのだという。この島豚を「アグー」といい、小型で発育が遅く、子豚の数も少なかったため、他の品種と交配による雑種化が明治以降に進み、戦後は絶滅の危機に――。

これを昭和五十六年（一九八一）に名護博物館が、全県的なアグー調査を実施し、約十年をかけて雑種化を取り除くための〝戻し交配〟を行ったという。アグーは霜降りの割合が、他のものに比べて多く、口に入れると脂がとろける特長があり、肉は柔らかく旨みがあったとされている。

帯刀は琉球豚や薩摩の「白毛豕」を食べながら、慶応三年（一八六七）正月、ついに城代家老となり、いよいよ討幕への具体策を練りはじめる。が、ついには歩行困難な足痛の重病に陥り、戊辰戦争では国許に残ることとなった。彼の代理をつとめたのが西郷であり、大久保であったといえる。

せめて明治を生きた帯刀に、美味しい豚肉を食べてほしかった。

## 藩立サツマ商社の立役者・石河確太郎とアメリカ南北戦争

幕末の薩摩藩の活躍を支えたのは、藩をあげて行った貿易の利潤であった。

筆者はこの藩の商業活動を総括して、藩立サツマ商社と仮称してきたが、ここで注目すべきは石河《いしかわ》確《かく》太《た》郎《ろう》だと思ってきた。

この人物は、黎明期の幕末日本が持ち得た総合商社マン第一号ではなかったか。

石河は純然たる薩摩藩士ではなく、文政八年（一八二五）十二月に、大和国高市《たかいち》郡石川村（現・奈良県橿原《かしはら》市）に代々医業を営む家の、長男に生まれている。

長崎に出て蘭学を学び、島津斉彬の要請で薩摩藩に〝新知識〟として招聘され、反射炉築造に従事し、「集成館」の科学工場群、造船、砲台などの建設事業に参画した。ところが斉彬が急逝し、その反動で保守化した藩庁は、石河の存在をむしろ迷惑視したことだろう。だが、やがて久光が国政を壟《ろう》断《だん》して、帯刀らが取り立てられると、石河も息を吹き返した。

日本紡績協会所蔵の「石河確太郎文書」によれば、彼は薩英戦争以前の四月の時点で、大坂と大和に、薩摩国産品と他国産物との交易を行う商社の設立を建白しており、認められて「諸色方見聞惣《しょしきかたけんぶんそう》掛《がかり》」に任命されている。注目すべきは、上司である伊地知壮之丞に対して、十一月に交易品目を種々、考えた意見書を提出、この中で、

「凡《およ》そ交易は、畢竟《ひっきょう》異邦《いほう》（外国）取り組みニ《ママ》これなく候ては、十分の御経済に相成り申さず」

と述べ、長崎での貿易では競争相手が出てきて不利になるので、薩摩領内でやるべきである、と主張している点にも明らかであった。

「只今《ただいま》、英人切《せつ》に綿を望み候」

なぜか。アメリカが南北戦争に突入したため、イギリス紡績の原材料である綿の輸出が途絶えて、彼らは困り果てている、と石河は分析している。この報告は、当時の日本人としては奇跡のようなことであった。日本の文久元年にあたる、西暦一八六一年三月四日――アブラハム・リンカーンが第十六代アメリカ合衆国の大統領に就任した。島津斉彬と同じ歳のこの大統領は、奴隷制・関税問題をめぐってアメリカ南部の人々に嫌われ、南部十一州がアメリカ南部連合を結成するに及び、北部を率いての開戦にいたった。

このアメリカ南北戦争の終結は、日本の慶応元年（一八六五）であったが、このアメリカの内戦が日本に与えた影響の大きさ、結果として〝藩立サツマ商社〟や小栗上野介忠順《おぐりこうずけのすけただまさ》の「兵庫商社」（詳しくは次章）を活動させることにつながったことを、知る人は少ない。

そもそも、この世界史上の大事件＝アメリカ南北戦争は、農業州で固まるアメリカ南部と、産業工業化の著しい北部との対立が、新たに獲得したテキサス州、オレゴン州、カリフォルニア州などの指導権をめぐって先鋭化したことに端を発していた。

南部は奴隷労働力を生かして、綿とタバコをつくり、プランテーション経済、自由貿易を展開したいと考えており、一方の北部は産業育成のためにも保護貿易をすべし、と主張していた。

その流れから、奴隷制度の堅持か撤廃かの論争が起こり、ついには開戦に及んだ。

当初、リー将軍率いる南軍が戦局を有利に進めていたが、一八六三年にリンカーンが行った奴隷解放宣言によって、戦局は一気に逆転。ゲティスバーグの戦いで勝利した北軍は、南軍の拠点アトランタ（ジョージア州）、南部の首都リッチモンド（バージニア州）を陥落させる。

——南北戦争のプロセスは、ここでは省略したい。

課題としたいのが、アメリカ全土にわたる戦争による荒廃であった。とりわけ、敗れた南部の広大な綿花畑は、荒れ果て、飢餓が広がり、一方では世界が綿花不足に陥ってしまう。

「綿花飢餓」（The Cotton Famine）

とまでいわれる壊滅的惨状となった。

そのため、代用の綿を求めて、中国やインドの綿がヨーロッパの紡績産業界へ輸出された。が、それでも足りない。そこで改めて注目を集めたのが、アジアでも有数の綿花栽培を誇っていた日本であった。この時期、国際綿花情勢を摑み、機敏に動いたのが〝藩立サツマ商社〟——なかでも、石河確太郎であり、薩摩藩御用商人の浜崎太平次《はまさきたへいじ》（八代・正房）であった。

太平次は、大量に日本国内の綿花を買い入れ、長崎の外国商館を通して、通常の五倍近い値段で、テキパキと売りさばいて莫大な利益をあげた。

なにしろ、国内での商いの中心である大坂では、繰綿《くりわた》（種の部分をとっただけの、まだ精製していない綿）百斤で四、五両のところ、外国商館に売れば十七、十八両となった。太平次が集めた繰綿は、金額にして約三万六千両に及んだというから、すさまじいほどの利益であったことがうかがえる。この浜崎太平次の商号を、「山木屋」といった。

海運業でも「山木屋」は、〝藩立サツマ商社〟の主力であったといってよい。

## 藩立サツマ商社の主力と紅茶物語

当時、長崎のみならず、北は箱館（現・函館）・越後から、南は日向・琉球、さらには非公式ながら中国大陸にまで、「山木屋」は支店をもっていた。

併せて、船舶事業にも進出しており、幕末、その商域はとどまるところを知らなかった。

もし、このまま推移すれば、太平次は日本一の財閥になったのではあるまいか。

ところが、文久三年（一八六三）、八代目の太平次（正房）が五十歳で急死したのをはじめ、九代（政太郎）が慶応元年（一八六五）に二十一歳でこの世を去り、十代目を先代の叔父・弥兵衛の長男・太兵衛（正章）が相続したものの、この頃になると山木屋の凋落《ちょうらく》は目を覆うばかりで、所有船も二十四艘、付随する大工も百名と、最盛期に比べると、大きく減少していた。

その後も浜崎家の不運はつづき、主力の昌業丸が積荷を満載したまま行方不明になったかと思うと、明治十年（一八七七）には西南戦争に巻き込まれて、施設の多くが焼失するありさま。

記録の上では、明治十二年（一八七九）、持ち船の蟠龍《ばんりゅう》丸が沈没、最後の船・愛宕《あたご》丸の落雷による焼失沈没が確認されている。十代の太平次（太兵衛）は明治四十三年（一九一〇）八月、ついに家業を再興することもなく、ひっそりと大阪で亡くなった。

わずかに幸いしたのは、この「山木屋」に幕末、正味十年間働き、その海運業と船舶事業に関わった川崎正蔵《しょうぞう》が、のちに川崎造船所を創業したぐらいであろうか。この会社は川崎重工業の礎となった。

――話を、再びアメリカ南北戦争に向けたい。

アメリカの南北戦争中、改良された最新の銃や火薬が、戦争終結後に日本へ流出することになった。

その最大のものが、軍艦ストーン・ウォール号（日本名・甲鉄艦、のち東艦）であったろう。南北戦争の終結を託して造られたこの世界最新鋭艦は、幕府へ、ついで日本政府に売られることとなる。

いわば薩摩藩は、綿を売って武器を買ったわけだ。それだけに商行為とはいえ、常に生命懸けであった。現に元治元年（一八六四）二月、関門海峡で浜崎太平次の商船が航行中、上関《かみのせき》義勇隊の襲撃を受け、船長は射殺され、その首は大坂の御堂筋に晒《さら》される、という痛ましい事件が起きていた。

掲げられた首の札には、綿のほか茶、生糸、油といった積み荷を、外国に売りさばいていることが怪しからん、と述べられていた。商社は〝天誅〟の標的でもあったわけだ。

なぜ、恨まれたのか。これら生活必需品が大量に輸出されたことにより、国内の物価は上昇し、庶民の生活が困窮したからだ、という。これが当時の尊王攘夷の志士、あるいは日本人一般の認識であったといってよい。すでにふれたように、本来は国が調整すべき貿易収支、レートであったが、当時の幕府にはこの種の貿易における自国の保護、という観念が欠落していた。

前出の石河確太郎はその後、日本の大和・大坂のルートでの綿輸出は可能だ、との意見を述べ、綿貿易の推進を働きかけてもいた。彼は〝藩立サツマ商社〟を通じて、慶応元年（一八六五）には鹿児島紡績所の創設に漕ぎつけている。ただし、商社マンとはいえ技術者を兼ねたため、明治二十八年（一八九五）まで長生きしたわりには、火薬や七輪などの発明、改良を手がけながら、近代商社設立者としては名を残していない。残念なことである。

――しかしながら、思わぬところで筆者は「石河確太郎」に出会ったことがある。

インドのダージリンに到達した、日本人第一号の多田《ただ》元吉《もときち》を調べていたときであった。

幕末、欧米列強にむりやり開国させられたに等しい日本には、海外と貿易しうる品目が皆目なかった。かろうじて外貨を稼いでくれたのが、お茶と生糸であったといってよい。日本の緑茶は開国以来、まずまずの滑り出しをみせたが、英国人たちが嗜《たしな》む紅茶は、それまでの日本にはなく、国産の紅茶作りを悲願とした日本は、懸命に清国から技術者を招いて教えを乞い、中国式紅茶製造を試みたが、できあがった品質はあまり良くはならず、欧米諸国の評判は芳しいものではなかった。

だが、「富国強兵」「殖産興業」による近代化をはかる明治日本には、お茶と生糸しか、頼れるものがなかったのである。明治九年（一八七六）五月のことであった。

「なんとしても、国産の紅茶を成功させよ」

ときの内務卿に栄達していた大久保利通に厳命されたのが、内務省勧業寮の役人・多田元吉であった。ときに彼は四十七歳。

この時、元吉とインドへ行動をともにしたのが、なんと石河確太郎であった。大久保はこの、いわば自らよく知る日本人商社マン第一号を、元吉につけたわけだ（ほかに通訳・梅浦精一《うめうらせいいち》が同道）。

ダージリンからさらに、アッサムをはじめインドの密林地帯へ。象に乗って奥地へ分け入った彼らは、虎や豹、毒蛇《どくへび》に遭遇しつつ、護身用のピストルを片時もはなせない旅をつづけたが、一方で三人ともに熱病と赤痢にかかり、倒れてしまう。しかし三人は、同じ死ぬなら祖国の土地を踏んで死のう、と気力をふりしぼり、途中、病気を克服しつつ、清国をも巡って、明治十年（一八七七）二月に日本へ戻ってきた。

この多田が日本に紅茶栽培を根づかせ、日本茶の改良に活躍した人物であることを、今は知る人も少なくなった。ましてや、石河である。

われわれは、こうした無名に近く消えていった商社マンを忘れるべきではあるまい。

## 悲劇の人・本間郡兵衛と小松帯刀の最期

——先駆者ゆえの悲劇には、幕府、薩長の区別はなかったようだ。

「本朝の膏油《こうゆ》（日本の利益）を彼（欧米列強）に吸われる様の仕儀、これ無きように、寺島（宗則《むねのり》）の説に御座候」

〝藩立サツマ商社〟の部下、伊地知壮之丞《いじちそうのじょう》に書き送った小松帯刀も、欧米列強の植民地とならぬよう、日本独立の事業としての、「コンペ、ニー」を懸命に模索していた。

金主（株主）を集めて、コンペ、ニーを設立する——この帯刀の方針により、慶応三年（一八六七）に創案されたのが、石河確太郎建白による「大和交易」というカンパニーであった。

この創立メンバーに、本間郡兵衛《ほんまぐんべえ》という人物がいた。

〽本間さまにはおよびもないが　せめてなりたや殿様に

と謡われた日本一の地所持ち、庄内藩の本間家の縁につながる廻船問屋に生まれた郡兵衛は、もともとは画家で、長崎にて蘭学ならぬ英学を修め、文久二年（一八六二）には欧米諸国を巡り、清国も訪れた経験をもっていた。

帯刀がグラバーに英語教師の紹介を頼んだ時、推薦されたのがこの人物であった。以来、薩摩藩で英語を教え、〝藩立サツマ商社〟にも参画するようになった。郡兵衛は「薩州商社草案」をつくって帯刀へ上書し、「大和交易」を立ち上げることを力説した一人でもある。

自らも、出羽国の本間家＝日本屈指の大富豪の一族であったことから、広く金主を集めるにあたり、郡兵衛は本間家にそのことを説いてまわったようだ。だが、出羽はまだ時勢の中で冬眠中であった。西南雄藩ほどに〝海防〟と貿易の必要性がわからない。徳川幕府の敵、薩摩藩のスパイと誤解され、郡兵衛はついには監禁・幽閉され、最後は毒殺されてしまった。

それでも帯刀はあきらめず、イギリスを仲間に引き込み、貿易を推進することを考える。そのために薩藩留学生（十五名）および使節（四名）を、元治二年（一八六五）三月に、イギリスへ送った。

グラバーは駐日公使のパークスを薩摩へ招く工作にも、懸命に知恵を絞っている。帯刀は多忙を極めていた。パリ万国博覧会にも幕府とは別に、「薩摩・琉球国」として出品を指揮している。八面六臂の活躍であったが、その分、体が先に参ってしまった。歩行も困難なほどの重症に陥り、鳥羽・伏見にはじまる戊辰戦争には出征できず、それでも新政府は執拗に帯刀を求め、病気療養中の彼をそのまま参与に任じている。外交を担当せよ、というのである。

帯刀をよく知るイギリスの通訳アーネスト・サトウは、その印象を次のように語っていた。

小松は私の知っている日本人の中で、一番魅力のある人物で、家老の家柄だが、そういう階級の人間に似合わず、政治的才能があり、態度が人にすぐれ、それに友情が厚く、そんな点で人々に傑出していた。（『一外交官の見た明治維新』）

東京遷都ののち、帯刀は「玄蕃頭《げんばのかみ》」（のちの外務大臣）に進み、外交と財政を主に総裁してほしい、と新政府に泣きつかれている。

しかし、彼の病状は好転しなかった。三十五歳となった明治二年（一八六九）、京にあった帯刀はそれでも、無理に無理を重ねて国許に戻り、藩政改革に取り組み、一応の形をつけたところで、病気の本復は難しいと自ら判断。五月十三日付で官職を辞し、それが聴かれたのが二日後であった。

この時、小松は自らの後任に、薩摩の人ではない肥前佐賀藩の大隈重信を推薦している。二人は数回程度しか会っておらず、小松はそれでいて大隈の才覚を見抜いていたことになろう。

大隈は明治十四年の政変で政府を追われるが、同二十一年には外務大臣に就任し、明治三十一年六月には、薩長藩閥以外の、初の内閣総理大臣となっている。

帯刀は明治三年五月二十七日、遺言状を認め、大阪医学校教師の「ボードゥヰン」に治療を受けていた大阪の地で、七月二十日に死去。死因については諸説あるが、享年は三十六であった。

小松家の跡は、長男・清直《きよなお》（三十代）―清直の長男・帯刀（三十一代）―清直の次男・重春《しげはる》（三十二代）とつづいた。重春は経國銀行の頭取などをつとめたが、嗣子がなく、三十三代には西郷従道《つぐみち》の七男・従志《じゅうし》が養嗣子となり、この血脈は今日につづいている。

余談ながら、重春の代に、ときの鉄道大臣・大木遠吉《えんきち》（佐賀藩士・喬任《たかとう》の子）は品川駅立売営業権を小松家に許可していた。これは重春の祖父・小松帯刀が、慶応三年（一八六七）に鉄道敷設建白書を呈上した功績を評したものであったという。

現在でも、ＪＲ品川駅構内を中心に、株式会社「常盤軒」は駅弁や居酒屋、そば・うどん屋などを展開しているが、これは小松家の家業といった色彩が濃い。

もしも、小松帯刀が幕末の薩摩藩になかりせば、日本は果たして明治維新を越えられたであろうか。そんなことを考えながら、居酒屋「薩摩屋敷」で一献傾けるのも悪くないように思う。

### 長州藩も財政破綻の危機にあった

先に薩摩藩の財政再建をみたが、実は、共に討幕を邁進したもう一方の、長州藩においても台所事情は変わらなかった。

お世辞にも、名君とはいえなかった毛利輝元、その子で初代藩主となった秀就《ひでなり》の時代、すでに長州藩には銀四千貫の借銀があった。

歴代の藩主は総じて、節倹を奨励し、自らも節約の姿勢を示したが、なかには十代藩主斉熙《なりひろ》のように、十一代将軍・徳川家斉やときの薩摩藩主・島津重豪と贅沢を競おうとした藩主も出現。斉熙は己れの左近衛権少将《さこんえごんのしょうしょう》への仕官と、嗣子斉元《なりもと》の従四位下式部大輔《じゅしいのげしきぶたいふ》叙任のために銀数千貫を使い、隠居してのちは、江戸葛飾別邸に十万坪の海を埋め立てた大庭園を建造。「鎮海園《ちんかいえん》」（現・江東区東部）と名付けた。

この別邸庭園工事のため、長州藩は二千六百貫の借銀をしたという。

ほかにも斉元の世子・崇広《たかひろ》（のち斉広《なりとう》）に将軍家斉の娘・和姫を迎えて、そのおりの臨時歳費が一万七百貫、その他の冠婚葬祭も重なり、天保八年（一八三七）四月に十三代藩主・敬親《たかちか》が家督を継いだおりには、相続のための費用にも事欠くありさまで、九万一千七百貫に借銀は膨らんでいた。

参勤交代、手伝い普請も実施されている。

目から鼻へ抜けるような――秀才型官僚（筆者は明治維新以来、今日につづく中央官僚のルーツは、長州藩庁だと思っている）は、さすがに優秀で、天保九、十年の節約で六千七百貫を減らしたが、それでもなお八万五千貫の借銀を抱えていた。

今日の貨幣価値に置き替えると、一千百三十億円ほどになろうか。

長州藩の表高は、三十六万石である。

藩主敬親から〝天保の改革〟を命じられたのが、大組士《おおぐみし》の村田清風《せいふう》であった。彼は財政再建のみならず、兵制改革、蘭学奨励、司法・刑法の改正まで手広く手掛け、のちの長州興隆の礎を築いた。

なかでも彼の断行した「公内借捌法《こうないしゃくさばきほう》」は、三百諸侯がこぞって注目している。なにしろ藩士の借金を、棒引きにしたのであるから。士卒の抱えていた借金を、すべて藩が肩代わりし、借金のない者にも公平を期すべく「高百石につき、銀一貫目の賞与」を支給している。

おかげで村田清風の名は天下に轟いたが、さて、この原資はどこから持って来たのであろうか。すべては七代藩主・重就《しげたか》の開設した、「撫育方《ぶいくかた》」にあった。

宝暦十年（一七六一）から二年がかりで、重就によって行われた〝宝暦検地〟により、長州藩領は実際八十九万五千百五十八石（長州本藩だけなら、七十一万二千百三十六石）あることが知れた。

その前に検地が実施されたのは、三代藩主・吉就《よしなり》の貞享三年（一六八六）から元禄元年（一六八八八）にかけてのもので、比べれば六万余の増石となっていた。

必要経費を引いて実質増えた四万石余に関して、藩主重就はこの収入を藩の正規の勘定から切り離して、別途に積み立てることを命じ、あくまでも厳重に一般会計と区別させた。そして設けられたのが「撫育方」であり、この新設部署は、直営の事業を営んで収益を増やし、撫育金に加えていった。開拓、塩田の直営、蠟の増産（一〇《いちまる》商標は防長四白《しはく》として有名）、藍の専売事業、「越荷《こしに》方《かた》」（藩出入りの問屋への金融、貸倉庫業を営む役所）――とりわけ「越荷方」は下関、萩、山口、三田尻と増えていき、海外貿易にも着手するようになる。抜荷《ぬけに》をやった、といわれるのもこちらであった。

「撫育方」の諸事業から上がる収益は、さらなる事業に拡大再投資される一方で、「宝蔵金《ほうぞうきん》」（初代藩主以来の呼び名、軍用金のこと）として萩の城中に積み立てられ、江戸の麻布下屋敷（現・東京ミッドタウン）の地下には「穴倉金《あなぐらきん》」と称して蓄えられた。

江戸の「穴倉金」は元治元年（一八六四）以降、密かに萩へ移されたようだ。

幕末、京都を一時期、占拠したに等しい長州藩の公家や尊攘志士への潤沢な政治工作資金は、すべてこの「宝蔵金」から出ていたのである。

だからこそ、長州は財政的に破綻することなく、鳥羽・伏見の戦いを迎えることができたわけだ。

# 第四章　明治維新、もう一つの可能性

## 最強の英国外交官、パークスとアーネスト・サトウ

尊王攘夷の嵐が、日本中を吹きすさぶ文久二年（一八六二）の八月、英国公使館通訳生として、日本の土を踏んだアーネスト・サトウは、このとき十九歳であった。

多くの外交官が、国命によって日本へ赴任してきたのと異なり、サトウの場合は前述のハリス同様、最初から日本を意識し、当初からの駐在を希望していた。兄が図書館から借りてきた、かつての駐日書記官ローレンス・オリファントの『エルギン使節の支那・日本訪問記』（イギリス人最初の日本紀行記）を読み、未知の国・日本に多大の関心をもったという。

それだけに、日本に懸ける意気込みも凄まじく、イギリス外務省に通訳生として入省し、北京で研修を受けて日本へ派遣されるや、またたく間に日本語をマスターしてしまった。

ほとんど天才的といっていい。難解な候文《そうろうぶん》が読めたばかりか、大名、旗本の言葉遣い、世上の俗語、方言まで的確に聞きとるだけの語学力を有するにいたる。

あるとき、幕府の役人がその通訳ぶりに感嘆したところ、すかさずサトウは、

「おだてと畚《もっこ》にゃ乗りたかねえ」

と、江戸弁で啖呵《たんか》をきった、と伝えられている。

併せてサトウは、実によく日本国内を歩いていた。日本各地を積極的に訪ね、幕末の要人には残らず会っているし、彼らの思想、性格、能力、経歴といったことなどにも、驚くほど精通していた。

このサトウの上司が、ときのイギリス公使サー・ハリー・パークスであった。幕末に、日本を訪れた外国人のなかで、パークスほど、ときの日本に多大の影響をおよぼした人物も稀有《けう》であったろう。

彼は、ややもすればアメリカ中心になりつつあった列強外交を、アメリカ南北戦争を契機に、イギリス主導に切りかえることに成功した、敏腕の外交官であった。しかし、その元気の源は工事現場の親方のごとき頑健さと下品さ、並はずれた怒りっぽさにあったといえるかもしれない。

「日本人も東洋人である。話し合いなどいらない。がなり声でわめき立て、大砲で脅せばよい」

日本人独得の〝ぶらかし〟や曖昧《あいまい》さに直面すると、パークスは顔面を朱にして怒り、誰彼《だれかれ》構わず、きわめて品のない英語で捲立《まくし》てた。今日なお欧米人の一部にみられる、日本人に対するある種の態度の典型であった。もっとも、その責任は日本側にもあったようだ。

当時、日本の高官が嘘をつくといった見方は、欧米列強の〝常識〟となっていた。

前出のロシアの提督プチャーチンの秘書として、幕末期の日本を訪れたイワン・A・ゴンチャロフは、日本の役人が常套手段《じょうとうしゅだん》とした回答引き延ばし策に、心底、腹を立てて次のように述べている。

「引き延ばして、ちょろまかし、嘘をついた揚句《あげく》が拒絶だった」(『フリゲート艦パラーダ号』)

パークスの前任者サー・ラザフォード・オールコックにいたっては、「日本は本質的に逆説と変則の国だ」とその著書『大君《タイクーン》の都』で言い切っている。それでも彼らは、パークスほどには、日本人を未開人扱いにはしなかった。

両親にはやくに死別し、十代の半ばにして中国へ流れついたパークスは、英国領事館の給仕のごとき身分から叩き上げ、ついには英国外交史上に残る業績をアジアにおいて築いた。が、その流儀＝やり方は、実に乱暴きわまりないものであった。彼は己れの教養のなさを、動乱相次ぐ中国にあって勘のよさと度胸と、勇猛果敢の行動力を武器に補い、厦門・広東・上海各地の領事を歴任し、この間、第二次アヘン戦争に荷担したり、イギリス優位の条約締結に八面六臂の活躍を演じている。

別にアロー号事件とも呼ばれる第二次アヘン戦争は、旧式貨物船アロー号が、登録期限が過ぎていたために、広東水師の検問を受け、持ち主が香港の清国人であったことから、拿捕《だほ》され、十三人の中国人船員が拘束された。

ところが、この船はイギリス植民地当局に登録されており、検問中にイギリス国旗を引きずり下ろしたことが、大英帝国への侮辱だとイギリス側は解釈。中国船員の釈放と、イギリス国旗への謝罪を要求した。このときの、広州のイギリス領事がパークスであった。

清国側が二つとも拒否したことにより、第二次アヘン戦争が勃発。結果として北京条約が締結され、ここではアヘン貿易がついに、合理化されてしまう。

パークスは評価を上げて、上海駐在領事から日本駐在公使（正しくは、駐日特命全権公使兼総領事）への栄転となった。彼の来日は、元治二年（一八六五）三月のことである。

パークスは自らのアジア人との交渉術を、中国での領事時代に自得したと思い込んでいたようだ。

「威嚇に過ぎたるものはない」

交渉相手を怯えさせるのが、交渉を速やかにまとめる最も早い道だ、とパークスは信じていた。

この猪武者《いのししむしゃ》の上役に、婉曲ながら、

「日本では、その流儀は通用しません」

とたしなめ、翻意させようと努力したのがサトウであった。

## パクス・ブリタニカ期のオールコックとパークス外交の凄み

サトウは幕末期、武士のあいだで流行した「虚喝《きょかつ》」（虚勢を張っておどす）という語の意味をいち早く把握し、

「日本の、とくにサムライはほとんどが知識人で、ヨーロッパとかわらぬ学問、教養を有している。ただ、文明の系列が欧米とは違うだけのことです」

と述べ、パークスに「虚喝」（恫喝と同意義語）は、いたずらに日本人の反感と軽侮《けいぶ》を買うばかりだ、と忠告もしている。さしものパークスも、日本をよく識《し》るこの部下だけは煙たい存在であったようだ。そのせいか、傍目にもサトウはパークスに、可愛がられることが薄かった。

聡明なパークスは、得意の威嚇外交を展開しつつ、サトウの情勢分析にも耳を傾けている。めざましい成功といわれるパークス外交は、ようやく三十歳になるかならぬかの、この一通訳官なくしては到底、覚束《おぼつか》なかったに違いない。

「一八六八年の革命」

と後年、サトウ自身が回想録に記したのが明治維新であった。

パークスの前任者オールコックは、すぐれた洞察力で日本の社会構造を解明し、この国の最高君主は天皇《ミカド》であって、江戸の大君《タイクーン》（将軍）を戴く幕府なるものは、「うわべだけの政府」に過ぎない、と鋭く看破《かんぱ》した。彼は天皇こそが、将軍の定めた法令を無効にできる、唯一の存在であると述べ、この「二重構造」が機能している限り、いくら幕府と外交交渉を重ねようとも、おのずと限界のあることを指摘している。と同時にオールコックは、幕末の日本を事実上支配していたのは、薩摩、長州、土

佐といった有力大名たちであることも認識していた。

しかしながら、その有力大名が連合して天皇を担ぎ、幕府を崩壊させるとまでの予断は、さすがにもてなかったようだ。

「京都に列侯会議を――」

幕末の世論を沸騰《ふっとう》させる構想を打ち出したのは、実はサトウであった。

慶応二年（一八六六）、パークスに相談することもなくサトウは、横浜で発行されていた「ジャパン・タイムズ」に、日本の混乱を収拾するための提案「English Policy」を、三回に分けて発表した。それは、かつてのオールコックの見解を踏襲したもので、日本の政体の二重構造を指摘し、わけても外交上の混乱原因をそこに見出したものであったが、サトウはさらに以下のように書き足した。

日本の混乱を鎮めるためには、その政治形態を改造したほうがよい。もっとも効果的なのは、将軍が本来の姿――諸侯の地位に下ることである。そのうえで帝（天皇）を戴く諸侯＝列侯の連合体が、支配勢力を担って政治を担当するのが妥当であろう。まさに、識見であった。サトウは一私人としてこれを発表したのだが、この論説は邦文に訳され、広く日本国内に流布していく。

しかも、いつしかその表題は、『英国策論』とひどく公的な響きのものに変わってしまった。薩摩藩の西郷隆盛も読み、長州藩の桂小五郎（木戸《きど》孝允《たかよし》）も、土佐海援隊の坂本龍馬も読んだし、彼らは前後してサトウに直接、会っている。結局、サトウの予断どおり帝を擁した〝雄藩〟勢力は、二百五十年余続いた徳川幕府を崩壊させてしまった。

それにしてもサトウや、その上司のパークス、その前任者のオールコックにしてもだが、彼らはなぜアメリカやフランスより以上に、日本の国内情勢を把握、分析することができたのであろうか。

　これはかつてのイギリスと同様の立場にある、現在のアメリカを考えるうえでも重要であろう。一言にしていえば、パクス・ブリタニカ期の英国外交官は、こぞって赴任先の国の研究を、義務づけられていたことがあげられる。が、それは単に経済や軍事を研究するといったものではなく、その国の文化を保護し、振興する根元的な職務でもあり、そのウエイトは通常の外交活動と同等の比重をもっていた。

　当時のイギリス外交官は、サトウがそうであったように、若いころから現地人の生活に溶け込むことが奨励された。そのために通常の勤務は午前中だけで、午後は個人が興味を抱いた（あるいは上司から与えられた）テーマの研究に充てられている。公務の延長であったことは、イギリス本国への月に一度の報告が、義務づけられていたことからも明らかであった。

　のちに、幕末の三大「日本学者《ジャパノロジスト》」と称されたサトウ、アストン、ミットフォードが、三人揃ってイギリス外交官であったのも偶然ではない。彼らは恵まれた環境——外交官特権の利用も含め——に置かれており、「明治」と改元されてから急暴落した貴重な和書も、大量に入手することもできた。

　明治十六年（一八八三）一月に離日するまで、サトウは二十年におよぶ日本滞在で、日本学を飛躍的に発展させた。とくに明治四年頃に内妻として武田兼《かね》を迎え、子をなすと、ますます充実した研究発表を行ったが、その受け皿こそが「日本アジア協会」というイギリス国策の舞台であった。

　十九世紀におけるイギリスの国際戦略は、たとえばアジア地域の場合、インドであれ中国であろうと、まず在留英国人の手による学術研究の団体を発足させ、ここから社会科学的なアドバイスを受けて、政策策定の参考とするのが常であった。

第二章でみた、ロシアも同じようなことをやっていたが、質量がイギリスでは隔絶《かくぜつ》していた。

## 日本最初のガイドブックとサトウのその後

この当時、各国に〝アジア協会〟と称するイギリスの国策・国益擁護団体が結成されている。「日本アジア協会」は明治五年に、東京に設立された。「日本又は他のアジア諸邦に関係のある問題の研究及び報告の蒐集《しゅうしゅう》」を目的に、独白の機関誌『日本アジア協会報告』を刊行している。日本アジア協会は、外国人による日本研究機関としてすぐれた業績を挙げたばかりか、それまでおよそ〝科学《サイエンス》〟の概念を持たなかった日本人に、大きな影響と反省を及ぼさずにはおかなかった。

余談ながら、サトウらの設立した日本アジア協会は、本来はロンドンの「ロイヤル・アジア協会」の日本支部となるはずであった。横浜とロンドン間の航行は、約二ヵ月で可能であったから、当然といえば当然であっただろう。

ところが直前になって、在日アメリカ人から〝物言《ものい》い〟がついた。イギリスの国策団体として百パーセント組み込まれるのはいやだ、というのだ。イギリス側はアメリカ人の苦情に理解を示した。英米間での表立った争いは、避けたかったからである。彼らには少し前のロシア同様、共通の敵・新興国ドイツの存在があった。日本アジア協会が発足した翌明治六年、つぎには在ドイツ人有志五十二人が参集し、「東亜自然学・民族学独逸協会」を設立した。

イギリスの人文科学に対抗して、自然科学と医学の研究に重点を置いたものの、早ばやと人文科学の領域に比重を移し、明治三十一年、あろうことか日本アジア協会の主要メンバーであったサトウを、独逸協会の名誉会員に推挙している。

かたや日本では、イギリス、ドイツの国策協会が活動を開始した段階で、明六社の創立をようやくみている。明治七年三月、機関誌『明六雑誌』が発行された。

いずれにしても、日本の学者が〝科学〟に習熟していなかった時代に、欧米列強はこれまでつちかってきたお得意の合理主義――さらには近代的、科学的な手法で、日本研究に着手していた事実は、肝に銘じておく必要がありそうだ。

少し、角度を変えてみたい。外国人は当時の日本をいかによく識《し》っていたか――日本の近代化がどれほど遅れていたかである。日本で最初の完全なガイドブックは、横浜開港資料館のブルーム・コレクションに現存している。原題は『A Handbook for Travellers in Central and Northern Japan』――『日本の中部・北部地方の旅行案内書』である。

明治十四年、横浜の「本通り二十八番」にあった「ケリー商会」で刊行された。この会社は上海、香港にもあった。ページ数は四八九。アーネスト・サトウとアルバート・ジョージ・シドニー・ホーズの共著である。サトウは外交官だが、ホーズはイギリス海軍士官で、明治政府が海軍建設のために雇い入れた外国人第一号であった。

明治三年十一月のことである。ときにホーズは二十七歳。彼の功績については、ホーズの雇用より三年遅れた明治六年に来日し、翌七年から海軍兵学寮で英語や数学を教えたチェンバレンの、『日本事物誌』（一八九〇年）の「海軍」の項に詳しい。チェンバレンもサトウ同様、日本アジア協会に加入している。サトウの『一外交官の見た明治維新』(一九二一年)によると、慶応元年十一月、「最近セヴァーン号から旗艦に転じてきたばかりの海軍士官で、私の友人であるA・G・S・ホーズが同じ艦にいるのを知って、私はうれしかった」とあるから、おそらく二人は、日本に赴任する以前から出会っていたのであろう。

この二人の日本滞在は長く、それぞれが日本の国内事情に精通していたことはいうまでもない。

さて、二人の著になる『日本の中部・北部地方の旅行案内書』(以下、『案内書』という)は、文字通り「旅行のための手引書」だが、この『案内書』は日本在住の外国人に、あるいは新たに来日する予定者や日本に関心をもつ外国人を、読者対象として編集・出版されたものであった。

一説に、明治初年、日本政府が招聘《しょうへい》した外国人総数は、四、五千人ともいわれ、うち半数がアメリカ人であったと伝えられるから、『案内書』が刊行されたのも頷《うなず》けなくはない。が、このガイドブックを購入したのは、外国人ばかりではなかったのではあるまいか。なにぶんにも、日本人は日本を知らな過ぎたからである。科学と神話が渾然《こんぜん》となっていた時代——日本人すら知らずにいたデータを、サトウらは見事に収集し活用しているだけに、なおさらそのように思えてならない。

サトウの日本研究・執筆は、その後も衰えることなく続いたが、彼はその間に一度帰国すると、明治二十八年、今度は日本駐箚《ちゅうさつ》特命全権公使として再び赴任してくる。ときあたかも、日清戦争の講和条約により、決定された遼東半島の割譲問題をめぐり、ロシア・ドイツ・フランスの露骨な〝三国干渉〟がはじまっていた。

サトウは、極東におけるイギリスの権益擁護のために来日したのであったが、明治三十三年(一九〇〇年)、五年の滞在の後に本国へ戻ると、同年五月三十一日、英国陸軍大臣ブロドリックとの会合の席上、風雲急を告げていた日露戦争の見通しについて、次のように語った。

「日本は一九〇三年より以前に、行動を起こすことはないでしょう。日本が戦うのは、陸海軍の軍備が充実し、しかも、わが国が日本を支援する時期がきてからです」

サトウの予見は的中した。

明治三十五年、日英同盟が締結され、その二年後に日露戦争は勃発する。そして日本は辛《かろ》うじて勝利したことになっているが、果たして真の戦勝国は、日本であったのだろうか。

当時の国際情勢をあらためて見ていくと、極東におけるイギリスの支配権を守るべく、しかもイギリスそのものは戦わず、日本に代理戦争をさせた、という見方をするならば、日露戦争は「パクス・ブリタニカ」の戦略を有効に作動させた、イギリスの勝利ということになる。

それは妙に親日派ぶらず、感情的反日派にもならず、己れの情念を冷静に燃焼させつづけたサトウのような人材を育て得た、大英帝国の凄味ではなかったろうか。

戦前の一時期、日本は日英同盟の中に生き、戦後はアメリカの傘の下にいる。そして日本はいまも、アメリカほどにも自国のことを知ろうとはしていない。

## 坂本龍馬の目指したもの

このサトウに、慶応三年(一八六七)七月に起きたイギリス軍艦イカルス号の水兵殺害事件で、下手人を土佐海援隊と極めつけられ、談判の席上でどなりつけられたのが坂本龍馬だった。

「――さらに才谷（龍馬）氏も叱りつけてやった。かれは明らかに、われわれの言い分を馬鹿にして、われわれの出す質問に声をたてて笑ったからである。しかし、わたしに叱りつけられてから、かれは悪魔のような恐ろしい顔つきをして、黙りこんでしまった」（『遠い崖―アーネスト・サトウ日記抄5』）

とのちに、サトウは回想している。この事件の犯人は福岡藩士で、龍馬は濡衣《ぬれぎぬ》を着せられていたわけだ。右のような態度に出ても、仕方がなかったろう。

ところで、そんな彼が勝海舟の弟子となり、師の掲げた「一大共有の海局」を実現すべく、神戸海軍操練所に隣接された海舟の私塾の塾頭をつとめたことは、すでに前章でふれた。

身分に関係なく、才能・実力をもって海軍の士官・下士官を要請する――その夢を実現させるのが、神戸海軍操練所であったが、同所は八・一八の政変、それにつづく禁門の変、第一次長州征伐のなかで、甦《よみがえ》りつつある幕府＝〝一会桑政権〟（一橋慶喜を中心に、会津藩・桑名藩の勢力）からは白い眼でみられるようになり、ついには元治二年（一八六五）三月十二日、閉鎖の憂き目をみることとなる。

海舟は江戸へ召還され、行き場のない土佐脱藩の浪士だけが残った。

多くの人々は勘違いしているが、薩摩藩の小松帯刀になんとかしてほしい、と泣きついたのは龍馬ではなく、その甥の高松太郎であり、この時、龍馬は〝北〟を目指していた。越前福井藩を説得し、藩籍の「黒龍丸」を借用して、龍馬は私設海軍、海上藩の建設にかかるつもりでいたのだ。

これこそが、彼が懸命に考え抜いた、「一大共有の海局」を牢人の自分が実現するための方法論であった。すなわち、黒龍丸を使って交易に従事し、その運航には仲間の土佐脱藩浪士たちを当て、商いであがった利益をもって、自前の蒸気船＝軍艦を購入する。

　貿易を盛んにして軍艦を増やし、幕末、沈黙を強いられているその他大勢の三百諸侯をスポンサーとして結び、出資させ、行く行くは第三の〝極〟を築くというのが、龍馬の新たに考えた手法であった。

　だが、「黒龍丸」は貸してもらえない。当然であろう、幕府の神戸海軍操練所であればこそ、福井藩は貸し出したわけで、幕府に睨《にら》まれている浪人結社にそのようなことをする道理が、そもそもなかった。失意の龍馬は次善の策として、高松たちと合流する。

　慶応元年（一八六五）閏五月頃に結成された亀山社中は、その後、薩長同盟の橋渡し役を担うなど、政治結社としては成功をおさめたものの、社中の本業ともいえる総合商社、海運業の方は、ついぞ軌道に乗らなかった。小松帯刀に相談を持ちかけ、社中の後見人として小曾根《こぞね》乾堂《けんどう》の協力を得、月給として一人三両二分を薩摩藩から支給してもらう――ここまでは、順調だった。

　幕府とさらなる第二次長州征伐を戦うことになった長州藩に、トーマス・グラバーの商会を使って、最新式のミニエー銃や旧式のゲベール銃の七千三百挺の購入仲介（九万二千四百両）を行う仕事も、高松太郎や近藤長次郎らが上手にやっていた。

　ふり返って検証してみれば、亀山社中に転じてからの、龍馬プランの第一のつまずきは、社中が運用する予定だった汽船ユニオン号の使用権を、その船主である長州藩に認めてもらえなかったことにあった。これは主に、長次郎が奔走したものだったが、蒸気スクリューに砲八門（後装式の新式砲）、二百四トンのイギリス製ユニオン号――船齢は七年の中古だが、六万ドル（三万七千七百両・前金五千ドル）はいい買い物であった。商談は成立している。「桜島丸」と社中で命名されたユニオン号は、丸に十字の薩摩の旗を掲げて、慶応元年十一月に下関へ入港している。

ところが、この「桜島丸」（長州藩では乙丑《いっちゅう》丸と命名）の帰属をめぐって、社中と長州藩——近藤長次郎と長州の海軍局が揉めた。長次郎は長州藩士の井上聞多（のち馨）との間で、「桜島丸条約」と呼ばれる七ヵ条の秘密協定を結び、社中の運航を約していたのだが、長州側はこの密約を知らず、かつ認めなかった。

龍馬と高杉晋作が調停したものの、社中は「桜島丸」に乗り込むことは認められたが、長州藩海軍総督の統制に従うことになる。薩長同盟締結直前の、出来事——龍馬の入京が遅れたのは、この一件の処理のため——であり、立場上、龍馬は妥協を余儀なくされたのだが、要するに社中は予定していた持ち船を持てなくなってしまった。

船のない社中は、陸にあがった河童《かっぱ》も同然であったが、ほどなく一同の念願はかない、薩摩藩の資金援助（六千三百両）を得て、洋式帆船ワイルウェフ号を購入。長崎から鹿児島への、処女航海に漕ぎつけることができた。この船が、龍馬の命運を担っていたといえるかもしれない。

ちょうど、蒸気船であるユニオン号が長崎に寄港していたので、帆船のワイルウェフ号は曳航《えいこう》してもらうことになり、二隻の船は一列縦隊で長崎を出港した。だが、慶応二年（一八六六）五月二日の未明、肥前五島沖でワイルウェフ号は悪天候のため沈没。乗員十五名のうち、船将（船長）の黒木小太郎（鳥取脱藩浪士）をはじめ、龍馬がその将来を嘱望していた池内蔵太《いけくらた》ら社中の仲間十二名の生命《いのち》が失われてしまう（士官の浦田運次郎〈佐柳高次《さなぎこうじ》〉は、九死に一生を得ている）。

亀山社中にとってワイルウェフ号沈没は、大きな痛手であった。せっかく購入した船を失ってしまったことは当然として、黒木や池といった古くからの同志を死なせたことは、龍馬にとって取り返しのつかない人的・金銭的損失となった。

筆者は以前、こうした連続の不運が、龍馬に社中解散を促したと考えてきた。

## 土佐海援隊、発足の真相

慶応二年（一八六六）七月二十八日に、龍馬が三吉慎蔵《みよししんぞう》にあてた手紙にも、

「社中唯一の所有船であったワイルウェフ号が沈没してしまったので、長崎に戻っても乗るべき船もない。そこで我々は、泣く泣く水夫たちに暇を申し渡した。しかし、かれらのうち三名は涙ながらに立ち去ったが、多くの者は死ぬまで、どこまでもついていくといって立ち去ろうとしない。私は対応に困ったが、国（土佐）まで彼らを連れていくことにした」（著者意訳）

すでに長崎奉行所は、「亀山社中」の活動に朝敵長州とのつながり＝疑いの目を向け、社中の水夫を買収し、社中の活動を阻害しようとすらしていた。にもかかわらず、大半の水夫たちは龍馬を信じ、彼との〝心中〟を誓っていた。立場上、龍馬はおいそれと社中を解散できない。

そこで亀山社中を発展解消し、「土佐海援隊」を結成するという、新構想にもとづく事態打開をはかることへつながった、と筆者は考えてきた。

ところが、改めて検証してみれば、薩長同盟の締結はそもそも、「亀山社中」を必要としなくなる状況をつくったのではないか、と思うようになった（拙著『坂本龍馬の正体』）。

読者諸氏も考えていただきたい。なるほど、両藩が同盟するまでは世間の目もある。「亀山社中」という浪士結社は、薩長双方にとって都合がよかったであろう。だが、ひとたび同盟ができれば両藩の藩官僚が互いに連携して、武器・弾薬・軍艦を購入・運搬すればいいわけで、第三者を介する理由がなくなっていた。社中に依頼すれば、中間マージン（手数料）が発生する。

第二次長州征伐に、長州藩が事実上の勝利をしてからはなおさらのこと。二藩は相互に使節を交換するところまで、同盟の絆は深まっていた。残るは龍馬への感謝の念だが、これも社中が利益を得て商いをしてきたことを考えれば、さほど社中を切り捨てる障害にはならなかったはずだ。寺田屋で幕府の捕り方に襲われた傷を癒すため、薩摩に湯治に来た龍馬とお龍が、そのあと下関の阿弥陀寺町にある伊藤助太夫の家に、長期滞在していたことは、その後の龍馬の土佐海援隊を考える場合、きわめて重大であったように思われる。

龍馬は師の海舟が考え、己れも共鳴した「一大共有の海局」を実現すべく、独自に東奔西走したが、その根拠となるべき持ち船を、どうしても手に入れることができなかった。否、手に入れてもそれを使って利益をあげ、その利益によって持ち船を増やし、支援者から独立した独自の、第三の勢力――たとえば海上藩のようなもの――とすることが、時勢の速さゆえにかなわなくなっていた。

政局は幕府と薩長の双方が、朝廷を奪い合う形となっており、その他大勢の諸藩も全国の庄屋も豪商も、無論、亀山社中もその政局の埒外におかれていた。

龍馬の、今後取りうる方法論は、おそらく次の三つであったろう。

一つ目は、亀山社中の独立をあくまで堅持し、政局の埒外に置かれている諸藩と連合を模索し、経済基盤を新たに築くこと。

二つ目は、薩摩藩（あるいは長州藩）に吸収合併してもらうこと。

三つ目は、故郷の土佐藩へ帰参すること。

下関にありながら、龍馬はまず一つ目を模索したが、どうもうまくいかない。

試行錯誤でふり出しに戻った＝社中が事実上の倒産をした時、龍馬の前に土佐藩の参政・後藤象二郎が現われた。この二人によって、土佐海援隊が誕生する。

慶応三年正月十三日、はやくも二人は長崎で会見している。先にあげた龍馬のとるべき三案のうち、最後の三つ目がこの会見でつながった。

しかし、龍馬が後藤と手を結ぶなどということは、誰も予想すらできなかったに違いない。

当時の土佐藩は、前藩主・山内容堂の信任のもと、かつての吉田東洋派＝〝新おこぜ組〟の後藤たちが政治の実権を握っていた。だが彼らは、龍馬の同志であった武市半平太ら土佐勤王党の人々を弾圧し、殺した張本人でもある。また、一方では後藤も、義理の叔父であり師でもあった東洋を、土佐勤王党に暗殺されている。龍馬と後藤――本来なら、ともに仇敵《きゅうてき》であったといえよう。見方によっては、両者の和解は薩長の同盟以上の難問でさえある。だが、龍馬には後藤の方から手を差し伸べてくるかもしれぬ、との〝読み〟があった。そのための、密かな働きかけも行っていた。

後藤の心中を忖度《そんたく》すれば、理解しやすい。もしも幕府が瓦解し、薩長二藩の天下となれば、武市をはじめ多くの勤王の志士を処刑した土佐藩は、その報復を必ずや受けるであろう。土佐藩が生き残るためには、土佐勤王党の生き残りである龍馬や中岡慎太郎と接触し、改めて薩摩藩や長州藩とのパイプをつなぎ直す必要があった。

龍馬も、社中の金主（株主に相当）を懸命に探しており、後藤を必要としていたのである。

長崎の料理屋「清風亭」で会談した二人は、過去を水に流し、亀山社中と土佐藩は業務提携する運びとなった。会談の結果、社中の負債は土佐藩が全面的に面倒をみ、新組織に改編することになる。龍馬らの土佐脱藩の罪も赦免され、場合によっては将来的には、土佐藩も薩長連合に参加することなどが取り決められた。

土佐勤王党系の志士たちは、龍馬と後藤が和解したことを知ると、龍馬の行動をなじったが、現実問題として、龍馬や中岡も土佐藩も、互いに手を組むことにより、薩摩藩と長州藩を中心に展開しようとしていた時流に、ぎりぎりの段階で乗り遅れずにすんだのは確かである。

龍馬と後藤の長崎における会見につづいて、京都では土佐藩大監察の福岡藤次（のち孝弟《たかちか》・子爵）と中岡慎太郎との会談がもたれた。ここに仇敵同士であった旧吉田東洋派（後藤・福岡）と旧土佐勤王党出身者（龍馬・中岡）との歴史的な和解が実現する。

正月十六日、中岡の周旋により西郷隆盛を土佐へ呼ぶことに成功。西郷と山内容堂の会談が実現した。正月下旬、中岡と龍馬の脱藩の罪が赦免となり、二人の帰参が実現する。

三月中旬、福岡と後藤は長崎で会談、「土佐海援隊」と「土佐陸援隊」の結成を決定。海援隊とは、脱藩浪士を中心に構成される海軍部隊で、長崎在駐の後藤の監督のもと、龍馬を隊長とする組織と定義された。一方の陸援隊は、脱藩浪士を中心にして構成された陸上部隊であり、京都にあった福岡の監督のもと、中岡を隊長とする組織と位置づけられる。

新組織は、あくまでも土佐藩の外郭団体として機能することが期待された。つまり、幕府には知られたくない活動を、土佐藩は藩直属ではない海援隊と陸援隊に押しつけようとしたわけだ。

——一面、これは龍馬にとっても都合のいいことであった。

## お龍《りょう》はハダカで龍馬を救ってはいなかった⁈

慶応二年（一八六六）正月二十一日、犬猿の間柄であった薩長両藩の仲を取りもち、薩長同盟の締結周旋に成功した坂本龍馬は、二十三日の夜、定宿としていた京都伏見の寺田屋《てらだや》へ戻った。

この寺田屋は文久二年（一八六二）四月二十三日に、「勅命」によって薩摩藩の〝国父〟島津久光の命で、藩内過激派を鎮めるため、藩士同士が斬り合った惨劇の現場であり、薩摩藩伏見屋敷の保護をうけていた縁で、龍馬の常宿となっていた。

ようやく難事を成し遂げた、その思いで疲労しつつも龍馬はここに戻って、相好をくずしていたに違いない。この間、長州藩の支藩である長府藩士の三吉慎蔵《みよししんぞう》が、寺田屋の二階にあった物置に身を潜《ひそ》めながら、出張ってきた新撰組《しんせんぐみ》の追及をかわしたりしている。

龍馬と三吉は当然のごとく、薩長同盟の成立を喜びあい、一風呂浴びて、「一酌《いっしゃく》を催《もよ》おす用意」（『三吉慎蔵日記』）をしている最中、お龍から、幕府の捕吏《ほり》が侵入してきたことを告げられる。入浴中のお龍が、騒然とした物音を聞いて風呂から出、浴衣を打ちかけると、槍を持った捕方《とりかた》が迫った、と明治十六年（一八八三）に発表された、坂崎紫瀾《しらん》の政治小説『汗血千里駒《かんけつせんりのこま》』は述べる。

追手は、伏見奉行所の配下と新撰組——ところが、伏見奉行所の幕吏・福山武敬《たけたか》の後日談では、新撰組は不参加で、捕方は大半が武士ではない、町家の五、六十人だったという。

　この時点で、幕府ははやばやと薩長同盟の成立を摑んでいたのだろうか。筆者はそこまでのことは知らず、単に、寺田屋に不審者がいることを聞き込んでの、行動であったように思われる。

　お龍の回想ではこの日、龍馬は堂々と駕籠《かご》を乗りつけて寺田屋へ帰宿したという。誰何《すいか》されても、薩摩藩士の身分に擬装している。幕吏は手を出せまい、と龍馬は高を括《くく》っていたのだろう。確かに、第二次長州征伐をひかえた当時の情勢では、薩摩藩はまだ正面切っての幕府の敵ではなかった。雄藩薩摩と幕閣は、できることなら揉《も》めたくはなかったろう。

　実はこのとき伏見奉行所は、寺田屋に入ったのがニセ薩摩藩士であり、〝人斬り〟＝テロリストとして手配中の浪人・坂本龍馬である、と確信していた。

「彼才谷と名乗候坂本龍馬、兵庫役場へ寄宿中、人々を暗殺し、一昨冬伏見宿屋寺田屋方にて召捕人来りしを発砲してのがれ、行衛《ゆくえ》しれざりし」（『小梅日記』慶応三年十二月七日の条）

　畿内にまかれた手配書にも、薩長同盟の周旋者とは触れられていない。これは幕閣のトップシークレット。おそらく伏見奉行所は、浪人・不逞《ふてい》の輩として有無をいわさず龍馬を捕え、出身の土佐藩へ引き渡し、始末させるつもりでいたのだろう。

　ついでながら、捕方侵入時のお龍の活躍は、本人の後日談からして矛盾が多く、後世に物語の創られるプロセスを順番にみるようで微笑《ほほえ》ましい。お龍が語ったとされる『千里駒《せんりのこま》後日譚《じつたん》』では、入浴中に槍を肩先に突き出され、お龍は「濡れ肌に袷《あわせ》を一枚引っかけて」裸足で庭先に飛び出し、捕方と一応対をしてのち、二階の龍馬へ通報したとある。しかもお龍は、このあと繰り広げられる剣戟《けんげき》を、龍馬のかたわらで一部始終目撃していた、とも。

これが「土佐にいたお龍さん」(『土佐史談』七十六号)になると、入浴中に風呂場の羽目板に白刃が突きささり、捕方の襲撃を直感したお龍は、「着物を纏《まと》ふ間もなく」風呂場を囲んでいた捕方の前を台所へ走り、漬物石をすえて彼らの進行を阻《はば》み、二階へ通報に走ったことになっている。

しかしながら、お登勢の娘の殿井力《とのいりき》が後年に語ったところでは、お龍の入浴には力も一緒で、湯あがりにお登勢が捕方に呼び出されているのを目撃した、という。このとき、お登勢が戸外から「おりょふ様」と連呼したとの、寺田屋伊助(七代・お登勢の息子)の証言もあった。

史実は、捕方の応対をしたのはお登勢で、それを勝手口で聞いていたお龍が、二階へ走るというものであったようだが、いずれにせよ、お龍は龍馬に危険を知らせ、彼が寺田屋を脱出してのちは、薩摩藩邸へ走って、龍馬救出を訴えたことは間違いない。

「此《この》龍女がおれバこそ、龍馬の命《いのち》ハたすかりけり」(慶応二年十二月四日付　姉の乙女宛書簡)

龍馬の言に嘘はなかった。

蛇足ながら、〝龍馬もの〟の類には、龍馬とお龍の結婚式を、慶応二年(一八六六)正月、寺田屋で手に刀傷を負い、二人して潜伏した薩摩藩邸において、執り行われたとするものがある。

このとき、お龍が献身的に介抱したのが龍馬の心を捉《とら》え、二人は急速に親しくなり、結ばれ、ついには夫婦になったという。仲人役《なこうどやく》は、龍馬の無二の友である中岡慎太郎《なかおかしんたろう》がつとめ、寺田屋でともに戦った長府藩士の三吉慎蔵をはじめ、薩摩藩士の小松帯刀や西郷隆盛らが陪席して式は行われたとも(別に仲介を、西郷とする説もある)。

挙式後、二人は帯刀や西郷らの帰藩に同道、鹿児島へ旅立った（三吉、中岡も同行している）。この行為をもって、夫婦二人で旅をするという風習はなく――特に武家社会においては――龍馬とお龍の鹿児島行は、日本初の〝新婚旅行〟と呼ばれることになった――云々。

すべて、出鱈目《でたらめ》である。龍馬とお龍の結婚（内祝言）は、元治元年（一八六四）八月一日であった。媒酌は天台宗金蔵寺《こんぞうじ》の住職・智足院《ちそくいん》、場所は金蔵寺。つまり二人は、仏式の挙式をあげていたのである。新婚旅行に関しても、薩摩藩の家老・小松帯刀は、龍馬より十年早い安政三年（一八五六）の四月から五月にかけて、新妻と共に霧島を訪れていた。

## 小栗忠順の凄味

ところで、神戸海軍操練所が閉鎖されて以来、勝海舟は家にとじこもって、沈黙していた。この間、めざましい活躍をしたのが、その宿命のライバルともいうべき小栗上野介忠順《おぐりこうずけのすけただまさ》であった否、二人はライバルではなく、幕閣がときに一方を便宜使《べんぎ》いし、独走しようとするとひっこめて、他方を使う――そういう形で二人を競わせ、〝政敵〟にしてしまったといった方が、史実には近いように思われる。

たとえば海舟が、十四代将軍・徳川家茂に、神戸海軍操練所の設立許可を、直々に口頭でもらった文久三年（一八六三）四月二十三日、この海舟にとって最も喜ばしい当日に、幕府の勘定奉行兼歩兵奉行の地位にあった小栗は罷免されていた。そうかと思うと、元治元年（一八六四）十一月十日、海舟が軍艦奉行を罷免となった日、小栗が上申していた横須賀製鉄所の建設が、正式に幕府の認可を得ている。

「日本にも、製鉄所を造らねばならない」

幕府の中で明確に言い切った小栗は、海舟より以上に、ヨーロッパを知っていたのかもしれない。

いまだに、イメージ先行で誤認している人が多いが、「産業革命」がはじまった一七七〇年代、機械の発明と使用による生産方法の革新が起きたのは、紡績と織布の二つ――産業全体からみれば、繊維工業という一部門にすぎなかった。動力機関といっても、わずかに蒸気機関が現われていたにすぎない。産業分野の機械化＝真の改革は、機械製造の資材となる鉄――これを安価で大量に供給できるシステムが確立することが前提であった（十九世紀後半に可能となる）。

そのことを小栗は、日本人の中で誰よりも早期に理解していた形跡がある。渺茫《びょうぼう》とした西洋文明を、形あるものから理解し、その上で具体的な事物を一つ一つ積み上げる――これが小栗のやり方であった。この人物の存在は、幕末史において一面、奇跡的ですらあったといえる。

なにぶんにも、徳川家康の開いた幕藩体制の最大のテーマは、日々、〝無事泰平〟にあった。

極論すれば何もせず、ただ家代々の家禄を次代へ滞りなく引き継がせることにのみ注意するよう、旗本たちは教育されてきた、といっても過言ではない。

当然、事なかれ主義の蔓延《まんえん》した家風が、その根幹にできあがった。なぜか。なまじ優秀な人物が現われたりすると、政敵に狙われ、その反動で次代が凡庸であれば減俸か、活躍しすぎた場合はお家断絶の事態が起きぬともかぎらない、と彼ら〝直参〟たちは考えたようだ。

こうした守成の姿勢を、二百五十年もつづけていれば、その中から覇気があり、〝気骨ある侍〟がどうして生まれてくることができようか。

確かに、幕末の動乱期、綺羅星《きらぼし》のごとくに英雄・豪傑は登場したが、その多くは身分制度を超えての〝下剋上〟で、維新時に活躍した幕臣の多くは、外部からの流入組であったといえる。彼ら新参の幕臣たちは、それゆえに幕府や武士に、強烈な理想・憧憬をもつことができた。

――ところが、ひとり小栗上野介忠順だけは違っていたのである。

この家は、俗にいう〝三河武士〟の直系であった。

初代・松平隼人正《はやとのしょう》信吉《のぶよし》からスタートし、二代・仁右衛門《にえもんの》尉《じょう》吉忠《よしただ》（吉政）のおりに母方の小栗姓を称したこの家系は、次代の忠政《ただまさ》が徳川家康の側衆《そばしゅう》として大いに活躍。合戦では最も生還率が低いとされる、〝一番槍〟を幾度も達成した。

「この度もまた、一番槍か……」

そうした人々の感嘆から、家康によって「今後、〝又一《またいち》〟を名乗るように」と、この呼び名を贈られたほどの剛の者。〝三河武士〟の中でも、抜群の侍であった。この小栗家に、隼人正から数えて十二代目に忠順が生まれたのは、文政十年（一八二七）六月二十三日（二十二日説あり）のことであった。

屋敷は神田駿河台で、禄高は代々の二千五百石を継承。小栗家はまぎれもない、大身の旗本であった。幼名を剛太郎《ごうたろう》、通称はいうまでもなく又一であった。幼少の頃、疱瘡《ほうそう》にかかって、生命《いのち》はとりとめたものの、あばた面になったという。

父の忠高《ただたか》は養子ではあったが、嘉永七年（一八五四）には新潟奉行をつとめた英才で、母の邦子《くにこ》は家付きの娘ながら、子供の教育にはむしろ大らかな女性であったようだ。

どうも忠順本人が、進んで〝文武〟の修行を志した形跡がある。

幼くして安積艮斎の塾で漢学の手ほどきを受け、その縁で忠順は蘭学にも理解を示した。また、彼は自ら率先して直心影流の剣術、ほかに柔術・砲術も修め、父の死去にともなって家督を相続している。安政二年（一八五五）、二十九歳のときである。

ちなみに、海舟も直心影流の使い手であるが、彼の方が小栗忠順より四歳年長であった。

その六年前、彼は播州（現・兵庫県）林田藩一万石の建部《たてべ》内匠頭政和《たくみのかみまさより》の娘・道子――絶世の美女「衣通姫《そとおりひめ》」と噂された――を妻に迎えているが、二人は幼馴染《おさななじみ》で、建部家の家臣も忠順のことをよく知っていた。

　あの方（小栗忠順）は、少年の身で煙草をくゆらせ、煙草盆を激しく叩きながら、なるほどと藩主（政和）と応答しておられました。人々はその高慢さに驚きながらも、将来、いかなる人物になるか、と噂をし合ったものです。（蜷川新著『小栗上野介』）

## 訪米で名声を博す

どうやら忠順は、小生意気な少年であったらしい。

しかし幕閣の受けはよく、そのまま「使番」として職務につき、三十三歳で大老・井伊掃部頭《かもんのかみ》直弼の抜擢を受けることになる。「目付」として遣米使節団に加わった彼は、日米修好通商条約の批准《ひじゅん》書

（条約に対する国家の確認・同意を示す文書）の交換を采配せよ、と大老より大命を受ける。ときに、三十二歳。

おそらく井伊は、忠順の中に数少ない〝三河武士〟の伝統、気質を見出したに違いなかった。

さて、小栗の姿はアメリカ人に、どう映っていたのか。

「一行中、最も敏腕で最も実際的な人物」

「骨相学上では、優れた知的頭脳の人であった。少し疱瘡《ほうそう》のある彼の顔は、智力と聡明で輝いていた」（『米人の見たる万延日本使節』より）

小栗は純粋の〝三河武士〟でありながら、その一方で渡米以前に、海外の事情を専門家に学び、オランダ語も西周《にしあまね》について習得する努力をしていた。単なる名門生まれの横柄者《へいくわいもの》ではなく、彼はそれなりの裏付けを、懸命に人知れず積んでいたのである。

一行はワシントンへ行き、ホワイト・ハウスのイースト・ルームで、ときのブキャナン大統領と会見、「日米修好通商条約」の批准を行った。蛇足ながら、このあと日本人一行が去ってのち、ブキャナンは大統領選挙に敗れ、アブラハム・リンカーンが第十六代大統領となる（一八六一年三月四日）。南北戦争が、すぐそこまで迫っていた。

それはさておき、フィラデルフィアに赴いた忠順は、一両小判にドル金貨の交換比率を確かめる交渉を開始する。内外の金銀比価の相違により、思いがけす膨大な金貨が海外に流出したことは、すでに述べた。もしこれを放置したならば、日本経済は破綻したであろう。

幕府は対策として、新貨幣の鋳造を断行した。小判は安政小判（正字小判金）。一分《ぶ》判（安政一分金＝正字一分金とも）、銀は二朱銀（新二朱銀＝大形二朱銀）を新たに登場させた。天保小判の量目が、三匁《もんめ》であったのに対して、安政小判は二・四匁、天保一分金は〇・七五匁。これに対して安政一分金は〇・六一匁と、約二割方、量目を減らしたわけだ（新二朱銀は三・六〇匁）。

新二朱銀の銀量は、米ドル銀貨の二分の一、これ二枚でドル銀貨一枚とを交換することとした。これは今日からみても、合理的な措置であったといえる。金銀の国際比価も、以前よりは大いに改善されている。幕府は欧米列強に、安政六年（一八五九）六月一日より流通させたい、と通告した。

ところが、これを聞いたハリスが激怒し、イギリス総領事のオールコックとともに、幕府を条約違反で攻撃。ほかの三ヵ国も荷担して幕府を攻めつけ、途方に暮れた幕府は、なんとこれらの新貨をことごとく回収してしまった。わずかに、十二日間の流通であったという。

そのため新二朱銀は、「馬鹿二朱」と世間で物笑いにされた。しかし、考えてみればこれほどの、乱暴狼藉もなかったろう。筆者はアヘン戦争とおなじほどの、欧米列強の不義、強圧、いかさまぶりを憤らずにはいられない。

このことを許せぬこと、とみていた忠順は、まずサンフランシスコに到着した直後に、造幣局を視察している。批准書交換をはさんで、彼はフィラデルフィアに行き、一両小判とドル金貨の交換比率を定める交渉と実験を、独断で行った。そもそも使節団は、幕府から正式な交渉を命じられていない。

「すべての責任はそれがしが負う」

忠順はきっぱりと、いった。

アメリカ人たちは、日本が用いた〝天秤《てんびん》ばかり〟や「アバカス」（そろばん）を珍しがり、当初、その珍奇さに目をうばわれたが、造幣局で行われた合同実験――それぞれの通貨に、どれほどの金が含有されているかをあきらかにする――で度胆を抜かれることになる。

日本の使節団の方が、正確に速い答えを出した。

「オグロ《ママ》・ブンゴ・ノカミは、すべてのことを見通していた」

実験の結果、合衆国造幣局長ジェイムス・ロス・スノーデンは、新為替レートが日米間において、この先、締結されるだろう、とのスピーチを行っている。

忠順の名声は、アメリカにおいて大いにあがった。

そんな小栗は、フィラデルフィアに滞在中、不吉な新聞を読んでいた。

「大君の暗殺《ザ・タイクーンズ・アサシネーション》」

日本の皇帝（天皇）が、宮殿に向かう途中、十四人の変装した者に暗殺された、というのである。

忠順本人は一笑に付したが、この記事は翌日、皇帝を「国務長官《ミニスター・オブ・ステイト》」と訂正していた。

実は、大老井伊の〝桜田門外の変〟を報じていたのである。後見人を失った忠順ではあったが、彼は万延元年（一八六〇）九月、ついに外国奉行として、幕閣の一角を占めた。

## 〝土蔵つき売家〟に託した小栗の矜持

この外国奉行は安政五年（一八五八）に新設されたポストであり、水野忠徳・永井尚志《なおゆき》・井上清直・堀利凞《としひろ》・岩瀬忠震《ただなり》という、錚々《そうそう》たる五名を任じたが、岩瀬・永井・井上の三人は井伊に追われ、堀が自殺するに及び、小栗の出番となった。彼は帰国とともに、二千七百石取りとなっている。

以後、小栗忠順は八年にわたって、幕政を担当することになるのだが、のちのことを考えれば、彼にとって一番大きな意味をもったのは、ポサドニック号事件であったろう。

アメリカの南北戦争が勃発した文久元年（一八六一）二月、突如、ロシアの軍艦ポサドニックが、日本の対馬に姿を現し、三月に入ると、ロシア人水兵は上陸。木を勝手に伐採して、自分たちの兵舎を建てはじめた。なぜ、このような傲慢《ごうまん》無礼をやってのけたのか。

すでにみたクリミア戦争――トルコに、聖地のあるエルサレムの管理権を要求したロシアに対して、連合軍がクリミア半島に出兵し、さんざんにロシアを打ち破った戦い――この敗戦後、ロシアは自らを反省することなく、改めて凍らない港を求めて南下し、次なる標的に対馬を選んだのであった。

このとき日本はイギリスの力を借りて、その外交交渉力（軍事的裏付けのある）により、駐在していたロシア総領事ゴシケビチを説得。退去させることに成功するのだが、この日本の「海防」＝風前の灯火を、最も深く受け止めたのが小栗であった。

居座りを決めたロシアは、その一方で、対馬藩主・宗義和《そうよしより》に土地を使用したい、と申し出た。

無論、対馬藩はこれを拒絶している。艦長ビリレフに退去を迫ったが、ロシアの傍若無人はエスカレートするばかり。食糧と女を要求してくるかと思えば、対馬藩の定めた関所を勝手に通行し、ついには村人と騒動を起こし、うち一人を撃ち殺すにいたった。

対馬藩は急ぎ、長崎奉行へこのことを報じ、同時に江戸にも知らせて、その下知を待った。

そして幕府から派遣されて来たのが、外国奉行の小栗と目付の溝口八十五郎《やそごろう》――さぞや小栗は、快《かい》刀乱麻《とうらんま》を断つごとく、この難問を処理したかと思いきや、なんと二週間滞在はしたものの、何一つ解決策も示さず、江戸へ舞い戻っている。

対馬藩主・宗義和との面会を、ビリレフに約束しながら、幕府からの許可がおりなかった小栗は、

「それがしの責任である。われを射殺して可《か》なり」

と開き直ったという。

後世の評価で、小栗を買わない人は、このときの交渉を彼が逃げ帰ったとみなす。が、そうではなく、小栗はこの問題を辺島（片田舎の島）のことと片付けるのは無理だ、と判断したのではあるまいか。その証拠に、彼が江戸へ戻ってのち、後任の外国奉行・野々山兼寛《かねひろ》が対馬に派遣されたおり、対馬を幕府の直轄地として、宗家には代わりの土地を与えるとの「内願の趣き」を交渉している。

――忠順は、悟ったようだ。

列強の無理難題を解決するには、その根底にある〝力〟の問題を解決するしかない、と。侵犯してくる軍艦を、力ずくで退去せしめるだけの軍事力、経済力が必要だということを。

その手始めとして、欧米列強に負けない軍艦を、日本人の手で造る＝一大造船所の建設と、その裏付けとなる財政の確立＝貿易商社の創設が、彼の具体的な目標となった。

文久元年七月、外国奉行を罷免された小栗は、翌文久二年（一八六二）六月、勘定奉行勝手方になり、八月に一度、町奉行に転じたものの、十二月には勘定奉行に復している。歩兵奉行も兼ねた。翌年四月に勘定奉行を辞職し、七月に陸軍奉行並となるも二ヵ月で辞職。元治元年（一八六四）八月には再び勘定奉行、十二月には軍艦奉行に転じている。

慶応二年（一八六六）八月には勘定奉行兼海軍奉行という、幕閣最高実力者となった（ほどなく、

陸軍もその支配下に入る)。この間、幕府は尊王攘夷の強風にあおられ、瓦解へ向かってひた走っている観がぬぐえなかった。彼はいう。

「一言を以《もっ》て国を亡ぼすべきものありや。どうかなろうと云《い》ふ一言、これなり」

事なかれ主義、彌縫《びほうさく》策に終始する幕閣の大勢を向こうにまわし、小栗は幕府権力の回復に躍起となった。軍事力と経済力を得るために、「大君のモナルキ」＝フランスにならう郡県制度を布き、無能で使いものにならない幕臣には兵賦を金納に改めさせ、役料・役扶持を廃止。役金支給への大鉈《なた》をふるう一方、近代陸海軍の強化のためにフランスとの提唱を一挙に促進する。

一大製鉄・造船所の建設――長崎に製鉄・造船所はあったものの、修理はできても大型船の建造は不可能であった。フランスのトゥーロンのような製鉄(造船)所を造るには、膨大な費用が必要であったが、幕府にはその金がない。

新任フランス公使レオン・ロッシュは、列強中の主導権をイギリスから奪うべく、幕府に接近。小栗の構想した壮大な製鉄(造船所)建設に、協力することを申し出る。

もっとも、幕府を取り巻く情勢は、刻一刻と悪化していた。莫大な費用を投じても、はたして完成したとき、幕府は残っているかどうか。小栗は、協力者の栗本瀬兵衛(鋤雲《じょうん》)にいった。

「たとえ幕府が滅び、そっくり熨斗《のし》をつけて、新しい持主に渡すことになったとしても、〝土蔵つき売家〟という栄誉は残せるでしょう」

栗本はこの言に、感動を覚えたという。

## 「日曜」「課長」「部長」、洋式簿記の登場

忠順は、幕府がもう長くはないということを、実は理解していたのだ。

しかし、存在しているかぎりは、幕臣としての使命を果たすべきだ、と彼は考えた。

〝土蔵つき売家〟――東洋最大の横須賀製鉄所の建設がスタートする。元治二年（一八六五）正月のことである。この「元治」は四月七日に改元され、「慶応」となった。

建設委員会は、製鉄所の完成を、「慶応四年十一月」と予定した。だが、この年号は存在せず、「慶応」は九月八日に改元されて「明治」となった。そして、このとき小栗はすでに、この世にはいなかったのである。否、元治二年二月の時点で、彼はまたしても免職となっている。五月に勘定奉行に復したが、慶応二年（一八六六）八月に、小栗はフランスの経済使節クーレの来日にあわせて六百万ドルの借款契約を結んでいる。

――ここで見落としてならないものに、横須賀製鉄所の就業規則が、日本最初の近代カンパニーの基本となった史実である。

なぜならば、このカンパニーはすべてをフランス式にのっとって設計されていた。当時、フランスは近代的賃金制度の分野で、最も進んだ国といわれていた。たとえば、この横須賀製鉄所においては、休日＝日曜日が規定されていた。これは〝藩立サツマ商社〟にも、「亀山社中」にもなかった。

もっとも、休日の習慣を持たない日本人は日曜日も働き、フランス人職工（当時は「属工」）たちもそれに押され、忠順からの要請もあって三分の一は日曜出勤をしたようである。

ちなみに、日本が日曜日を休日と正式に定めたのは、明治九年（一八七六）のこと。それにしても、

百人の熟練工が横須賀には集められていた。本邦初の製鉄（造船）所は、彼らをどのようにマネジメントしたのであろうか。

まず、専任官を一名置いた。社長といってよい。初代は栗本鋤雲であった。彼は安積艮斎の塾で忠順と同門であり、幕府の奥詰医師から士籍に列したかわり種で、フランス人カションよりフランス語を学び、〝親仏派〟の中心として活躍した人物。幕府瓦解後は、横浜毎日新聞社、報知新聞社に迎えられている。明治三十年（一八九七）に、七十六歳で没した。

さて、横須賀製鉄所だが、所内は部門を編成区分し、各々の職務分営についても明確化している。

「頭目」（監督者、職長）も選ばれていた。「頭目」は工事課長とも呼ばれた。

また、船渠《ドック》建設にあたっては、その主任となるべき日本人の幹部職員を「総官」、「会計部長」「倉庫部長」「工夫部長」「通訳部長」と呼んだ。彼らは各々、「書記」と「属僚」を従えたというから、部門の長といってよい。日本語の、「部長」の初出ではあるまいか。

作業は夏期と冬期にわかれ、午前六時半（冬は七時半）にスタート。午前十一時より午後一時まで昼食のため休業し、午後五時をもって終業が定められている。清潔整頓、火気注意など、それまでの日本人の職人の世界ではなおざりにされていたことが、しっかりと明記、実践・導入されていた。

昇給、解雇、作業服の支給、残業手当などの、こまごまとした取り決めも採用されている。

職業訓練学校、フランス語学校、日本で最初の理工科系専門学校も併設された。

加えて、筆者が驚いたのは、ここでは洋式簿記が導入されていたことである。しかも横須賀製鉄所は、一部とはいえ原価計算を行っていた。

イギリスの造船・製鉄の会社で、間接費の単純な把握から個々の製品への配賦《はいふ》（割り振り）の計算＝原価計算に進むのが、一八七〇年代であった。当時の欧米先進国においても、商法の原則は旧態依然。原価を秘密にして、できるかぎり製品を高値で売るというものでしかなかった。

原価に合理的利潤を加算する「コスト・プラス・コントラクト」（原価加算契約）は、極めて新しい考え方であり、こうした近代カンパニーの諸制度・発想は、いやがうえにも日本人に能力主義、実力主義を教え、広めることになっていく。

実は小栗は、アメリカから帰国した翌年、彼独自のカンパニーを早々と構想していた。これは一面、日本にとって切実な問題であった。

開国により、金銀比価で大損した日本は、それとは別に、貿易における利益をことごとく外国人たちに独占されていたのである。どういうことか。開港当初、商品は産地の問屋から江戸・大坂の問屋へ売られ、それぞれが開港地の外国人商館へ流れていた。

ところが利に聡《さと》い、一発屋ともいうべき日本の投機的商人が現れる。「横浜売込商人」――彼らは己れ一人の利益を当てこみ、産地にわけいって商品を仕入れると、問屋を通さずに直接、開港地の外国人商館へ品物を持ち込み、問屋ルートを通すよりも安く商品を売った。こうして利益をあげたものの中には、のちの地方財閥を形成した創業者も幾人かいた。

が、外国人商館は悪知恵にかけては、一発屋の「横浜売込商人」の比ではなかった。彼らははじめ、問屋ルートをつぶすためにも、高値で一発屋の商品をどんどん買い取ってやり、商品がより一層大量に集まりはじめると、一転、一気に買い控えを行った。そもそも資金のない一発屋は、たちまち運転資金がまわらなくなり、立ちゆかなくなる。結果、その足元を見透かしている外国人商館の罠《わな》にはまって、商品を投げ売りすることとなった。

## 孤軍奮闘する小栗の最期

――ここにいたって、両者の対等であった地位は逆転する。

さらに外国人商館は、資金力のない一発屋に金を前貸し、知恵を授けて、産地に出向かせ、生産者から収穫前の物産を独占的に買いしめるように指示を与えた。

無知蒙昧《もうまい》な一発屋たちは、わずかなおこぼれにあずかるため、外国人商館の走狗《そうく》となって、使いばしりに専念。まともな商人たちはこの事態に、どうしていいのかわからず立ち往生してしまう。

明らかなことは一つ、日本経済はいつしか、自主性を喪失してしまっていた。

筆者はアヘン戦争をやり、清国を植民地化する過程で、イギリスは反省と共に、発想を転換したのではないか、と考えてきた。戦火をともなって、腕力で押さえつけるより、頭を使って〝経済〟そのものを握る方が、金も体力もかからず、楽であると同時に、益するものが大きいということを、彼らは悟ったのである。

その先兵ともいうべき外国人商館に対抗するには、金融力（銀行の役割）をもった日本の商社をつくるしかなかった。

小栗は江戸、大坂の豪商に呼びかけ、各々「会所」を設立して、組織的に外国貿易を管理することを考えた。だが、この「国益会所」の構想は、外国人商館の猛反対により、彼らに突き動かされた列強の外交ルートからの、幕府への圧力によって不採用となってしまう。

しかし、小栗はあきらめなかった。ここであきらめれば、欧米列強の経済的植民地化を肯定することになる。

「ならば、列強のうち、フランスを誘って、日仏組合商法（カンパニー）をつくればよい」

小栗はこの頃、幕府財政と軍事の両方を握っていた。

彼はベトナムのサイゴン（現・ホーチミン市）を支配下にもつフランスが、現地から日本へ派兵できる戦力を海兵二百と踏んでいた。つまり列強中、フランスは軍事力からみて日本を植民地化できるだけの実力をもっていなかったわけだ。が、フランスはヨーロッパでは陸軍大国である。

このフランスと組んでイギリスを牽制し、貿易管理、税関事務をいま一度整理して、「亀山社中」のような密貿易をやめさせるためにも、正規の日本の総合商社・海運会社を興そう、と小栗は考えた。

この企ては、パリの大銀行家フリュリー・エラールの賛同もあり、慶応二年（一八六六）にはフランス側の代表として、フランスの帝国郵船取締役・クーレが来日するところまで、借款《しゃっかん》の話は漕ぎ着けている。

小栗の悲劇性は、ひたすら日本の植民地化を阻止しながら、常に誤解されたところにもあった。

クーレとの間に、六百万ドルの借款契約を結んだのだが、これには「抵当」についての条項がなかったにもかかわらず、蝦夷地（現・北海道）の開発による収入を「抵当」に入れた、との憶測が流れ、著しく小栗その人を貶《おとし》めた。彼は欧米列強の植民地化をふせぐために「日仏組合商法」を推進したが、借款の交渉にはとりわけ神経を使い、イギリスのオリエンタル・バンクも加えて、フランスのソシェラ・ジェネラールとのバランスをとりつつ借款を交渉している。

ところがイギリスは、オールコックのあとに一時、代理公使をつとめたウィンチェスターが、オランダのファン・ポルスブルック総領事を誘って、小栗の計画を潰しにかかった。

すでにイギリスは薩摩藩との間に、しきりに密貿易を繰り広げていた。もし、「日仏組合」ができれば、自国の利益が損なわれることになる。あることないことを、幕閣に吹き込んだ。

一番広がったのは、小栗は蝦夷地を抵当にするつもりだ、とのつくり話であったろう。

小栗は、国際社会に投げ出されて間もない日本には、貿易を統制する保護が必要不可欠だ、との思いがあった。外国人商館に踊らされ、日本商人が投げ売り競争をするのを抑制し、外国人商館に握られている〝前貸し〟の支配構造を打ち砕いて、彼ら外国人商館が握っている、日本貿易の利益独占を取りもどすことが急務である、との認識があった。

だが、「国益会所」は列強の外圧でつぶされ、「日仏組合商法」もフランス本国の政治情勢の変化により、借款が不可能となってしまう。それでも小栗はあきらめず、「兵庫商社」の設立にむかった。株式会社の色彩を、何処よりも濃厚にもつカンパニーである。

慶応三年（一八六七）四月、彼は兵庫商社の創立を幕府へ建議した。奇《く》しくも、坂本龍馬が土佐海援隊を再編した同じ月である。「コンペニー」という言葉が、小栗の提出した公文書において、はじめて使用された。彼の計画は、大坂の豪商から二十人の人物を選び、互いに出資してもらい百万両を作る。二十人には代わりに、幕府から金札百万両の発行を許し、兵庫開港場交易商人の「コンペニー」をつくるというものであった。財政破綻をきたしていた幕末日本には、とにかく〝資金〟と名のつくものがなかった。枯渇していたといってよい。

だからこそ、フランスに借款しようとしたのだが、これはうまくいかなかった。

そこで小栗は、豪商の信用で金札を発行し、これで急場を乗り切ろうと考えた。実はこの手法、そっくりそのまま明治政府がのちに用いるのだが。「兵庫商社」は豪商二十名を選び、一同を集めて頭取（三名）以下を定めたところで、結局、頓挫してしまった。加えて、大政奉還、王政復古の大号令――そして、鳥羽・伏見の戦いが重なった。

この戦いで一敗地《いっぱい》に塗《まみ》れ、江戸に逃げ帰った十五代将軍慶喜を、小栗は懸命に説得。薩長両藩に勝るフランス式陸軍歩兵と近代海軍をもって、反転攻勢を主張したが、慶喜はついにこれを遮った。

どのような悲境にあっても屈せず、あくまでも目的に向かって歩む意志のつよさを小栗は持っていたが、慶喜にはそれがなかったようだ。

最後の将軍は謝罪恭順と決し、お役御免となった小栗は、慶応四年二月末に失意のまま江戸を離れ、采配地の上野国《こうずけのくに》群馬郡権田村（現・群馬県高崎市金井淵）に帰農した。

ここでわずかばかりの農兵を編成し、治安保持につとめたのだが、同年四月、進行してきた新政府の東山道鎮撫《ちんぶ》軍によって、無抵抗であったにもかかわらず、養子・又一（忠順の開校したフランス語学校に学ぶ）をはじめ、六人の家臣とともに、小栗は烏川の河原において斬首に処せられた。ときに、四十二歳。

彼の部下でもあった福地源一郎（桜痴《おうち》）は、後年、次のように述べている。

小栗が財政外交の要地に立ちし頃は、幕府すでに衰亡に瀕《ひん》し、大勢がまさに傾ける際なれば、十百の小栗ありといえども、また如何ともなすべからざる時勢なり。

しかれども、小栗は敢えて不可能《インポシブル》の言葉を吐きたることなく、病いの癒《い》ゆるべからざるを知りて薬せざるは孝子《こうし》の所為にあらず、国亡び身たおるるまでは公事に鞅掌《おうしょう》（いそがしく働いてひまのないこと）するこそ、真の武士なりといいて、屈せず撓《たわ》まず、身を艱難《かんなん》（苦しみ悩むこと）のあいだにおき、幕府の維持をもって進み、それを己《おのれ》の負担とせり。すくなくも幕末数年間の命脈を繋《つな》ぎ得たるは、小栗があずかって力あるところなり。（『幕末政治家』）

## 西郷隆盛と遅れてやってきた英傑・前田正名

一方、ご一新を迎えた新政府にあって、最大の功労者となった旧薩摩藩士の西郷隆盛は、盟友・大久保利通の進める「富国強兵」「殖産興業」を横目でみながら、自らが考えている方向と違う、ということをくり返し表明していた。

だが、彼の最大の泣きどころは、では、あなたの望む方向は、具体的にはどういうものなのですか、と問われると、答えに窮してしまう点であった。

もしこの時、西郷のかたわらに前田正名《まさな》がいたならば、と筆者は明治百五十周年を考えるとき、いつも夢想してきた。しかし、これはかなわぬ夢でしかない。なぜならば、ほんのわずかながら正名は、遅れて歴史の舞台に現れたからだ。

慶応二年（一八六六）正月の、薩長同盟の密約に関与した時、彼は十七歳の少年薩摩藩士であった。

正名は十五歳年上の五代友厚《ともあつ》につき従い、薩長同盟の成果をうけて、薩摩藩の密使の随員として長州藩にもおもむいている。

このおり、密使を長崎で見送った坂本龍馬は、

「前田君、君の刀は長すぎるきに。わしの刀を差して行くがええ」

と自らの差料《さしりょう》（腰に差す刀）を餞《はなむけ》として、この少年に渡していた（短刀とも）。

正名の兄・善助は、その少し前、薩長の両藩が敵対していたおり、薩摩藩の傭船・長崎丸にあって、長州の奇兵隊による砲撃で馬関海峡（関門海峡）の藻《もくず》と消えていた。さぞや正名にとっては、心中複雑な密使参加であったろうが、彼は出迎えに出た長州の伊藤俊輔（のち博文）に、名前すら覚えてもらうことはなかった。

十代後半の正名を置き去りにしたまま、歴史は大政奉還―王政復古の大号令、そして鳥羽・伏見の戦いへと進んでいく。この間、正名は維新変革そのものを担う、主体ではあり得なかった。若すぎたのである。彼は内戦からはなれて、『和訳英辞書』（通称『薩摩辞書』）の編纂にあたり、上海におもむいて訂正と校正に従事していた。

なんのためか。明治二年（一八六九）、上海で作った辞書をもって帰国した正名は、三百部を売って金をつくると、小松帯刀、大久保利通、五代らの支援も得て、フランスへ私費留学に旅立った。この時、箱館の旧幕勢力を一掃した東郷平八郎（二十三歳）以下、薩摩藩士たちが、正名の送別の宴をはっている。

パリに着くと、彼はモンブラン伯爵家に身を寄せ、この日本代理公使の事務を担当した。しかし、

翌明治三年、同郷の鮫島尚信《さめしまなおのぶ》が少弁務使（のち仏特命全権公使）として赴任して来ると、正名はその身分を失うことになる。鮫島はこの時、二十四歳。

正名より三歳の年長となるが、二人の学識はそれほどの差がなかったかと思われる。正名はほんのわずか、遅れてやって来たにすぎない。鮫島が薩藩留学生に選ばれ、つづいて日本政府のエリート外交官となったのに比べて、正名はわずかに年下であった以外、その差異を語るものはなかった。

が、正名は無名の学生として、普仏戦争とそれによるパリ籠城を経験。戦後のパリ・コミューン（自由都市）が宣言される中を、異邦人として傍観しつづける。また、それにつづく白色テロル（弾圧）をも目撃した。

廃墟と化したフランスは、重農主義で再建を計った。その再興する様子をみていた正名の前に、岩倉具視《ともみ》全権大使一行が欧米派遊にやって来た。

副使の一人は大久保であり、パリに立ち寄った彼は薩摩藩出身の留学生を集めて、〝郷友会〟を開いた。集うもの十五名。この中に、正名もいた。

「天涯万里の異境に在《あ》りて、同胞相集《あいあつま》る、其《その》歓楽壮快」

大久保が正名に注目したのは、おそらくこの時であったろう。

その後、明治政府は財政悪化を理由に留学生の整理を行ったが、正名は召還されることなく、フランス公使二等書記生としてパリにありつづけることができた。彼は勧業寮御用掛を兼ね、このとき殖産興業の調査に従事することになる。

正名は、ユジェーヌ・チッスラン（のちフランス農商務次官）に師事。行政と農業経済の知識吸収に、懸命となった。また、パリ万国博覧会（明治十一年）にも積極的に関与し、明治十年三月、七年ぶりに帰朝をはたしている。

ときあたかも、西南戦争が勃発中。維新最大の功臣・西郷が新政府に抗して、武装決起している最中であった。

大久保は正名を三田育種場長《みたいくしゅじょうちょう》（東京・三田）に任命し、パリ万博事務官長に据えた。

正名は、日本の農業が五穀や蔬菜《そさい》（野菜、とくに青物《あおもの》をさす）にかたよっていることを改めて、欧米諸国のように果樹・草花の栽培から木材の製造、牧畜までをトータルで考えることを提案、できる範囲からの実施を促す。

パリ博覧会の総裁となった大久保は、正名のために送別会を開き、この後輩に近代日本のスローガンである「殖産興業」の未来を託した。が、その大久保は暗殺され、パリ万博のおわった正名は、明治十二年五月付で大蔵省御用掛、商務局勤務を命ぜられて日本へ帰ってくる。

## 地方産業の振興こそが、もう一つの近代日本の可能性だった

彼は外債償却の対象として、直輸出を振興し、正貨＝外国公貨を獲得するための種々、方法論を述べた。たとえば、横浜正金銀行（三菱東京ＵＦＪ銀行の前身）の創立＝明治十三年二月は、正名の奔走によるものといってよい。

彼は大久保の姪にあたる石原近義の次女・石原イチと結婚、大久保邸で式を挙げている。この時、正名の親代りを小松帯刀が後事を託した、肥前佐賀藩出身の大隈重信がつとめ、媒酌人は西郷―大久

保につづく薩摩藩閥の頭領・松方正義がつとめた。

大蔵大書記官に任命された正名は、さらに農商務省大書記に転じても大蔵大書記を兼務、彼は国内物産調達のため、ほぼ全国を巡る。欧米視察にも、出向いている。

このまいけば、正名こそが大久保の「殖産興業」の具体的後継者となっていたに違いない。ところが、政府内は大久保の後継をめぐって混乱し、大隈は失脚させられ、伊藤博文が主導権を握り、結果として松方が「紙幣整理」と「増税」を柱に、財政再建にのり出すこととなる。

だが、彼の強引ともいえる政策は、とりわけ農村に多くの打撃を与え、地方の商工業は没落・停滞の危機に瀕することとなってしまう。

この時期、正名によって発表されたのが殖産興業政策の声明書《マニユフエスト》＝『興業意見』（全三十巻）であった。ときの農商務卿は、西郷従道《つぐみち》である。彼は正名をバックアップし、端的にいえば地方在来の産業を育て、日本の伝統産業を輸出し、農工併進で漸進的に近代化するのが、日本の殖産興業の進むべき道だ、との正名の論を擁護した。

しかし大蔵卿の松方は、すべての権益は中央で握るべきだと主張。明治十七年十二月に、各省首脳・府県長官に配布された『興業意見』をはさんで、二つの政策論が火花をちらすことになる。

松方の政策は、デフレによる地方産業の停滞と没落をもたらし、農民の生活を悲惨に追ったが、一方で彼の目指した紙幣整理はようやく功を奏し、銀貨と紙幣の差はほとんど消滅しつつあった。

政府は明治十九年一月から、政府紙幣の銀貨兌換《だかん》を行うと発表するにいたる。

正名と松方は、「殖産興業」の方法論をめぐって対立、興業銀行の主たる目的をどこに置くか、興業銀行の設置は中央か地方か、さらには貸付の実権を大蔵省・農商務省のいずれが握るのか、二人は争い、ついには正名の敗北となる。

やぶれた正名は非職《ひしょく》（地位はそのままで職務を免ぜられる）となり、その後盾の一人であった長州藩閥の品川弥二郎（従道の下で、農商大輔をつとめる）はドイツ公使に転じ、盟友で部下の高橋是清はアメリカ出張を命ぜられることとなった。ここにいたって、地方産業振興を基本理念とする正名の方法論のいっさいは、闇に葬られることとなる。

失意の正名は八ヵ月あまり、山梨県知事をつとめたが、このおり同県にぶどうを植え、ワイン造りを考えている。改めて農商務省工務局長に迎えられた彼は、いつしか四十歳となっていた。

正名は自らが目指した地方産業の振興策を、決して忘れていなかった。捲土重来を期して農務局局長を兼任し、さらには東京農林学校長（のち東大農学部の前身）も兼務。そして、明治二十三年一月、ついに農商務次官に返り咲く。

彼は再び、全国調査と府県農業調査を実施。地方振興を改めて、画策する。

しかし、上司の岩村通俊《みちとし》（土佐藩出身）が病により辞任すると、後任の陸奥《むつ》宗光《むねみつ》（紀州藩脱藩、亀山社中から土佐海援隊へ）は正名の方法論をみとめず、彼を農商務省から追い出すにいたった。

「農工商業の進歩と云ひ、発達と云ふ、余《わ》れ其《その》語を聞く、未《いま》だ其実を見ず」（明治二十五年刊行の、正名著『所見』の付録）

元老院議官、貴族院議員となった正名は、それでも脚絆《きゃはん》に股引《ももひき》、蓑《みの》と行李《こうり》を背負い、手にはこうもり傘とボストンバックを持ちながら、全国に講演行脚の旅を行い、地方諸産業全般にわたる農工商諸団体の組織化を説き、結成に邁進した。

彼は、

「布衣《ほい》（あるいは無冠）の農相」

と呼ばれた。

「私設農商務省」を標榜した正名の運動は、茶業会・大日本農会・五二会（伝統的輸出工芸品）・日本蚕糸会と次々に結成され、正名はこれらの団体（最盛期十一団体）の会頭・監督となっている。

明治二十七年十二月には、諸団体を統括する「第一回全国実業各団体連合大会」が、東京・芝公園弥生館において開催された。思えば、この頃が正名絶頂の時代であったかもしれない。

だが、政党政治に移行した日本の政権に、あくまで超然主義で臨もうとする彼の思いはそぐわなくなり、ついに引退のやむなきにいたった。

明治三十年三月、そんな正名に、不意に農商務大臣就任のチャンスが訪れた。

足尾鉱毒事件の責任をとわれ、榎本武揚《えのもとたけあき》（旧幕臣）が農商務相を辞任。その後任に、ときの首相・松方はかつての〝敵〟である正名を抜擢しようとしたのだが、外相の大隈重信が農商務相を兼任することによって、正名の芽はつまれてしまう。

アメリカへ、日本の産業団体十一の〝会頭〟という肩書きをもって乗り込んだ正名は、アメリカの関税増加案を廃棄させることに成功して、いわば有終の美をかざった。

日本が帝国主義、中央主導の産業振興を強めていく中にあって、日本を富ませる地盤は地場産業だ、という正名は、政府に対する一大敵国のような存在であり、彼は四方に敵をうけ、ついには引退のやむなきにいたる。

それでも正名は最後の力をふりしぼって、政府に戦いを挑むが、その軍資金を得るべく自らが企画した宮崎の開田事業と北海道・釧路での製紙事業がともに挫折。ついには、失意の中でこの世を去ることとなった。大正十年（一九二一）八月十一日、チフスのために正名は七十二歳の生涯を閉じている。

蛇足ながら、彼の残した北海道の広大な土地が、その遺族の寄付により、阿寒国立公園となった。もしかすれば可能であったかもしれない、地方重視・主導の殖産興業の方法論を、このとき日本は完全に失ってしまった。

欧米列強の植民地から逃れるため、〝有司専制〟による中央集権化、国民による国家を守る体制創りに奔走していた明治国家が、前田正名の方法論――地方各々の特産物を質量ともに高めていくことが、結果として日本全体を強くする――を採用できなかったことは、解《わか》らなくはない。時間がなかったのだ。しかし、明治維新百五十年を迎える今の日本には、むしろ前田正名の方法こそを学ぶべきではあるまいか。

**著者略歴**

一九五八年、大阪市生まれ。歴史家、作家。奈良大学文学部史学科卒業。著作活動のほかに、テレビ・ラジオ番組の時代考証や監修を担当。人気テレビ番組「ザ・今夜はヒストリー」（TBS系）、「BS歴史館」「英雄たちの選択」（以上、NHK BSプレミアム）などに出演。さらに、全国各地での講演活動も精力的に行っている。

著書には『坂本龍馬の正体』（講談社+α文庫）、『刀の日本史』（講談社現代新書）、『歴史に学ぶ自己再生の理論』（論創社）、『誰が、なぜ？　加来耕三のまさかの日本史』『名家老たちの危機の戦略戦術』『謀略！大坂城』（以上、さくら舎）、『日本武術・武道大事典』（監修・勉誠出版）、『コミック版 日本の歴史』シリーズ既刊六十一巻（監修・ポプラ社）などがある。


**幕末維新《ばくまついしん》まさかの深層《しんそう》**
――明治維新《めいじいしん》一五〇年《ねん》は日本《にほん》を救《すく》ったのか


二〇一七年一二月一〇日　第一刷発行

著者　加来耕三《かくこうぞう》
発行者　古屋信吾
発行所　株式会社さくら舎　http://www.sakurasha.com
東京都千代田区富士見一-二-一一　〒一〇二-〇〇七一
電話　営業　〇三-五二一一-六五三三　FAX　〇三-五二一一-六四八一
編集　〇三-五二一一-六四八〇
振替　〇〇一九〇-八-四〇二〇六〇

装丁　石間　淳
カバー写真　Glasshouse Images／アフロ
印刷・製本　中央精版印刷株式会社





ISBN978-4-86581-130-8